Les auteurs remercient chaleureusement Christian Pinson pour son implication dans la relecture de cet ouvrage et pour la pertinence de ses conseils.

Les auteurs remercient également l'ensemble des professionnels, anonymes ou non, qui ont accepté d'apporter un éclairage en rapport avec leur domaine d'activité et leur expertise.

Table des matières

Avant propos

Ce *Maxi Fiches de Marketing* se présente sous forme de fiches synthétiques de quatre pages.

Quarante des principaux concepts du marketing y sont abordés et un lexique d'une centaine de notions clefs complète l'ouvrage. Les fiches qui le constituent permettent donc au lecteur d'acquérir rapidement les bases du *marketing management* requises à l'entrée en Master. Elles sont également utiles au lecteur profane en offrant un panorama des principaux rayons d'action, outils et techniques du marketing.

Plusieurs outils pédagogiques sont à la disposition du lecteur :

- la rubrique « Point clef » fait ressortir l'intérêt du sujet et ses principaux enjeux ;
- les encadrés, les graphiques et les figures illustrent un point précis à l'aide d'exemples récents, présentent ou discutent une pratique/un outil, ou encore proposent des repères historiques ;
- la rubrique « L'Œil du professionnel » apporte l'éclairage d'un professionnel dont l'activité est directement liée au thème traité dans la fiche ;
- la rubrique « Focus » vise à approfondir le thème traité dans la fiche en présentant un concept plus pointu (généralement de niveau Master).

Permettant au lecteur la compréhension rapide de la démarche marketing grâce à la combinaison d'outils conceptuels, d'exemples récents, d'illustrations et de témoignages d'experts, cet ouvrage constitue un outil efficace de révision des examens.

1 Qu'est-ce que le marketing ?

Point clef

Le marketing est une discipline récente dont l'histoire a débuté au début du XXe siècle, dans un contexte où le problème principal était d'estimer la demande pour optimiser la production et la distribution. Progressivement, le marketing de masse a laissé la place au marketing de segmentation dont l'objectif est de répondre d'une manière différenciée aux attentes d'un marché hétérogène. Enfin, le XXIe siècle et l'essor de nouvelles technologies permettent la mise en œuvre d'un marketing de plus en plus individualisé.

1. UNE PERSPECTIVE HISTORIQUE DU MARKETING

a) La démocratisation de la consommation et la naissance de la production de masse

Jusqu'au XIXe siècle, de très nombreux produits et services étaient réservés à une minorité aisée de la population. Au cours du XIXe siècle, le développement des moyens de transport et de communication facilite les échanges marchands, l'urbanisation fait naître de nouveaux besoins et la proximité urbaine favorise la consommation mimétique. La demande augmente progressivement jusqu'à dépasser les capacités de petites unités de production implantées localement. La principale préoccupation des chefs d'entreprise est de produire plus pour répondre à cette demande grandissante. Grâce à la Révolution industrielle, on passe progressivement d'un système de production fragmenté en petites unités de production locales à un système de production de masse de produits standardisés. À cette époque, les entreprises peuvent se permettre de ne commercialiser qu'une seule version standardisée de leur produit : « Tout le monde peut avoir une Ford T de la couleur qu'il souhaite, à condition que ce soit le noir » (Henry Ford).

b) De la production de masse au marketing de masse

Le marketing de masse se caractérise par une offre unique que l'on cherche à écouler auprès du plus grand nombre. Il s'agit de faire connaître le produit et d'en assurer une distribution la plus large possible. Ce marketing de masse repose sur le cercle vertueux des économies d'échelle : plus on vend, plus on produit ; plus on produit et plus le coût unitaire de fabrication est faible ; plus le coût de fabrication est faible et plus le prix de vente est faible, ce qui accroît encore davantage la demande. Ce système vertueux fonctionne à condition de commercialiser un produit standardisé pour l'ensemble du marché.

c) L'apparition du marketing de segmentation

Le marketing de segmentation apparaît avec l'arrivée de nouveaux concurrents et l'évolution des besoins. Les économies d'échelle réalisées par les pionniers sur les différents marchés constituent d'efficaces barrières à l'entrée, ce qui oblige les nouveaux entrants à mieux adapter leurs produits aux besoins du marché. Sur le marché de l'automobile américain du début du XXe siècle, Ford a pu réaliser de telles économies d'échelle que ses prix de vente étaient imbattables. General Motors a donc décidé de s'adresser aux personnes prêtes à payer plus cher pour une voiture mieux adaptée à leurs besoins et à leur statut social. Chacune des marques du groupe General Motors (Chevrolet, Pontiac, Oldsmobile, Buick et Cadillac) s'adresse donc à un segment spécifique de consommateurs. Le marketing ne se limite plus seulement aux fonctions de distribution et de communication. Il intègre une importante réflexion stratégique en amont, notamment par le biais d'études de marché et d'études de la concurrence.

d) De la segmentation à l'individualisation

Sur certains secteurs fortement concurrentiels, l'**hypersegmentation** succède à la segmentation. C'est le cas par exemple du marché des shampoings, où l'on trouve des produits de plus en plus spécialisés (comme des shampoings pour racines grasses et pointes sèches). Le **marketing individualisé** tient compte des besoins spécifiques de chaque individu en proposant une communication ou une offre personnalisée dite *one to one*. Il repose sur l'existence d'immenses bases de données dans lesquelles sont stockées des informations déclaratives et comportementales pour chaque client (ex. : Amazon.fr analyse les goûts littéraires et musicaux de ses clients pour leur proposer des produits susceptibles de leur plaire).

2. DÉFINITION DU MARKETING

Le marketing est une discipline de la gestion qui comprend toutes les activités qui concourent dans une organisation à créer, promouvoir et distribuer des offres auprès de publics variés.

a) Les types d'organisation qui font du marketing

Le marketing n'est pas réservé aux entreprises du luxe ou de la grande consommation. Depuis les années 70, le marketing a progressivement investi de nouveaux secteurs d'activité : les services (banque, tourisme, assurance…), l'industrie, les biens culturels (édition, cinéma, disque…), les biens et services non marchands (parti politique, musée, association humanitaire…).

b) Le marketing mix

Après l'analyse des besoins de son marché, le marketeur décide des caractéristiques de l'offre, de son prix, de ses modes de distribution et de sa communication. Les quatre éléments produit, prix, communication et distribution constituent le marketing mix. On parle aussi des 4 P (pour *Product*, *Place*, *Price* et *Promotion*).

c) L'image de marque

Qu'il s'agisse d'un homme politique, d'un musée, d'un produit ou d'un service, le but du marketing est de promouvoir une marque en développant sa notoriété et en lui conférant un caractère distinctif par rapport aux marques existantes et remplissant la même fonction. Cette distinction peut être objective (un avantage tangible que l'on tire de l'utilisation du produit, de l'élection de tel ou tel candidat ou de la visite du musée) ou symbolique (l'image que le consommateur souhaite avoir et donner de lui-même en utilisant le produit, en votant pour le candidat, en visitant le musée).

e) Les publics du marketing

Les publics du marketing sont variés et ne se limitent pas au consommateur final. Le marketing cible aussi l'ensemble des intermédiaires et partenaires de l'entreprise (distributeurs, leaders d'opinion, opinion publique, pouvoirs politiques…). Par exemple, pour commercialiser leurs marques de médicaments génériques, les laboratoires pharmaceutiques s'adressent à trois cibles d'égale importance : les consommateurs, les médecins prescripteurs et les pharmaciens distributeurs.

3. LA DÉMARCHE DU MARKETING

La démarche générale du marketing comprend les quatre phases suivantes :

a) L'analyse du marché et de son environnement (fiches n° 2 à 9)

L'étude du marché permet de mieux connaître les publics (consommateurs finaux, intermédiaires, influenceurs et partenaires externes) et les concurrents. Elle vise à identifier les besoins, les motivations et les freins des clients potentiels. Elle permet aussi d'analyser les attitudes, les habitudes de consommation et d'achat et les comportements d'utilisation du produit ou du service. L'étude du marché est complétée par une analyse macro-économique qui porte sur l'environnement économique, sociodémographique, culturel, technologique, écologique et politico-légal. Ces études permettent d'estimer à court, moyen et long terme l'attractivité d'un marché, tout en tenant compte des forces et des faiblesses de l'organisation.

b) L'élaboration d'une stratégie marketing réalisable, pertinente et rentable (fiches n° 10 à 17)

En fonction des ressources et des avantages concurrentiels de l'organisation, celle-ci définit le type de réponse qu'elle souhaite apporter aux attentes non satisfaites sur son marché. Cette démarche la conduit à diviser le marché en segments (la segmentation), à choisir les segments à qui elle souhaite s'adresser (le ciblage) et à positionner son produit et sa marque (lui donner une spécificité dans l'esprit des consommateurs).

c) L'opérationnalisation de la stratégie marketing au travers du marketing mix (fiches n° 18 à 37)

L'opérationnalisation de la stratégie marketing concerne sa mise en œuvre concrète au travers du choix des caractéristiques du produit ou du service, de son prix, de son mode de distribution et de sa communication.

On distingue souvent deux types de marketing :

- Le **marketing développement** consiste à développer des produits (concepts, caractéristiques, design, packaging) et des campagnes de communication visant à construire l'image de marque.
- Le **marketing opérationnel** a pour but de conduire le consommateur à l'acte d'achat par le biais d'actions sur le terrain (gestion et animation des points, opérations promotionnelles...). Il regroupe donc le référencement, la vente, le marketing direct et la promotion. La perspective est ici de développer les ventes à court terme.

d) Le contrôle des actions marketing et de la réalisation des objectifs

Les actions marketing doivent subir un contrôle constant. Dans un premier temps, il s'agit de fixer des objectifs précis sur un certain nombre de variables et de mettre en place les indicateurs nécessaires au suivi de ces objectifs. Dans un second temps, les performances sont évaluées et l'écart entre les objectifs et les performances fait, le cas échéant, l'objet d'une analyse de façon à identifier la source de ces écarts et à mettre en place éventuellement des actions correctrices.

Focus
Le marketing mix des services (fiche n° 19)

Les services se distinguent des produits par leur caractère intangible, l'impossibilité qu'il y a de les stocker et le fait que la production de service suppose une relation directe entre le personnel et le client. Ces caractéristiques impliquent que la qualité de service est plus difficile à évaluer et que celle-ci peut être inégale selon l'interaction entre la personne qui réalise le service et celle qui le reçoit. Aux « 4 P » du traditionnel marketing mix, on ajoute parfois trois P supplémentaires pour tenir compte de la spécificité des services :

- Personnel : ce P renvoie au concept de servuction selon lequel les relations entre le client et le personnel en contact ainsi que les relations entre clients influencent la qualité du service. Chez un coiffeur, la qualité de la coupe de cheveux dépend de l'expertise du coiffeur mais aussi de la capacité du client à exprimer ses souhaits ou à se tenir tranquille pendant la coupe. La qualité du service dépend aussi des autres clients du salon de coiffure selon, par exemple, qu'ils parlent fort ou non.
- Processus : les processus mis en place par l'organisation pour que des services de bonne qualité puissent être produits au bon moment et à la bonne vitesse sont déterminants pour garantir une qualité constante.
- Environnement physique : la qualité du service étant difficile à estimer pour le consommateur, celui-ci recherche dans l'environnement physique des signes du niveau de qualité du service. On parle de « tangibilisation » des services pour exprimer l'idée selon laquelle il faut que la qualité du service par nature intangible se reflète dans des éléments tangibles (propreté, confort des sièges, modernité d'une plaquette de présentation, tenue vestimentaire du personnel en contact...).

2 Le marché et son environnement

Point clef

Un marché se définit comme un lieu de rencontre entre une offre et une demande. Il est constitué des clients actuels, des clients potentiels et des concurrents. L'évolution du marché dépend de son environnement politique, économique, socioculturel, technologique, écologique et légal.

1. LE MARCHÉ

a) Les clients

Sur le marché de la consommation, il existe deux grandes catégories de clients : les clients finaux et les distributeurs.

- Les clients finaux sont des individus qui achètent des biens et des services pour leur usage personnel.
- Les distributeurs ou revendeurs sont des grossistes ou des détaillants qui font l'intermédiaire entre les producteurs et les consommateurs finaux.

Sur les marchés industriels, l'acheteur achète des biens ou des services pour les transformer ou les utiliser dans le cadre des activités de son organisation. On parle de **marketing *Business to Business*** (fiche n° 38). Enfin, sur les marchés publics, les clients sont des organisations publiques (l'État, les collectivités territoriales et les établissements publics locaux) qui achètent des biens et des services dans le but de remplir leur fonction de service public.

b) Les sources de volume

Lorsqu'on analyse un marché, on distingue le **marché actuel** du **marché potentiel**. Le marché actuel est composé des consommateurs déjà acheteurs ou utilisateurs de la catégorie de produits. Le marché potentiel renvoie au niveau de vente maximal que l'on peut espérer atteindre en conquérant de nouveaux clients ou en augmentant la rentabilité des clients existants.

L'entreprise peut trouver des sources de volume en élargissant sa clientèle :

- Persuader les non-consommateurs de la catégorie de produits qu'il faut s'y intéresser. Sur le marché de la téléphonie mobile, il s'agit de convaincre les personnes non équipées de l'utilité de posséder un téléphone portable. Le nombre d'abonnés mobile à la fin de l'année 2008 était de plus de 56 millions (*source :* Arcep), ce qui laisse supposer que le potentiel de croissance du marché par le biais du recrutement de nouveaux utilisateurs est aujourd'hui limité en France. Ce constat peut conduire les opérateurs à développer leur stratégie à l'international dans des pays où le taux de pénétration est moins élevé.
- Attirer les clients des marques concurrentes. C'est aujourd'hui une stratégie fréquente chez les opérateurs de téléphonie mobile qui, pour lever les freins liés au changement d'opérateur, proposent parfois de prendre en charge les démarches de résiliation d'abonnement.

Pour se développer, l'entreprise peut aussi travailler à augmenter la rentabilité de sa clientèle existante. Elle cherche alors à augmenter les quantités achetées et la fréquence d'achat des clients actuels. Elle peut aussi essayer de faire monter en gamme les clients actuels en les orientant vers des produits ou des services plus onéreux. Pour les opérateurs de téléphonie mobile, ces considérations les conduisent à encourager l'échange de SMS, à favoriser l'usage du téléphone mobile au détriment du téléphone fixe et à proposer une offre média plus large représentant de nouvelles sources de revenu. Parallèlement à ces actions, les entreprises travaillent à fidéliser leurs clients de façon à assurer un volume d'activité stable.

c) Les concurrents

Il existe plusieurs niveaux de concurrence :

- Les **concurrents directs** proposent sur le marché des produits ou services semblables et qui s'adressent au même type de clientèle (Renault Laguna et Peugeot 407).
- Les **concurrents indirects** proposent sur le marché des produits ou services différents mais qui répondent aux mêmes besoins. On parle de **concurrence inter-segment** lorsque les deux produits relèvent de la même industrie mais pas du même segment de marché (Twingo et Peugeot 407). On parle de **concurrence générique** ou de produits substituables pour des produits et services qui n'appartiennent pas à la même industrie mais qui peuvent malgré tout se substituer l'un à l'autre. Le secteur automobile est ainsi concurrencé par le transport ferré (métros, trains, TGV) et aérien ainsi que par les deux roues (scooters, vélos).

La concurrence est le plus souvent externe. Il arrive toutefois que des marques appartenant à une même entreprise se fassent concurrence entre elles. Cette concurrence interne peut être délibérée dans le but de couvrir tous les segments du marché. C'est le cas par exemple lorsqu'un groupe comme Henkel vend plusieurs marques de lessives (Mir, Le Chat, Xtra, Super Croix). Lorsque la concurrence interne n'est pas délibérée et que les parts de marché d'une marque du groupe sont affectées par les ventes d'une autre marque du même groupe, on parle de **cannibalisation**. Chez Renault, le Scenic (en particulier dans sa version longue) a cannibalisé l'Espace.

2. LA DESCRIPTION DES MARCHÉS

a) La taille des marchés

Un marché se décrit en **volume** (nombre d'unités vendues) ou en **valeur** (chiffre d'affaire du marché). La comparaison entre le marché en volume et le marché en valeur donne des indications précieuses sur la structure du marché et les critères de choix des consommateurs. Lorsque les ventes en volume stagnent alors que les ventes en valeur augmentent, cela signifie que la croissance du marché est tirée par des innovations qui conduisent les gens à acheter des produits de plus en plus chers. Lorsqu'au contraire, un marché stagne en valeur mais augmente en volume, cela signifie que les gens ont tendance à acheter en plus grandes quantités mais à se tourner vers des produits moins chers.

b) La performance sur les marchés

Les ventes totales du marché (**Quantités Achetées**, QA) peuvent se décomposer entre le **Nombre d'Acheteurs** (NA) et les **Quantités Achetées par Acheteur** (QA/NA). Dans les marchés industriels, le nombre d'acheteurs est souvent limité mais les quantités achetées par acheteur sont au contraire importantes.

Le **taux de pénétration** correspond au nombre de personnes (exprimé en pourcentage du marché potentiel) qui ont acheté au moins une fois la catégorie de produits ou la marque au cours de la période considérée.

Le **taux de nourriture** se calcule auprès des clients de la marque. Le taux de nourriture est la part que représentent les achats de la marque sur le total des achats de la catégorie de produits. Le taux de nourriture est donc la part de marché de la marque chez ses clients.

c) Les positions concurrentielles

La part de marché d'une marque, qui correspond aux ventes de cette marque rapportée à l'ensemble des ventes du marché, se traduit elle aussi en valeur ou en volume :

- **Part de marché en volume** = (nombre d'unités vendues de la marque/nombre total d'unités vendues sur le marché) × 100
- **Part de marché en valeur** = (chiffre d'affaires de la marque/chiffre d'affaires total du marché) × 100.

Un marché est dit **fragmenté** lorsqu'un grand nombre de concurrents ayant chacun une part de marché modeste se partagent le marché (ex. : le marché de la restauration). Un marché est dit **concentré** lorsqu'il est dominé par quelques grands acteurs ayant chacun une importante part de marché. Le marché de l'imagerie médicale se partage entre General Electrics, Philips et Siemens.

d) L'évolution des marchés

Tous les éléments évoqués ci-dessus sont décrits à l'instant t, mais sont assortis d'indications sur leur probable évolution. Les facteurs d'évolution sont variés et peuvent se situer tant au niveau de la demande (évolutions sociodémographique et économique, variations saisonnières, effets de mode) que de l'offre (apparition de nouveaux concurrents ou de produits de substitution). L'analyse du macro-environnement est utile pour élaborer des scénarios d'évolution des marchés.

3. LE MACRO-ENVIRONNEMENT : LE MODÈLE PESTEL

Le modèle Pestel résume les influences environnementales susceptibles de peser sur les marchés.

a) L'environnement politique

L'environnement politique d'un marché renvoie à la stabilité gouvernementale, à la politique intérieure menée par le gouvernement (ex. : la politique fiscale ou l'encouragement de l'innovation) ainsi qu'à sa politique extérieure (régulation du commerce extérieur). Cette analyse se fait à l'échelle nationale (l'État et les collectivités) et communautaire.

b) L'environnement économique

Des variables économiques interdépendantes telles que le taux de croissance économique, le niveau d'inflation, le coût des matières premières, le taux de chômage, le pouvoir d'achat et sa répartition, l'accès au crédit ou encore le niveau d'épargne affectent sensiblement le dynamisme des producteurs ainsi que la consommation des ménages.

c) L'environnement démographique et socioculturel

La démographie est une ressource essentielle puisque c'est de son évolution que dépend le nombre de consommateurs finaux sur les marchés de la consommation. C'est aussi d'elle que dépend indirectement le volume d'activité des marchés industriels. L'évolution de l'activité de la SNCF est directement liée aux évolutions démographiques. Par ricochet, le volume d'activité d'EDF dont la SNCF est le deuxième client en dépend également. Parmi les variables sociodémographiques qui affectent les prévisions marketing, on peut citer la taille et la structure socioprofessionnelle de la population, le taux de travail des femmes, la fécondité, l'évolution de la pyramide des âges, le nombre, la taille et la composition des ménages, etc.

La culture et les sous-cultures au sein d'une société créent des habitudes, des normes, des coutumes et des conventions. Le marketing doit s'efforcer de respecter les principales valeurs des groupes qu'il se propose de cibler ainsi que leur évolution.

d) L'environnement technologique

Les évolutions technologiques représentent des menaces et des opportunités qu'il faut savoir anticiper pour s'y adapter ou en profiter. Ces dernières années, l'apparition des technologies numériques a modifié le paysage de nombreux secteurs (ex. : l'industrie musicale et photographique). Le secteur des médias est aujourd'hui en profond bouleversement avec le phénomène de convergence des médias vers la seule technologie numérique et l'accroissement du temps passé sur Internet au détriment de la télévision. Cette évolution technologique sans doute insuffisamment anticipée explique en partie les difficultés des chaînes de télévision comme TF1.

e) L'environnement écologique

L'environnement écologique est aujourd'hui une préoccupation majeure dont les organisations ne peuvent plus s'affranchir. Les activités industrielles et économiques sont, non seulement consommatrices de ressources naturelles, mais aussi émettrices de substances polluantes et toxiques. Cette menace qui pèse sur l'avenir de la planète conduit tous les acteurs à mettre en place des moyens pour réduire leur empreinte écologique au travers de moyens de production et de commercialisation plus durables (fiche n° 40).

f) L'environnement légal

Les instances politiques émettent des réglementations et des lois qui pèsent sur l'activité économique.

L'Œil du professionnel

Pierre Bastien, chef de projet chez Roland Berger Strategy Consultants

Le modèle Pestel est un outil utilisé pour identifier les déterminants d'un marché comme, par exemple, celui de la production d'électricité en France. La **Politique** d'indépendance énergétique de l'Union européenne (UE) et des États membres (ex. : la crise du gaz russe) conduit les États européens à favoriser certaines filières (le nucléaire en France) au détriment d'autres (les turbines à gaz à cycle combiné). Sur le plan **Économique**, les acteurs doivent renouveler leurs moyens de production pour répondre à la croissance de la demande tirée par un développement économique toujours plus énergivore (climatisation, développement d'Internet...) et la pression **Démographique**. Par ailleurs, l'investissement en moyens de production doit tenir compte de spécificités **Culturelles.** En France par exemple, le taux de pénétration élevé du chauffage électrique entraîne une relative stabilité de la consommation nocturne et favorise les moyens de production de base (nucléaire...). Le contexte **Écologique** où la lutte contre le réchauffement climatique est une priorité relayée notamment par la directive Climat de l'UE et les progrès **Technologiques** améliorant la rentabilité des énergies renouvelables (aérodynamisme des éoliennes...) soutiennent le développement de la production d'énergie verte. Enfin, au niveau **Légal**, la déréglementation du marché et la création d'une bourse de l'électricité ont eu un effet inverse aux autres facteurs en favorisant les moyens de production de pointe (fioul, hydroélectricité...) au détriment des moyens de base (nucléaire...) et des énergies renouvelables. Cette analyse Pestel illustre le rôle des variables du macro-environnement et la nécessité de les pondérer pour évaluer les déterminants du mix énergétique français.

3 Les principaux métiers du marketing

Point clef

Il serait impossible de présenter dans un ouvrage comme celui-ci une liste exhaustive des métiers du marketing et de la communication tant ceux-ci sont variés et dépendants du secteur d'activité et de la taille de l'organisation. La liste qui vous est proposée est constituée des principaux métiers auxquels vous pourrez prétendre en tant que diplômé d'une formation en marketing.

1. COMPRENDRE ET ÉTUDIER LES MARCHÉS

a) Le chargé d'études

Le chargé d'études est chargé d'organiser la collecte de données qualitatives et quantitatives sur un marché donné. Ces données concernent en général le consommateur, les marques concurrentes et la position de l'entreprise sur son marché. La démarche suivie par le chargé d'études est la suivante : *1)* après une analyse des besoins de l'entreprise, *2)* il choisit la méthodologie la plus appropriée pour répondre à la problématique posée, *3)* il élabore un questionnaire, un guide d'entretien ou une grille d'observation, *4)* il organise la collecte des données, *5)* il analyse alors les informations recueillies et *6)* rédige un rapport assorti de recommandations qui permettront d'orienter les décisions marketing de l'entreprise. Le rôle d'un chargé d'études, qu'il exerce sa fonction au sein de l'entreprise ou dans un institut d'études extérieur, est d'apporter une aide à la décision aux décideurs de l'entreprise.

b) Le responsable des bases de données (*database manager*)

Le responsable de bases de données est chargé de la constitution et de la mise à jour des bases de données clients de l'entreprise. Il définit quelles informations il sera nécessaire de collecter, il met en place les procédures qui permettront cette collecte et sa mise à jour et il transmet les informations aux départements de l'entreprise qui en auraient besoin. C'est le cas lorsque le département chargé de la communication directe souhaite communiquer avec certains clients qu'il conviendra d'extraire de la base de données en fonction de critères pertinents. Le responsable des bases de données a un rôle de plus en plus important dans les organisations du fait du développement des pratiques de *Customer Relationship Management* (CRM) et de l'importance croissante donnée à la relation client.

2. DÉVELOPPER ET GÉRER L'OFFRE

a) Le chef de produit/chef de groupe

Le chef de produit est en charge d'un produit ou d'une ligne de produits. Il est souvent désigné comme le chef d'orchestre chargé de coordonner l'ensemble des acteurs qui interviennent dans le processus de développement, de commercialisation et de promotion d'un produit ou d'un service. Le chef de produit est en relation avec les différents départements de l'entreprise (départements R&D, production, financier, commercial, communication). Il fait aussi travailler des prestataires extérieurs (instituts d'études, agences de design, agences de communication).

Les fonctions d'un chef de produit se divisent entre le marketing développement d'un côté et le marketing opérationnel de l'autre :

- Les activités liées au marketing développement visent à développer un produit ou une ligne de produits. Cela implique d'identifier les besoins des consommateurs, de valider la faisabilité d'un projet avec le département R&D, de participer au choix des composantes d'un produit, de tester les concepts auprès des consommateurs et des distributeurs, et enfin d'élaborer un plan marketing en collaboration avec la direction marketing.

- Les activités liées au marketing opérationnel ont pour objet de faire vendre le produit au travers d'actions promotionnelles, publicitaires et commerciales.

Après quelques années, le chef de produit devient chef de groupe. Le chef de groupe est responsable de plusieurs produits ou lignes de produits. À ce titre, il encadre plusieurs chefs de produit.

b) Le directeur marketing

Le directeur marketing est en charge de l'élaboration et du suivi de la stratégie marketing de l'organisation. Il fait partie du comité de direction et s'assure que la stratégie marketing qu'il propose s'inscrit dans la stratégie globale de l'entreprise.

Après une analyse des marchés et des concurrents, le directeur marketing est chargé de fixer les objectifs marketing pour les différentes gammes de produits ou de services commercialisés par l'entreprise et de proposer les moyens (notamment budgétaires) pour atteindre ces objectifs. Il réalise alors les plans marketing (fiche n° 15). Dans un deuxième temps, il coordonne les activités de mise en œuvre du plan marketing. Il est enfin en charge du contrôle et du suivi de l'ensemble des opérations de son département et prend les décisions qui s'imposent en cas de non atteinte des objectifs.

3. DIFFUSER L'OFFRE

Les métiers présentés ci-dessous sont à la frontière entre le marketing et le commercial. Ils permettent la diffusion et la mise en avant de l'offre dans les différents réseaux de distribution.

a) Le directeur commercial et son équipe

Au sein de la direction commerciale, le directeur commercial est en charge de l'élaboration de la stratégie commerciale ainsi que du pilotage et du management de la force de vente. Les commerciaux commencent par identifier les besoins de leurs clients afin de leur proposer l'offre la mieux adaptée. Ils négocient ensuite les contrats et font le suivi de la vente dans le but de fidéliser leurs clients. Les commerciaux sont encadrés par des managers commerciaux. Il faut noter qu'une expérience de commercial (même de quelques mois) est souvent demandée pour accéder au poste de chef de produit.

b) Le responsable du *trade marketing* et le *category manager*

Le responsable du *trade marketing* met en place, conjointement avec le distributeur, des actions promotionnelles et des événements dans les points de vente. Il définit un plan d'actions de *trade marketing* avec les chefs de produits et les équipes commerciales (objectifs commerciaux, moyens et planning). Il met en œuvre les opérations de *trade marketing* (ex. : une opération promotionnelle) et travaille aux éléments de communication de ces opérations dans le point de vente. Enfin, il contrôle et analyse la rentabilité des différentes opérations menées.

Le *category manager* est responsable de la mise en valeur d'une catégorie de produits. Cette fonction peut s'exercer soit chez l'industriel, soit chez le distributeur. Le *category manager* conseille les enseignes dans leur politique d'assortiment. Il est chargé de regrouper les produits en univers cohérents et de conseiller les acheteurs pour qu'ils construisent un assortiment optimal. Il participe aussi au merchandising de sa catégorie, ainsi qu'aux opérations promotionnelles qu'il convient d'y développer.

Ces deux métiers sont des métiers d'interface entre distributeurs et industriels. Ils ont pour but d'augmenter le chiffre d'affaires d'un produit dans une logique gagnant-gagnant.

c) Le responsable du merchandising

Le responsable du merchandising se charge de l'aménagement du point de vente et de la mise en scène des produits dans le but de favoriser l'acte d'achat du consommateur. Cet objectif le conduit à devoir d'une part faciliter les déplacements des clients et d'autre part favoriser les achats impulsifs. Le responsable du merchandising est en charge de :

- L'agencement intérieur du point de vente (choix des emplacements en magasin, aménagement des espaces).
- L'atmosphère du point de vente (musiques, odeurs, couleurs, densité).
- La mise en valeur des produits (choix des emplacements des produits au sein des linéaires, respect de la politique de merchandising des marques).

Le métier de responsable du merchandising peut aussi s'exercer chez l'industriel. Dans ce cas, son rôle sera de faire connaître aux enseignes la stratégie merchandising des marques et de les convaincre de leur bien-fondé.

4. FAIRE CONNAÎTRE L'OFFRE

a) Le responsable de la communication (ou chargé de communication)

Le responsable de la communication est le plus souvent en charge de la communication institutionnelle de l'organisation dont l'objectif est de promouvoir l'organisation et ses actions. Il gère deux types de communication : la communication interne qui s'adresse aux publics internes de l'organisation et la communication externe qui cible les publics externes (consommateurs, distributeurs, mais aussi pouvoirs publics, partenaires financiers, opinion publique, etc.). Dans cette dernière dimension, le responsable de la communication est amené à participer aux actions de communication destinées à valoriser l'image des marques de l'entreprise. Concrètement, le responsable de la communication *1)* élabore des plans de communication pour répondre à des objectifs précis et *2)* met en œuvre les opérations de communication avec l'aide des partenaires (agences). Parmi ces opérations de communication, on peut citer l'organisation d'événements, la réalisation de supports de communication écrits (journaux internes, rapports d'activité, brochures et plaquettes) ou encore la gestion des relations avec les journalistes. Le responsable de la communication agit sous la direction d'un directeur de la communication (souvent appelé Dircom).

b) Le responsable du marketing direct

Le responsable du marketing direct est chargé de recruter de nouveaux consommateurs et de les fidéliser. Avec l'aide du directeur de la relation client, il élabore la politique de marketing direct et choisit les outils de recrutement et de fidélisation. Parmi ces outils, on trouve par exemple l'envoi postal ou électronique de mailings, l'organisation d'une campagne téléphonique de recrutement ou encore la mise en place d'un programme de fidélité. Le responsable du marketing direct travaille beaucoup à partir de bases de données qui lui permettent de segmenter les prospects et les clients en fonction de caractéristiques objectives et de proposer à chaque segment une communication plus personnelle et donc plus efficace.

c) Le commercial en agence (ou chef de pub)

Le chef de publicité est l'intermédiaire entre l'annonceur et l'ensemble des acteurs qui participent à l'élaboration de la campagne de communication. Le chef de publicité commence le plus souvent par répondre à un brief d'annonceur, qui est un document qui expose la problématique de l'annonceur et la raison qui le pousse à vouloir réaliser une campagne de commu-

nication. Le chef de publicité, avec l'aide du planneur stratégique, analyse le marché et propose une stratégie de communication cohérente avec la stratégie de la marque. Une fois que l'annonceur a validé la stratégie proposée par le chef de publicité, celui-ci se tourne vers les équipes créatives et techniques au sein de son agence afin qu'elles concrétisent la stratégie de communication (dans un film, une annonce presse ou toute autre forme). En définitive, le chef de publicité assure le lien entre les différentes équipes qui travaillent sur la campagne (création, médias, production) et vérifie le respect de la stratégie de communication, du budget et des délais.
Le chef de publicité (parfois appelé chef de projet) devient chef de groupe, puis directeur de clientèle. Il peut exercer son activité dans tout type d'agence (agence de publicité, de marketing direct, de promotion des ventes, de marketing sportif, d'événementiel, etc.).

L'Œil du professionnel

Elisabeth Blot, chef de produit chez Dunlopillo

Il y a de très nombreuses définitions du métier de chef de produit selon les entreprises et les secteurs d'activité. Pour moi qui gère des matelas, il s'agit de maîtriser l'ensemble des éléments du mix dans l'optique de répondre aux besoins du client.
Un chef de produit est en contact avec tous les départements de l'entreprise : le contrôle de gestion, les achats, le bureau d'étude, la qualité, le SAV, la production, les commerciaux ou encore la direction. Il doit aussi gérer les relations avec des partenaires externes comme les fournisseurs, les designers ou encore les clients. Mon quotidien ? Je développe régulièrement de nouveaux produits qui doivent traduire le positionnement de la marque. Cela m'amène à choisir des matériaux (mousses, fibres, tissus...) adaptés à chaque type de clientèle et à trouver des solutions pour concilier esthétique, confort et prix. Je suis aussi chargée de transmettre aux gens de l'usine notre vision du produit et des clients.
Pour faire un bon chef de produit, il faut un excellent sens du relationnel pour réussir à obtenir des uns et des autres ce dont on a besoin dans les délais impartis. Il faut une bonne connaissance de son marché, de ses clients, des contraintes et des possibilités techniques. Une bonne capacité d'adaptation est nécessaire car il faut pouvoir mettre sa casquette « usine » face à des commerciaux qui demandent parfois des choses qui ne sont pas industrialisables, et mettre sa casquette « commerce » pour expliquer aux gens de l'usine que le marché évolue et que nous devons prendre certains virages et nous adapter en permanence ! Enfin, il est indispensable d'avoir une bonne capacité d'analyse et de synthèse.

4 Le comportement du consommateur : processus de décision

Point clef

Le consommateur est au cœur de la démarche marketing puisque c'est sur lui que repose l'écoulement de l'offre de l'entreprise. Son processus de décision comprend des étapes dont la vitesse et l'ordre de succession dépendent du contexte d'achat et des caractéristiques du preneur de décision.

1. LE PROCESSUS DE DÉCISION D'ACHAT

a) Les rôles dans la prise de décision

L'**initiateur** est la personne qui, au sein d'un foyer ou d'une organisation, identifie le besoin. C'est, par exemple, un directeur d'usine qui suggère que l'achat d'une nouvelle machine permettrait d'augmenter la productivité de ses ouvriers.

Le **garde-barrière** est celui qui éventuellement freine l'achat. C'est, par exemple, le contrôleur de gestion qui refuse l'achat de la nouvelle machine en calculant que le gain de productivité ne permettra pas de compenser le coût de la machine.

L'**influenceur** est une personne qui peut être extérieure au foyer ou au centre d'achat et qui influence celui-ci. Cette influence est liée à des connaissances ou des expériences dans la catégorie de produits, à une réelle expertise, à un statut particulier ou parfois simplement à du charisme. Dans certains cas, le pouvoir de l'influenceur est tel que l'on parle de **prescripteur**. C'est le cas du médecin qui prescrit une liste de médicaments mais aussi de l'enseignant qui impose la lecture d'un ouvrage.

Le **décideur** est la personne qui prend la décision finale. Il peut s'agir du directeur des achats dans une organisation ou de la mère qui refuse d'acheter des boissons sucrées à ses enfants.

L'**acheteur** est la personne qui réalise la transaction. Elle est soumise aux variables d'influence que l'on trouve dans les points de vente (promotions, atmosphère, files d'attente…). L'acheteur n'est pas toujours l'utilisateur final. On sait par exemple que près de la moitié des achats de sous-vêtements masculins sont faits par des femmes.

L'**utilisateur final** est la personne qui utilise pour son compte le produit ou le service. Dans les services publics, on parle d'usager. Un usager consomme un service (le transport, l'hôpital, l'université) en le payant de façon directe ou indirecte au travers d'impôts et de taxes.

b) Les étapes du processus de décision

Les décisions d'achat s'effectuent généralement en cinq étapes qui sont plus ou moins longues selon les individus et les situations.

1. La reconnaissance d'un problème

Le consommateur prend conscience que l'achat du produit ou du service pourrait lui faciliter la vie ou lui apporter un mieux-être. Cette étape est initiée par un besoin (voir la typologie des besoins de Maslow ci-contre) qui s'exprime par des désirs variables selon les situations et les individus. Le besoin d'estime peut, par exemple, conduire un individu à désirer une voiture qui lui permette d'affirmer son statut social. Le rôle du marketing pour une marque statutaire comme Audi est de faire en sorte que le besoin sous-jacent conduise à une préférence pour ses modèles.

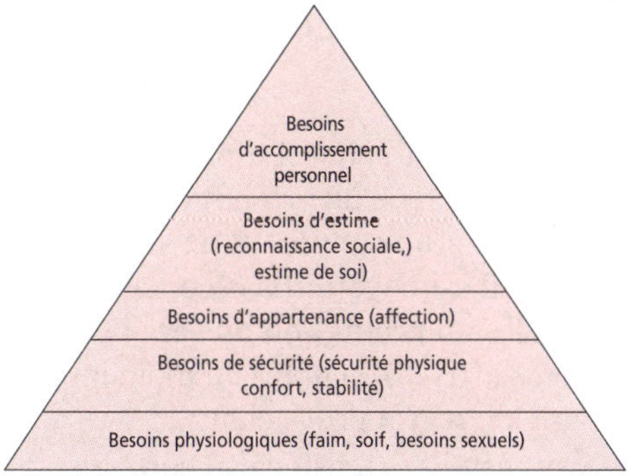

Figure 4.1 – La pyramide des besoins de Maslow

Les besoins situés en bas de la pyramide doivent être assouvis avant que les individus ne ressentent les besoins d'un niveau supérieur

2. La recherche d'informations

Les sources d'informations externes sont multiples. Il peut s'agir de sources personnelles (amis, famille, voisins…), de sources commerciales (vendeurs, publicités, emballages, PLV…), de sources publiques (articles de presse, blogs, sites Internet…) et de sources liées à l'expérience (essai, manipulation…). En général, les consommateurs sont davantage influencés par les informations personnelles que par les informations commerciales. En revanche, ils sont soumis à davantage d'informations commerciales. Certains secteurs d'activités sont bouleversés par la recherche d'informations sur Internet qui permet d'obtenir rapidement une grande quantité d'informations, issues de sources commerciales mais surtout personnelles et expérientielles (avis des internautes, retours d'expériences, comparatifs etc.).

3. L'évaluation des alternatives

Au cours de la phase de recherche d'informations, le consommateur constitue un **ensemble de considération**, c'est-à-dire un ensemble de marques candidates à l'achat. Le consommateur évalue les alternatives en comparant leurs caractéristiques (ou attributs). Les **attributs importants** sont les caractéristiques du produit auxquelles le consommateur accorde le plus d'importance. Ils ne permettent pas toujours de discriminer les offres entre elles. Un attribut utile pour prendre une décision est un attribut qui est à la fois important et **discriminant**. On parle alors d'**attribut déterminant**.

L'évaluation des alternatives est aussi influencée par l'**attitude**, c'est-à-dire une prédisposition favorable ou défavorable envers les marques. L'attitude est nourrie de connaissances et de croyances, mais aussi d'affects. Un constructeur automobile peut décider d'équiper ses véhicules avec des injections Bosch en se fiant à ses croyances selon lesquelles les marques allemandes sont robustes et fiables. Mc Donald's a longtemps eu en France un discours publicitaire très rationnel pour contrer les accusations de « malbouffe ». En 2008, Mc Donald's a fait le constat que les croyances des Français à son égard s'étaient améliorées mais que des années de discours nutritionnel avaient nui à la dimension affective de son image de marque. L'enseigne de fast-food a donc communiqué autour de valeurs plus émotionnelles (la simplicité, la tolérance, l'ouverture d'esprit) avec sa campagne « Venez comme vous êtes » qui montre que l'on peut aller chez « McDo » avec n'importe quel accoutrement.

4. L'achat

La phase d'évaluation des alternatives permet au consommateur d'établir une hiérarchie de préférences. La préférence pour une option débouche sur une intention d'achat qui se transforme ou non en fonction des influences interpersonnelles et des facteurs situationnels imprévus au moment de l'acte d'achat.

5. Le comportement post-achat

Il existe deux formes d'évaluation post-achat. La première forme vise à comparer la performance attendue et la performance perçue du produit ou du service. Cet écart entre attentes et réalisation des attentes donne lieu à un sentiment de **satisfaction** lorsqu'il est positif et à un sentiment d'insatisfaction lorsqu'il est négatif. La seconde forme d'évaluation post-achat consiste à comparer les performances du produit ou du service acheté avec les performances des produits ou services non achetés mais disponibles au moment du choix. Lorsque cette comparaison est défavorable, on parle de **regret** post-achat.

Le processus présenté ci-dessus est dit extensif car il correspond aux situations où le consommateur est le plus impliqué dans la recherche et le traitement d'information. Il existe d'autres types d'achat, comme, par exemple, l'achat impulsif (voir Focus) et l'achat routinier qui est un achat prémédité mais qui ne s'accompagne pas de réflexion car il repose sur l'habitude. Les étapes du processus de décision expliquées ci-dessus peuvent donc être plus ou moins longues ou encore intervenir dans un ordre différent selon des facteurs liés à la situation et à l'individu.

2. LES FACTEURS QUI INFLUENCENT LE PROCESSUS DE DÉCISION

a) Implication, risque perçu et complexité de la tâche

L'**implication** est définie comme un état de motivation, d'intérêt ou de plaisir vis-à-vis d'un produit/service ou d'une situation d'achat. Le niveau d'implication dépend de l'importance du produit pour le consommateur, du plaisir associé à l'achat et de la valeur de signe du produit ou service (la capacité du produit ou du service à refléter l'image de soi). Le niveau d'implication dépend aussi du **risque perçu**, c'est à dire de la perception que les conséquences de l'achat pourraient être négatives (estimation de la probabilité de faire une erreur et évaluation de la gravité des conséquences éventuelles). Le risque perçu peut être financier, physique, temporel, psychologique ou social. Un niveau d'implication élevé conduit généralement à accorder beaucoup d'importance à l'achat et donc à y consacrer du temps. Un consommateur impliqué est sensible aux publicités, au bouche-à-oreille et d'une façon plus générale à toutes les formes d'information autour du produit ou du service. Le consommateur impliqué est aussi plus sensible aux marques. Même si le niveau d'implication varie d'un consommateur à l'autre, il existe des marchés qui sont par nature peu impliquants, comme, par exemple, le marché de l'essuie-tout. Sur ce type de marché, les achats sont routiniers, le consommateur accorde beaucoup d'importance au prix et peu d'importance à la marque. C'est ce qui explique que les **marques de distributeurs** (MDD) y sont prédominantes.

La **complexité perçue** de la décision s'accroît avec la complexité technologique du produit, le nombre d'options disponibles et d'attributs qui la composent et l'étendue des différences entre les marques. Par ailleurs, une décision est d'autant moins complexe que l'achat est **familier** et que le preneur de décision est **expert** de la catégorie de produit.

b) Les objectifs poursuivis par le preneur de décision

L'étendue du processus de décision dépend aussi des objectifs poursuivis par le preneur de décision au moment du choix. Ces objectifs sont présentés ci-dessous.

1. **Maximiser la pertinence du choix** : compte tenu de l'importance de la décision (ex. : un cadeau pour une personne chère), le preneur de décision adopte un processus de décision extensif en comparant un grand nombre d'options et d'attributs.

2. **Minimiser l'effort cognitif** (par manque de motivation ou de temps) : le preneur de décision limite sa recherche d'informations, ne décompose pas les options en attributs et utilise des heuristiques pour simplifier son choix (ex. : choisir la marque la plus connue).
3. **Minimiser l'émotion négative** associée au choix : certaines décisions sont porteuses d'émotions négatives. C'est le cas, par exemple, lorsqu'une décision d'achat familiale est source de conflits, mais aussi lorsqu'un preneur de décision est confronté à deux options d'attractivité équivalente et ne parvient pas à se décider. Choisir l'une des deux options pourrait le conduire à regretter de ne pas avoir acheté l'autre. Deux stratégies peuvent être adoptées. La première conduit à une recherche et un traitement d'informations extensifs dans le but d'améliorer la connaissance des options, d'apporter de nouveaux arguments et de clarifier le choix. La seconde consiste à éviter de considérer les aspects émotionnels du problème, ce qui dans certains cas extrêmes peut conduire au report d'achat.
4. **Pouvoir justifier son choix** : de nombreuses décisions font l'objet d'une évaluation par l'entourage ou la hiérarchie du preneur de décision. Dans ce cas, la recherche d'informations est biaisée car le preneur de décision tente de deviner quelles sont les préférences de la personne susceptible de l'évaluer et oriente ses choix vers des options facilement justifiables. L'acheteur industriel essaye souvent de minimiser le risque d'être montré du doigt pour un mauvais achat. Cela peut le conduire à opter pour un fournisseur renommé ou une marque forte qui lui apportent une caution et limitent sa responsabilité en cas d'échec.

Focus

L'achat impulsif

Les comportements d'achats impulsifs sont des achats non planifiés qui naissent du besoin soudain et irrésistible de posséder immédiatement un objet. La prise de décision est rapide, dépourvue de recherche d'informations et caractérisée par une phase de réflexion très courte. La composante hédonique des achats impulsifs est importante car ils sont une source de plaisir immédiat. L'achat impulsif s'explique par des caractéristiques situationnelles comme, par exemple, l'environnement d'achat et les techniques de merchandising faites pour le provoquer. Il s'explique aussi par des caractéristiques individuelles comme par exemple l'humeur ou encore l'impulsivité comme trait de personnalité. Lorsque les achats impulsifs se répètent de façon chronique et que leurs conséquences financières sont importantes, on parle d'achats compulsifs. La compulsivité est une addiction qui relève de la pathologie et qui se caractérise par une absence totale de contrôle de soi et de lucidité quant aux conséquences néfastes de l'achat. Chez les acheteurs impulsifs, la recherche de plaisir et de sensations est à l'origine de l'impulsion. Chez les acheteurs compulsifs, l'achat est un mécanisme de défense qui permet de libérer la tension psychologique inhérente à une angoisse profonde.

5 Le comportement du consommateur : facteurs d'influence culturels et sociaux

Point clef

Les décisions de consommation subissent des influences culturelles et sociales. La culture, les groupes d'appartenance et de référence produisent des normes et des valeurs au sein desquelles les décisions de consommation sont prises. Les décisions de consommation deviennent des signes d'appartenance. La famille est l'un de ces groupes d'appartenance.

1. LES FACTEURS CULTURELS

a) La culture

La culture représente un ensemble de connaissances, de croyances, de normes, de valeurs et de traditions acquises par l'homme en tant que membre d'une société. Cette définition implique trois caractéristiques de la culture :

- Elle est partagée par les membres d'une même société. S'intéresser à la culture revient à s'intéresser à ce qui est commun à un groupe d'individus et à ce qui distingue les membres de ce groupe des membres des groupes dont ils ne font pas partie.
- Elle s'acquiert dès la naissance et tout au long de la vie au travers de mécanismes de socialisation. Elle se construit grâce aux interactions avec l'environnement.
- La culture est évolutive, notamment grâce aux phénomènes migratoires et au développement des moyens de transport et de communication. Les marques et la publicité sont parfois à l'origine de changements culturels. C'est le cas, par exemple, de Kellog's qui a réussi au travers d'actions marketing variées à modifier les habitudes de petit-déjeuner dans un grand nombre de pays sur la planète.

La culture produit des valeurs, des normes et des sanctions :

- Les **valeurs** sont des croyances durables selon lesquelles un mode spécifique de conduite ou un but de l'existence sont préférable à d'autres conduites ou buts. Les publicités reposent sur des valeurs partagées au sein d'une société. Les campagnes publicitaires de Nike du début des années 2000 mettent en scène une valeur prépondérante des sociétés occidentales de cette époque : la recherche de légèreté et d'hédonisme au travers du jeu. Les spots de Nike montrent par exemple des actifs urbains qui font un jeu de « chat » géant dans le métro.
- Les **normes** sont des règles qui spécifient ou interdisent certains comportements dans certains types de situations :
  - Les **conventions** sont des normes qui dictent les conduites quotidiennes. Par exemple, les normes de consommation alimentaires varient d'un pays à l'autre : on mange du chien en Asie, des grenouilles en France… et il est impensable de manger du bœuf en Inde ou du porc dans les pays musulmans.
  - Les **rites** ou rituels sont des pratiques symboliques qui font intervenir des événements dans un ordre pré-établi. Le marketing s'inscrit souvent dans ces rituels qui peuvent être d'ordre religieux (obsèques, mariage…), social (séduction, échange de cadeaux…) ou profanes (Halloween, Saint Valentin, manifestations sportives…).
- Lorsque les normes sont violées, la culture produit des **sanctions** qui sont plus ou moins formalisées.

La culture est une variable clef du marketing, notamment dans le cas de stratégies de marketing à l'international. La **standardisation** consiste à gommer les différences culturelles en proposant des offres homogènes quels que soient les pays. L'**adaptation** est une stratégie qui vise au contraire à proposer une offre par pays de façon à tenir compte le mieux possible des spécificités locales. La stratégie la plus fréquente dans les multinationales est la stratégie dite de **glocalisation** qui mêle globalisation et adaptation. L'offre est définie de façon globale par la maison-mère. Les équipes locales proposent ensuite de légères adaptations du marketing mix pour mieux coller aux cultures locales (fiche n° 39).

b) Les sous-cultures

Les individus n'appartiennent pas seulement à une culture nationale, mais aussi à des sous-cultures qui sont liées à leur appartenance à des groupes d'âge, à une origine ethnique, religieuse, sociale ou encore géographique. Une sous-culture est une culture qui existe à l'intérieur d'une culture nationale, mais qui s'en distingue par la mise en avant de valeurs et de normes propres. C'est le cas par exemple du mouvement gothique dont la sous-culture se traduit par des choix musicaux et vestimentaires particuliers.

2. LES FACTEURS SOCIAUX

a) La classe sociale

Les classes sociales ont trois composantes : une composante économique, une composante statutaire (notamment l'emploi et le prestige de celui-ci) et une composante culturelle. L'appartenance à une classe sociale affecte l'accès aux ressources, qu'elles soient de nature économique, sociale (ex. : réseaux et « pistons ») ou culturelles (culture générale, règles de savoir-vivre, etc.). L'appartenance à une classe sociale est davantage une réalité sociologique qu'une réalité statistique. Elle se traduit par un sentiment d'appartenance et une volonté de se démarquer des autres classes sociales. Les goûts et les styles de vie sont souvent marqués sociologiquement. Comme le disait si bien Pierre Bourdieu, nos goûts sont les dégoûts des goûts des autres. L'encadré 5.1 montre que le choix du prénom de ses enfants est marqué sociologiquement, alors même que ce choix n'implique aucune dépense financière.

Encadré 5.1 – L'origine sociale des prénoms

Une étude menée en 2005 a comparé les prénoms les plus fréquents dans le carnet du *Figaro*, avec les prénoms les plus donnés sur l'ensemble de la population. On constate qu'il y a très peu de ressemblances entre les prénoms bourgeois (lecteurs du *Figaro*) et les prénoms les plus populaires.

Prénoms bourgeois (*Le Figaro*)		**Prénoms populaires (ensemble de la population)**	
Filles	**Garçons**	**Filles**	**Garçons**
Charlotte	Alexandre	Léa	Lucas
Inès	Louis	Manon	Théo
Louise	Paul	Emma	Matteo
Camille	Augustin	Clara	Enzo
Sixtine	Arthur	Inès	Mathis
Victoire	Antoine	Chloé	Hugo
Alice	Gaspard	Jade	Killian
Aliénor	Charles	Sarah	Leo
Joséphine	Victor	Camille	Maxime
Claire	Guillaume	Lucie	Thomas

b) Les groupes d'appartenance et de référence

Au-delà de sa culture ou de son appartenance sociale, chaque individu appartient à plusieurs groupes. Les groupes sont définis comme un ensemble d'individus liés entre eux, soit par des liens de proximité (parenté, amitié) et/ou des liens symboliques.

Ces groupes auxquels on appartient sont appelés **groupes d'appartenance**. On parle de groupes d'appartenance primaires pour désigner l'entourage proche d'une personne (sa famille, son groupe d'amis). Dans ce cas, les relations entre les membres du groupe sont fréquentes, directes et personnelles. Ces groupes primaires ont un pouvoir d'influence très important sur les décisions de consommation. On parle de groupes d'appartenance secondaires pour désigner les groupes d'appartenance plus larges, comme par exemple une association, une classe, une entreprise. Dans ce cas, les relations entre les membres du groupe sont moins directes, moins personnelles et souvent plus formelles.

En dehors de ces groupes d'appartenance, les individus se réfèrent à des groupes auxquels ils n'appartiennent pas mais qui sont susceptibles d'influencer leurs décisions, et notamment leurs décisions de consommation. On parle de **groupes de référence**. Lorsque l'individu a une attitude favorable envers ce groupe et qu'il adhère à ses valeurs, on parle de **groupe d'aspiration**. Ce sont les groupes auxquels l'individu n'appartient pas, mais souhaiterait appartenir. Lorsque l'individu a une attitude défavorable envers ce groupe, on parle de **groupe de rejet**. L'individu n'adhère pas aux valeurs de ce groupe, et va se comporter de façon à s'en distinguer. Les groupes d'aspiration et de rejet ont beaucoup d'influence sur les décisions de consommation, puisque celles-ci sont autant de signes d'appartenance et de non-appartenance à ces groupes. Le choix d'une voiture permet, par exemple, de marquer l'appartenance à un groupe (l'achat d'un 4×4 marque pour certains l'appartenance à un statut social supérieur) ou au contraire de s'en démarquer (le 4×4 est pour d'autres le symbole de l'agressivité et de la pollution).

c) Les styles de vie

Le style de vie fait référence au mode de vie d'un individu que l'on décompose souvent entre ses activités (ce qu'il fait), ses centres d'intérêt (ce qui l'intéresse) et ses opinions (ses valeurs). En marketing, le style de vie est une variable explicative pertinente pour comprendre les préférences et les comportements d'achat. Le style de vie bourgeois-bohème se caractérise par un niveau de revenu élevé mais un système de valeurs moins classique que les traditionnels bourgeois. Il a été caricaturé dans la chanson de Renaud (*Les Bobos*) : les bobos travaillent dans l'informatique et les médias, vivent dans les lofts des quartiers populaires, lisent *Télérama* et regardent Arte, s'habillent en Zadig et Voltaire et ont une alimentation bio. Même s'il s'agit là de caricature, celle-ci n'est pas dénuée d'une part de vérité et elle illustre bien la pertinence du concept de style de vie pour décrypter les comportements de consommation.

d) La famille

La famille nucléaire qui constitue le modèle familial dans nos sociétés occidentales est constituée d'un couple, marié ou non, avec ou sans enfant, ou d'un adulte seul avec un ou plusieurs enfants. Elle est à distinguer du ménage qui est une entité statistique et qui désigne pour l'Insee l'ensemble des occupants d'un même logement, sans que ces personnes ne soient nécessairement unies par des liens de parenté.

Il existe plusieurs rôles au sein d'une famille. Pour le marketing, il est intéressant de connaître la répartition des rôles dans les décisions de consommation. Malgré une meilleure répartition des tâches, les achats domestiques restent encore souvent féminins. En témoigne l'expression « ménagère de moins de 50 ans » qui désigne pour les publicitaires la personne responsable des achats domestiques. D'une façon générale, les études marketing vont chercher à identifier, pour chaque catégorie de produits, les différents rôles au sein du foyer : initiateur, garde-barrière, influenceur, décideur, acheteur, utilisateur (fiche n° 4).

Il n'est pas rare que les décisions d'achat soient la source de conflits conjugaux. Ces conflits peuvent porter sur la nécessité même de l'achat, sur le caractère prioritaire de cet achat ou sur le choix d'un modèle ou d'une marque. Des chercheurs ont identifié les stratégies d'influence au sein de la famille. Ces stratégies d'influence sont présentées dans le Focus.

Outre les rôles au sein du foyer, le marketing s'intéresse de près à la notion de cycle de vie familial. Le **cycle de vie familial** fait référence au déroulement des étapes de la vie d'un individu. Les étapes du cycle de vie familial traditionnel sont les suivantes : l'installation du jeune adulte, le mariage/l'installation en couple, la naissance des enfants, le départ des enfants, le décès du conjoint. Ces étapes sont aujourd'hui complexifiées par les séparations, les remariages et les naissances tardives, qui conduisent à des familles plus complexes. Cependant, dans un souci de simplification et de faisabilité, le marketing s'appuie volontiers sur ces grandes étapes que sont l'installation du jeune couple, la naissance des enfants, la famille avec adolescents et le départ des enfants. C'est le cas de l'enseigne Ikea qui segmente sa clientèle en fonction de l'étape du cycle de vie familial. La collection est élaborée de façon à proposer des solutions d'ameublement adaptées à chaque étape du cycle de vie.

Focus

Les stratégies d'influence au sein de la famille

En cas de différent par rapport à un achat, on distingue trois grandes familles de stratégies d'influence dans les familles. Ces stratégies peuvent concerner la relation entre conjoints aussi bien que la relation enfant-parent.

- Les **stratégies affectives** : le chantage affectif (« si tu n'es pas d'accord, cela veut dire que tu ne m'aimes pas »), la manipulation (l'époux qui prépare un bon petit plat à sa femme afin qu'elle ne puisse plus dire non), ou encore la pression affective (faire la tête jusqu'à ce que l'autre cède) et la culpabilisation (« si on ne change pas de voiture, les freins risquent de lâcher et je pourrais avoir un accident, et ce serait de ta faute »).
- Les **stratégies cognitives** : l'argumentation (« c'est en promo en ce moment, c'est vraiment une bonne affaire à ne pas manquer »), le marchandage (« on achète ça pour moi et ça pour toi »), l'expertise (« pour ce type de décision, c'est moi qui m'y connais le mieux ») et l'escalade (« on ne peut pas changer le sofa sans repeindre d'abord le salon »).
- Les **stratégies comportementales** : le harcèlement jusqu'à ce que l'autre cède, la coalition avec un autre membre de la famille, le mensonge (ex. : acheter une autre marque en prétextant que la marque choisie n'était plus disponible) ou encore la mise devant le fait accompli.

6 Les techniques d'études marketing : démarche et sources des données

Point clef

Les études marketing consistent à collecter et analyser des informations permettant de résoudre une problématique marketing (ex. : Pourquoi nos clients sont-ils insatisfaits ? Est-ce que le nouveau produit va être acheté par les consommateurs cibles ? Comment organiser le rayon des chocolats dans mon supermarché ?). La méthodologie choisie dépend des objectifs de l'étude, du budget et des délais de réalisation de l'étude.

1. PRÉSENTATION DES ÉTUDES MARKETING

Les études marketing sont un outil de connaissance du marché. Elles consistent à préparer, recueillir, analyser et exploiter des informations pertinentes relatives à des problématiques marketing variées.

- Problématiques d'ordre stratégique : comment le marché se segmente-t-il ? Quelle clientèle cibler ? Comment positionner l'offre pour la cible définie ?
- Problématiques d'ordre opérationnel : Quelles sont les caractéristiques que doit avoir le produit ? À quel prix le lancer ? Comment et par l'intermédiaire de quel média communiquer ? Comment diffuser l'offre sur le marché ?
- Problématiques liées au contrôle de l'activité : Pourquoi perd-t-on des clients ? Comment expliquer la diminution de la part de marché ? Quelle est la part de clients satisfaits ? De quelle manière présenter plus efficacement la marque dans les linéaires de la grande distribution ?

Quelle que soit la problématique traitée, les études marketing sont un moyen de lever les incertitudes et de faciliter par conséquent la prise de décision. Cela explique le dynamisme des sociétés d'études de marché (voir Encadré 6.1).

Encadré 6.1 – Panorama du secteur des études marketing en France (2007)

Le marché des études représente un chiffre d'affaires de 1,9 milliards d'euros en 2007. La France, 3e marché mondial des études, est marquée par une forte concentration. De grands groupes internationaux (TNS, Nielsen, IRI, Kantar Group, GFK, Ipsos...) y côtoient de multiples intervenants locaux parfois connus pour leurs activités de sondage d'opinion (Ifop, BVA, CSA). Les études de marché concernent tous les secteurs, mais ce sont les entreprises fabriquant des produits manufacturés (en particulier les produits de grande consommation) qui y ont le plus recours (41 % du marché). Le marché des études se partage entre les études qualitatives (13 %), les études quantitatives ad hoc (49 %) et les panels-baromètres (38 %).

Source : Syntec Études marketing & opinion, septembre 2008

2. CLASSIFICATION DES SOURCES D'INFORMATION

a) Les sources de données secondaires

Les **données secondaires** sont des informations qui ont été préalablement collectées à des fins autres que celles poursuivies par le responsable marketing. Ce sont les données déjà existantes et qui peuvent être utiles pour répondre à la problématique (articles de presse, rapports sectoriels, données de l'Insee...). Le responsable marketing a principalement recours aux informations secondaires pour des raisons de temps (il est plus rapide de recueillir une information déjà publiée que de construire des données *via* une étude) et de coûts (une étude « sur mesure » est nécessairement plus coûteuse qu'un document déjà publié). Se fonder sur ce type de données est particulièrement approprié en phase exploratoire, lorsque l'organisation cherche à établir un diagnostic (ex. : quelle est la taille et l'évolution d'un nouveau marché cible ?) ou à collecter de premiers éléments de réflexion (ex. : est-il opportun de développer ma surface de vente ?). Les informations secondaires permettent également de répondre à un besoin d'information continu sur les acteurs du marché (**veille concurrentielle**).

Le chargé d'études dispose de plusieurs sources d'information, dont l'accessibilité et le coût de collecte et d'achat diffèrent :

- Les **données internes** sont issues de l'information disponible au sein de l'entreprise. Celle-ci peut disposer de statistiques sur les ventes et leur évolution, de fichiers clients, de rapports émanant de la force de vente ou simplement de documents archivés (études antérieures, lettres de réclamation...). L'information est alors immédiatement accessible et gratuite.
- Les **données externes** à l'entreprise s'obtiennent auprès des organisations publiques (ex. : Insee, ministères, chambres de commerce...), des organisations professionnelles ou encore en analysant la presse ou les sites Internet spécialisés. Le recueil de l'information nécessite alors un faible investissement financier et temporel. Le chargé d'études peut aussi acheter des données à des organismes privés qui publient des informations sectorielles (ex. : Dafsa, Kompass, Referenseigne...) ou donnent accès à des articles de presse (ex. : Factiva...). Certaines informations secondaires, très chères et impossibles à collecter individuellement, peuvent être achetées à des organismes dont le métier est de collecter les données de marché : les sociétés de panels (ex. : Nielsen, GFK, IRI...). Celles-ci collectent auprès des distributeurs et des consommateurs des informations précises sur les ventes de diverses catégories de produits (fiche n° 9).

Le tableau 6.1 présente les avantages et les inconvénients liés à l'utilisation de données secondaires.

Tableau 6.1 – Avantages et inconvénients des données secondaires

Avantages	Inconvénients
Coûts faibles à modérés.	Informations souvent trop générales et peu adaptées à un problème souvent posé de façon précise.
Rapidité de collecte.	Peu de précisions sur l'origine de certaines informations et leur condition de collecte.
Diversité des informations collectées.	Contradiction possible entre différentes sources de données.
Peut, dans certains cas, suffire pour répondre à la question posée.	Information parfois ancienne.

Avant d'utiliser des données secondaires, le chargé d'études doit s'assurer de leur fiabilité (éliminer les documents douteux), de leur pertinence (éliminer les documents inutiles ou non pertinents par rapport à la problématique de l'entreprise) et de leur récence (éliminer les documents obsolètes).

b) Les sources de données primaires

Si l'utilisation de données secondaires permet de « dégrossir » ou de clarifier un problème complexe et de donner des bases de réflexions, elles se révèlent inadéquates lorsqu'il s'agit d'obtenir de l'information « sur mesure ». Par exemple, répondre à la question « les consommateurs sont-ils prêts à accepter un nouveau type de packaging pour mes mini-barres chocolatées ? » nécessite de recueillir des données spécifiques aux besoins de l'étude (les **données primaires**). On parle alors d'études ad hoc.

Les données primaires peuvent être classées en trois catégories qui correspondent à différentes approches méthodologiques :

- **L'approche qualitative** consiste principalement à interroger en profondeur un petit échantillon d'individus, avec pour objectif la compréhension d'un phénomène (fiche n° 7).
- **L'approche quantitative** consiste principalement à interroger un échantillon important d'individus à partir de questions très précises, avec pour objectif la quantification d'un phénomène (fiche n° 8).
- L'approche fondée sur **l'observation** consiste à observer les comportements des consommateurs (en temps réel ou *a posteriori*) plutôt qu'à passer par le questionnement (fiche n° 9).

3. LA DÉMARCHE D'UNE ÉTUDE MARKETING

a) Problématique marketing et problématique d'étude

Dans un premier temps, l'entreprise doit identifier précisément le problème à résoudre, c'est-à-dire la **problématique marketing**. Par exemple, lors du lancement de la carte bleue Visa Renault, le constructeur automobile a été confronté au problème suivant : « Comment différencier mon produit par rapport autres cartes *cobrandées* ? »

Ensuite, l'entreprise doit définir la **problématique d'étude**, c'est-à-dire déterminer les informations qui permettent de répondre à la question posée dans la problématique marketing. À partir du même exemple, cela pourrait se traduire par la question suivante : « quels sont, pour ce type de produit, les attributs valorisés par le consommateur et pas ou peu présents dans les offres concurrentes ? »

b) Méthodologie, organisation et rôle des instituts d'études

Lorsque les objectifs de l'étude sont déterminés et précisés, le projet d'étude doit être défini d'un point de vue :

- Méthodologique : Quelle approche retenir ? Quel échantillon sélectionner ? Quel mode de collecte de l'information choisir ? Où trouver des enquêteurs aptes à collecter efficacement l'information choisie ? Etc.
- Organisationnel et budgétaire : Combien coûte l'étude ? Dans quel délai peut-elle être réalisée ? Quel prestataire choisir ? Etc.

Dans la pratique, l'étude est le plus souvent réalisée par un institut spécialisé sélectionné en fonction de critères liés à sa notoriété, à sa spécialisation sectorielle et à sa taille. Certaines problématiques particulièrement stratégiques nécessitent le recours à des cabinets hautement renommés dont les recommandations font office de caution. D'autres critères peuvent rentrer en ligne de compte : les prix pratiqués, les délais de réalisation ou encore la pertinence de la méthodologie recommandée.

L'institut est chargé de la collecte et de l'analyse des données à partir du cahier des charges déterminé avec l'entreprise commanditaire. Il lui remet un rapport d'étude qui comprend, outre les résultats et leur analyse, d'éventuelles recommandations d'actions et/ou des axes de réflexion. Ce document s'accompagne d'une présentation orale cruciale dans la mesure où toutes les personnes intéressées par l'étude sont présentes. Au-delà du contenu, la forme et la qualité de la présentation orale sont donc déterminantes ! Sur la base des conclusions de l'étude, l'entreprise commanditaire peut alors décider d'une action marketing.

L'Œil du professionnel

Florence Caro, responsable adjointe du service Études et Recherche de la direction de la politique des publics et de l'éducation artistique au musée du Louvre

Depuis 2002, le service Études et Recherche du musée du Louvre travaille à mieux connaître son public, évaluer l'offre culturelle proposée aux visiteurs et anticiper les tendances susceptibles d'avoir un impact sur la fréquentation du musée. Les études que le service réalise sont divisées en quatre grandes catégories.

1. Les **enquêtes barométriques** sont réalisées en continu et emploient des outils stables, qui servent l'analyse des évolutions de la fréquentation. Le « Baromètre des publics du Louvre » permet, par exemple, d'estimer le nombre de visiteurs, de connaître leur composition en termes de profil et de motivations, d'évaluer et d'expliquer leur satisfaction.
2. Les **enquêtes ad hoc** stratégiques constituent une aide au diagnostic et à la prise de décision, autour d'un problème précis (droit de photographie, refonte de la grille tarifaire, étude du public potentiel du futur musée du Louvre-Lens, modélisation économétrique de la fréquentation payante...).
3. Les **enquêtes évaluatives** interviennent *a posteriori.* Elles estiment l'adéquation ou la performance d'une offre ou d'une action, en vue de l'amélioration de l'offre existante. Ce type d'étude peut concerner aussi bien l'une des expositions temporaires du Louvre (en France ou à l'étranger) qu'un outil d'aide à la visite comme l'audio-guide.
4. Des **enquêtes à caractère exploratoire**, souvent davantage sociologiques, sont également menées. Il peut s'agir de connaître un public émergent, comme le public chinois ou encore de comprendre le rapport des visiteurs du Louvre à l'art contemporain.

7 Les techniques d'études marketing : études qualitatives

Point clef

Les études qualitatives s'appuient sur des échantillons réduits d'individus (acheteurs, utilisateurs, influenceurs) ou d'objets (publicités, packagings...). Dans cette fiche, nous détaillerons principalement les études qualitatives visant à comprendre les consommateurs. L'encadré « L'œil du professionnel » permettra au lecteur d'appréhender la sémiologie, une discipline qui permet notamment d'interpréter les messages que délivre un objet.

1. LES CARACTÉRISTIQUES DES ÉTUDES QUALITATIVES

a) Les objectifs et les contextes d'utilisation des études qualitatives

Les études qualitatives ont pour objectif l'analyse en profondeur d'un phénomène (processus de décision, motivations et freins, attitudes...). Elles ne visent pas la représentativité statistique et peuvent donc s'appuyer sur de petits échantillons d'individus avec lesquels un chargé d'études qualifié (ex. : un psychologue) s'entretient de façon approfondie, pendant une durée allant de 30 mn à plusieurs heures. Les études qualitatives s'opposent ainsi aux études quantitatives où l'on interroge un grand échantillon d'individus avec lesquels un enquêteur souvent non qualifié passe très peu de temps (de 5 à 15 mn).

Les études qualitatives sont fréquentes dans :

- Un **contexte exploratoire**. L'entreprise ou le chargé d'étude connaît mal son marché et les raisons qui poussent les consommateurs à adopter tel ou tel comportement. Une étude qualitative dite exploratoire est alors réalisée pour identifier des phénomènes qui n'auraient pas pu l'être avec une autre méthode et pour élaborer des hypothèses qui feront l'objet d'une validation quantitative par la suite.
- Un **contexte phénoménologique**. L'entreprise ou le chargé d'étude pense qu'il en apprendra davantage avec une étude qualitative qu'avec une étude quantitative, car cela lui permettra d'accéder à des informations difficilement verbalisables au premier abord. Un chef de produit qui souhaite tester la couleur bleue de son packaging pourra préférer une démarche qualitative qui lui permettra d'accéder à l'imaginaire et à la symbolique associés à ce bleu chez les consommateurs.

Il arrive parfois que la nature du produit testé ne permette pas une étude quantitative. Une étude sur les freins et les attentes des potentiels clients des Pompes Funèbres Générales se prête mal à un sondage dans la rue...

b) Les avantages et les inconvénients des études qualitatives

Les principaux avantages des études qualitatives sont de permettre :

- D'obtenir des informations plus riches et plus personnelles, d'identifier des phénomènes auxquels personne n'avait pensé. Ainsi, au début des années 2000, une étude qualitative portant sur les produits de beauté pour hommes a permis de comprendre que, malgré un discours de surface très réfractaire, certains produits comme le fond de teint pourraient être acceptés par les hommes à condition de respecter une gestuelle d'application masculine. En parlant, les hommes interrogés reproduisaient la gestuelle d'application de l'after-shave (s'appliquer le produit en se tapotant la joue).

- D'en savoir plus sur les processus de pensée inconscients, notamment grâce au recours aux **tests projectifs** (voir Encadré 7.1). Il est donc possible de comprendre le pourquoi des comportements.

Encadré 7.1 – Les tests projectifs

Les tests projectifs sont des outils qui favorisent le discours et permettent d'accéder plus facilement aux éléments préconscients de celui-ci. Les tests projectifs reposent sur la psychologie clinique et plus particulièrement la projection comme mécanisme de défense. Le postulat est que, pour dépasser les blocages liés à la verbalisation directe, il est plus facile de faire réagir les gens de façon indirecte en les amenant à projeter hors d'eux des défauts, des qualités, des sentiments ou encore des fantasmes qu'ils refusent d'admettre. Les principaux tests projectifs utilisés en marketing sont présentés dans le tableau ci-dessous.

Techniques de tests projectifs	Exemples
Les **techniques de construction** consistent à faire construire une histoire, un dialogue ou plus généralement une description à partir d'un stimulus qui peut être un mot, une image, une photo ou encore une bande dessinée.	« Racontez-moi un film dans lequel la marque Orangina serait l'héroïne. »
Les **techniques d'association** consistent à présenter un stimulus à un individu et à lui demander de verbaliser les premières choses qui lui passent par la tête.	« Dites-moi les premiers mots qui vous viennent à l'esprit quand je vous dis Monoprix. »
Dans les **techniques de complétion**, les personnes interrogées doivent compléter une phrase ou une histoire.	« Les gens qui regardent Arte sont… »

Les principaux inconvénients des méthodes qualitatives sont :

- Le manque de représentativité statistique. Même si les individus interrogés sont sélectionnés sur la base de critères pertinents, il est très difficile de généraliser sur l'ensemble d'une population des résultats obtenus sur dix ou vingt personnes.
- La subjectivité inhérente à la méthode. Que ce soit au moment de la collecte des données ou au moment de leur interprétation, la subjectivité du chargé d'étude affecte les résultats.
- La durée et le coût. Recueillir et analyser des données qualitatives est long et fastidieux, les enquêteurs hautement qualifiés sont plus coûteux que les enquêteurs des sondages.

2. LA PRATIQUE DE L'ENTRETIEN DANS LES ÉTUDES MARKETING

L'entretien, qu'il soit individuel ou collectif, est la méthode qualitative la plus utilisée aujourd'hui.

a) L'entretien individuel

Le principe de non-directivité régit l'entretien individuel et repose sur un paradoxe apparent : plus on pose de questions, moins on obtient de réponses. L'entretien individuel s'appuie donc sur la règle suivante : il est nécessaire de laisser l'interviewé s'exprimer librement, aussi longtemps qu'il le désire, en donnant de la valeur à tout ce qu'il dit et en intervenant le moins possible, sauf pour relancer le discours si le besoin s'en fait sentir. En pratique, l'entretien individuel dure le plus souvent entre 30 mn et 2 h. Pour obtenir suffisamment d'informations, on interroge entre dix et trente personnes selon la qualité des réponses obtenues, la complexité de la cible ou du problème à traiter et le budget disponible.

Il existe plusieurs types d'entretiens pour lesquels le « degré » de directivité varie.

- Les **entretiens non-directifs** sont centrés sur un seul sujet (ex. : le rapport au corps) et le répondant s'exprime librement à partir d'une seule consigne de départ. L'interviewer joue alors le rôle de miroir qui renvoie le contenu manifeste et latent de ce qui a été dit (par le biais de reformulations) pour que l'interviewé s'exprime de plus en plus profondément. Le principal inconvénient de cette méthode est que tous les consommateurs ne sont pas capables d'élaborer leur pensée au point d'en parler librement de façon approfondie et sans cadrage.
- Dans les **entretiens directifs**, l'interviewer se base sur un guide d'entretien dans lequel figurent des questions précises et organisées des plus générales aux plus spécifiques. Le répondant est donc cadré et moins libre dans ses réponses. Plus le guide d'entretien est directif et moins l'intérêt d'une méthode qualitative se justifie.
- Les **entretiens semi-directifs** reposent sur les mêmes principes que l'entretien non-directif, à la différence près qu'ils sont organisés autour de thèmes généraux (consignés dans un guide d'entretien) de façon à laisser plus de liberté de parole aux répondants, tout en facilitant malgré tout le discours au travers de relances et de demandes d'approfondissement. Il s'agit de la forme d'entretien individuel la plus utilisée dans les études marketing car il s'agit du niveau de directivité le plus facilement opérationnalisable.

b) L'entretien de groupe

L'entretien de groupe (parfois appelé ***focus group***) consiste à faire discuter une dizaine de personnes encadrées par un animateur autour d'un sujet marketing. Cette méthode est basée sur le fait que les individus qui constituent le groupe se stimulent réciproquement et mettent en commun les informations. Par conséquent, la somme des informations produites par un groupe est supérieure au total des informations produites par chacun des participants pris individuellement. De plus, le groupe évolue au cours du temps et des changements de comportements individuels porteurs de sens (solidarité, adhésion au groupe, reformulation ou approfondissement de son opinion...) apparaissent. L'intérêt principal des entretiens de groupe réside donc dans le support moral qui peut s'établir entre les différents participants et dans le jeu des influences sociales qui s'établissent à l'intérieur du groupe. Sa limite est qu'il se prête moins à l'étude de sujets trop intimes ou privés. Les entretiens de groupes durent de 2 à 4 h, sont enregistrés (audio et vidéo) et se déroulent dans une salle prévue à cet effet. Au-delà de générer rapidement des réponses nombreuses et variées, ils sont appréciés des praticiens marketing en raison de leur coût inférieur à celui d'une série d'entretiens individuels.

Dans l'entretien de groupe, l'animateur joue un rôle de présentation (participants, règles et principes de fonctionnement), d'aide à la production du discours (relances, gestion du groupe, reformulation des points obscurs) et de modulation (contrôle du temps de parole, recherche des causes de blocage, gestion des problèmes de leadership). Il s'assure du respect des objectifs des commanditaires de l'étude, et utilise un support, le guide d'animation, qui regroupe l'ensemble des thèmes à aborder et des tâches à effectuer.

3. L'ANALYSE DE CONTENU

Les entretiens qualitatifs conduisent à l'obtention d'un matériel volumineux (les discours des répondants) dont l'analyse doit reposer sur une démarche objective. L'analyse de contenu consiste à décrire le discours produit par le répondant de manière objective et systématique dans l'objectif d'en déduire des connaissances qui vont au-delà de la surface du discours. Pour faire ressortir du discours de manière exhaustive les idées qui y figurent sans déformer les propos des répondants, l'analyse de contenu se base sur des discours intégralement retranscrits. Il s'agit ensuite de découper le discours en unités d'analyse, à l'aide d'un critère de découpage. On utilise prioritairement le thème comme critère de découpage (*vs.* le mot ou la phrase) car il permet de s'affranchir des contraintes liées à la forme du discours. Chaque thème est ensuite catégorisé et classé : on différencie les thèmes les uns des autres et on les regroupe par analogie. On construit ainsi une grille d'analyse qui sert de base à l'interprétation du discours. Cette interprétation repose sur une double analyse : horizontale (analyse transversale permettant d'établir comment chaque élément a été abordé dans l'ensemble des discours) et verticale (analyse de chaque entretien séparément, permettant de comprendre la logique de chaque entretien et l'articulation des thèmes qui y sont abordés). En pratique, cette analyse est étayée par des verbatims (citations particulièrement représentatives et explicites d'un thème). L'analyse de contenu comprend également des éléments de comptage (fréquence, co-occurrence des thèmes, etc.).

L'Œil du professionnel

Frédérique Bastien, sémiologue et designer indépendante

La sémiotique est une discipline qui étudie l'émergence du sens des signes dans leur contexte de production. Elle permet une analyse transversale et simultanée de l'ensemble des discours d'un objet d'étude pour en saisir la signification dans leurs divers environnements. Sa méthodologie peut s'articuler autour de trois étapes.

- La **mise en signes** consiste à analyser l'ensemble des codes rencontrés (textes, éléments iconiques et graphiques, volumiques, rythmiques...). C'est une palette d'expression qui peut s'exprimer à travers des planches stylistiques.
- La **mise en discours** inclut la tonalité du discours de l'objet d'analyse (la façon dont on s'adresse à son utilisateur, les thèmes rencontrés...), l'identification du schéma narratif qui décompose le scénario en étapes clefs et l'observation du contrat énonciatif qui permet de rendre compte de la situation de communication entre l'objet d'analyse « émetteur » et son usager « destinataire ». C'est à ce niveau que l'on peut spécifier la mise en scène de l'idée publicitaire et du territoire thématique de la marque.
- La **mise en position** est le niveau d'analyse le plus abstrait. C'est à ce niveau que l'on trouve le concept de positionnement différentiel d'une marque, ses valeurs fondatrices et son évolution dans le temps. Son outil phare est le **carré sémiotique** qui permet de positionner les valeurs fondamentales de l'objet d'analyse et d'évaluer la dynamique d'évolution de celles-ci.

8 Les techniques d'études marketing : études quantitatives

Point clef

L'objectif des études quantitatives est de mesurer un phénomène (ex. : la satisfaction des clients d'une entreprise, le profil de la clientèle d'un magasin). La spécificité de la méthode est qu'elle passe par l'interrogation d'un échantillon représentatif d'une population, celui-ci étant le plus souvent interrogé à l'aide de questionnaires. Les réponses obtenues font ensuite l'objet de traitements statistiques et permettent d'aider à la décision. Les différentes étapes d'une enquête par sondage sont exposées dans cette fiche.

1. LA CONSTRUCTION DE L'ÉCHANTILLON

Pour des raisons de temps, de coût ou simplement de faisabilité, on interroge rarement toute la population cible : on procède à un sondage, c'est-à-dire à la construction d'un échantillon dit représentatif de la population totale. Si, par exemple, le propriétaire d'un bar s'interroge sur le profil de sa clientèle (la population de référence appelée **population parente**), il interrogera seulement une partie de cette clientèle (un **échantillon** de cette population).

Pour extraire un échantillon représentatif de la population, il existe deux grands types de méthodes : les méthodes probabilistes et les méthodes empiriques.

- Les **méthodes probabilistes** sont basées sur la construction d'un échantillon aléatoire. À partir d'une **base de sondage** constituée de l'ensemble des personnes de la population parente, on effectue un tirage au sort des individus qui formeront l'échantillon. Ces méthodes sont les plus rigoureuses d'un point de vue statistique et elles permettent de généraliser à l'ensemble de la population parente les résultats observés sur l'échantillon (à une marge d'erreur près). Leur principal inconvénient est la nécessité de disposer d'une liste exhaustive des individus de la population (la base de sondage). Cet exercice est impossible pour les produits de grande consommation.
- Les **méthodes empiriques** sont basées sur la construction d'échantillons dont la représentativité est évaluée subjectivement : les individus sont choisis en fonction d'une connaissance *a priori* des caractéristiques de la population (âge, sexe, CSP…). Avec ces méthodes, l'existence de bases de sondage n'est pas nécessaire. Cet avantage est cependant modéré par le fait qu'en théorie les résultats obtenus sur l'échantillon ne peuvent être généralisés à la population parente. La méthode la plus utilisée est la **méthode des quotas**, dans laquelle on choisit des critères pertinents pour structurer l'échantillon. Par exemple, les sondages d'opinions reconstituent un modèle réduit de la population française (en termes de pyramide des âges, de répartition hommes/femmes, de profession, de lieu et de type d'habitat).

La taille de l'échantillon dépend du degré de précision souhaitée pour l'étude : plus on souhaite donner une estimation précise de la valeur dans la population à partir des données de l'échantillon, plus la taille de l'échantillon doit être élevée. La marge d'erreur diminue en effet à mesure que la taille de l'échantillon augmente.

2. LE MODE D'ADMINISTRATION DE L'ENQUÊTE PAR SONDAGE

Il existe plusieurs modes d'administration des questionnaires. On peut distinguer les enquêtes qui nécessitent la présence d'un enquêteur de celles où le répondant complète seul un questionnaire. Les premières sont en général administrées par un enquêteur en face-à-face (au domicile, dans une salle prévue à cet effet, en magasin ou dans la rue) ou par téléphone. Les enquêtes auto-administrées sont envoyées par courrier postal ou électronique. Le tableau 8.1 présente les avantages et inconvénients des différents modes d'administration des questionnaires.

Tableau 8.1 – Avantages et inconvénients des modes d'administration des enquêtes par sondage

	Avantages	Inconvénients
Face-à-face	• Stimulation des répondants. • Qualité des réponses (assistance). • Possibilité d'intégrer des supports physiques (ex. : photos).	• Coût. • Biais liés à l'enquêteur (mauvaises relances, oublis, incitations à donner une réponse plutôt qu'une autre…).
Téléphone	• Souplesse et rapidité. • Large couverture géographique. • Moins de réponses de façade du fait de l'anonymat. • Coût.	• Questionnaires courts uniquement. • Questions simples et courtes uniquement. • Pas d'appui visuel possible. • Besoin d'un fichier téléphonique.
Courrier postal	• Coût. • Large couverture géographique. • Moins de réponses de façade du fait de l'anonymat. • Délai pour répondre, plus de temps laissé à la réflexion (sujets plus complexes possibles).	• Faibles taux de réponse. • Réponses non représentatives (ex. : dans une enquête de satisfaction, les personnes les plus satisfaites et les moins satisfaites sont les plus motivées à répondre). • Informations lentes à remonter.
Internet	Idem courrier, sauf : – possibilité d'intégrer des supports multimédias (images, vidéos, sons) ; – meilleur taux de réponse que le courrier postal.	Idem courrier sauf : – fiabilité des informations moindre (questionnaire transmis à des tiers) ; – non-accès aux populations non connectées à Internet (environ 35 % des Français).

3. LA CONSTRUCTION DU QUESTIONNAIRE

Le chargé d'études doit définir la structure du questionnaire, les questions posées mais également le format de réponses associé aux questions.

a) La structure du questionnaire

La structure du questionnaire répond à des règles de construction. Elle commence par une présentation de l'enquête et de l'enquêteur. Le questionnaire à proprement parler est construit en entonnoir : du général au particulier et du simple au complexe. Le questionnaire doit suivre un ordre logique et doit si possible être thématisé pour aider le répondant à se repérer. Chaque thème est introduit par une phrase courte et chaque question est accompagnée d'une indication sur le format de réponse attendu. Plus on simplifie et clarifie la tâche demandée au répondant, plus on évite les erreurs dans les réponses. La fiche signalétique est proposée en fin de questionnaire de façon à éviter que les questions parfois personnelles qui y sont posées (comme l'âge ou le niveau de revenu) ne mettent le répondant mal à l'aise en début de questionnaire. Il est d'usage de remercier le répondant pour sa participation en toute fin de questionnaire.

b) Les questions

1. La nature des questions posées.

- Les **questions ouvertes** n'imposent pas de modalité de réponse. Elles permettent au répondant de s'exprimer librement (« Quelles marques de voitures connaissez-vous ? » « Quelles sont les raisons qui vous poussent à fréquenter cette enseigne ? »). L'avantage des questions ouvertes est qu'elles permettent la spontanéité et la diversité des réponses. En revanche, elles présentent l'inconvénient majeur de nécessiter un recodage numérique des réponses obtenues de façon à pouvoir les intégrer dans l'analyse statistique.
- Les **questions fermées** sont celles qui présentent un format de réponses prédéterminées parmi lesquelles le répondant doit choisir. Lorsqu'il existe plusieurs modalités de réponse, on parle de questionnaire à choix multiple. Lorsqu'il n'y a que deux modalités de réponse, on parle de question dichotomique (« Oui/Non », « Homme/Femme »). Les questions fermées offrent moins de souplesse mais elles sont plus faciles à compléter et à analyser.

2. La formulation des questions.

Dans un questionnaire, il faut éviter tout ce qui peut induire le répondant en erreur. Le langage doit donc être simple et concis et le vocabulaire utilisé doit être celui de la vie courante. Les principales erreurs de formulation sont les suivantes :

- Un vocabulaire technique qui n'évoque rien pour les répondants.
- Des questions trop complexes (« Pensez-vous que la loi de modernisation de l'économie permettra d'éradiquer la pratique des marges arrière ? ») ou abstraites (« Que pensez-vous de l'œuvre de Picasso ? »).
- Des termes imprécis (« Allez-vous souvent au cinéma ? » : une fois par mois peut être considéré comme « souvent » par certains et « très peu » par d'autres).
- Du vocabulaire subjectif qui peut avoir différents sens selon les populations (le terme « culture » est compris comme « agriculture » dans les milieux ruraux).
- Des négations ou des doubles négations.
- Des questions biaisées suggérant la réponse (« Pensez-vous qu'il faille autoriser la vente d'armes en France au risque de voir le taux de criminalité augmenter considérablement ? »).
- Des questions trop longues.
- Deux questions en une (« Pensez-vous que les yaourts bio ont bon goût et sont bons pour la santé ? »).

Le chargé d'études doit aussi s'assurer que le répondant possède l'information que l'on souhaite collecter. Si non, il faut lui proposer des solutions, par exemple en insérant des questions filtres (« Si vous ne connaissez pas la marque A, passez directement à la question 3 ») ou des modalités « Ne sait pas » dans les choix de réponses. Il est également nécessaire de vérifier que la question ne demande pas de gros efforts de mémorisation (« L'année dernière, combien de fois êtes-vous allé au supermarché ? »).

c) Les réponses aux questions et leur niveau de mesure

Dans le questionnaire, la mesure est un ensemble de règles d'attribution de nombres à des caractéristiques d'objets (ici, les réponses aux questions posées). On distingue quatre niveaux de mesure : deux sont dits « qualitatifs » (mesure nominale et mesure ordinale) et deux sont dits « quantitatifs » ou « métriques » (mesure d'intervalle et ratio). Le tableau 8.2 présente les caractéristiques des différents niveaux de mesure, des exemples ainsi que le type d'analyses statistiques descriptives associées à chaque niveau de mesure.

Tableau 8.2 – les niveaux de mesure associés aux réponses dans un questionnaire

	Caractéristiques	Exemples	Statistiques descriptives
Nominal ↓	Les nombres servent d'étiquette (relation d'équivalence).	CSP, sexe, type de magasins, etc.	Mode, fréquence.
Ordinal ↓	Les nombres indiquent une position relative entre les objets mais pas la magnitude de la différence entre eux (relation d'ordre).	Classements de préférences, fréquence de comportements, etc.	Médiane, fractiles.
Intervalle ↓	Unité (intervalle) constante : on peut comparer les différences entre objets. Zéro arbitraire (ne signifie pas absence).	Températures, dates du calendrier, *etc.*	Moyenne, écart-type.
Ratio	Zéro naturel. On peut calculer des rapports (ratios) entre objets.	Âge, revenu, CA, *etc.*	Moyenne, écart-type.

NB : les statistiques descriptives utilisées pour un niveau de mesure sont utilisables au niveau précédent (ex. : pour une mesure de ratio, on peut calculer médiane, fractiles, fréquence et mode).

Une fois réalisé, le questionnaire est pré-testé auprès d'individus présentant les mêmes caractéristiques que la population cible, afin d'en vérifier la compréhension.

4. L'ANALYSE DES RÉPONSES

Une fois le questionnaire administré, les réponses collectées sont analysées. Cette dernière étape est réalisée à l'aide d'outils statistiques. Chaque type de variable (nominale, ordinale, intervalle, ratio) permet de calculer des indicateurs différents et conditionne le choix des tests statistiques utilisés. Par exemple, pour établir un lien entre l'âge du répondant (ratio) et le nombre de fois où il se rend au cinéma (ratio), on peut calculer un coefficient de corrélation linéaire. Si, en revanche, on cherche à établir un lien entre le sexe du répondant (variable nominale) et le type de magasin fréquenté (variable nominale), on utilisera le test du khi^2.

L'Œil du professionnel

Olivier Lagrand, Sector Head, Consumer Services chez Synovate UK

Dans le métier des études, il est nécessaire d'avoir toujours les objectifs business de nos clients à l'esprit. Fondamentalement, une étude marketing n'a pas pour vocation de fournir des chiffres et/ou des tableaux, mais bien d'avoir un impact sur les résultats financiers de l'entreprise commanditaire. Cependant, pour le chargé d'études, avoir un bon bagage technique devient de plus en plus important. En effet, avec l'accélération de la mondialisation des études à toutes les étapes (recueil *on line* ou via des centres d'appels délocalisés, traitement des données délocalisées), les tâches les plus simples ont vocation à être de plus en plus gérées de façon automatisée et standardisée... bref à moindre coût.

Restent donc deux profils pour les chargés d'études dans les économies les plus « développées » :

- des consultants au fait des techniques avancées (design d'études, échantillonnage, traitement des données statistiques) et des objectifs business. Ils sont capables de se servir des premières pour atteindre les seconds ;
- des chefs de projet (*project managers*) capables de gérer des projets dont l'organisation peut être complexe car faisant appel à des profils très différents et très dispersés géographiquement.

Les métiers, dans le secteur des études quantitatives, tendent donc à largement se transformer et s'internationaliser.

9 Les techniques d'études marketing : observation

Point clef

L'observation est une technique qui consiste à regarder les comportements réels des consommateurs plutôt qu'à les interroger. L'observation permet ainsi d'éviter certains biais liés aux déclarations des consommateurs (qui peuvent être différentes de leur comportement, volontairement ou non) et également d'accéder à la compréhension de pratiques qui se prêtent mal aux discours ou qui relèvent de processus purement physiques.

1. LES CARACTÉRISTIQUES DE L'OBSERVATION

Les techniques d'études marketing basées sur les entretiens, les techniques projectives ou les questionnaires donnent accès aux représentations des individus mais pas à leur comportement réel : elles ne permettent de connaître que ce que ces individus déclarent, mais pas ce qu'ils font réellement. Or, il n'y a pas nécessairement d'adéquation entre ce que l'individu dit (intention) et ce qu'il fait (action). Par exemple, un consommateur peut déclarer acheter habituellement une marque A et finalement acheter la marque B parce que cette dernière est en promotion. Par ailleurs, certaines activités peuvent être difficiles à verbaliser pour des raisons très diverses : cela va de l'incapacité d'un consommateur à décrire l'émotion associée à l'utilisation d'un jeu vidéo à celle d'un enfant trop jeune à expliquer pourquoi il aime tel ou tel jouet. Enfin, certaines activités de consommation relèvent de processus physiques (ex. : des déplacements ou des interactions avec d'autres consommateurs) qui se prêtent davantage à l'observation qu'à l'entretien. Si, par exemple, une grande surface désire étudier le parcours de ses clients dans un magasin, il suffit de suivre ces derniers. C'est ce que fait Aéroports de Paris dans le but d'étudier les déplacements des gens dans les aéroports. L'entreprise travaille également au déploiement de puces RFID sur les chariots, ce qui permettrait d'établir des cartographies de parcours encore plus précises.

Dans ce contexte, l'observation peut être définie comme l'enregistrement de façon précise et systématique des activités auxquelles se livrent les individus dans leur cadre normal de vie. Cette observation peut porter sur des gestes, des postures ou des déplacements physiques. Elle peut aussi consister à relever des mimiques ou des indices émotionnels comme par exemple la pâleur, l'agitation ou la sudation (voir fiche n° 33 comment ces mesures sont utilisées dans le cadre de tests publicitaires). L'observation est utile pour comprendre la manière dont l'information est collectée (direction des regards, recherche de documents au sein d'un point de vente…). Elle permet enfin d'observer les communications ou échanges entre les acteurs (vendeurs, autres clients, accompagnants).

2. L'OBSERVATION AUTOMATISÉE

a) Définition

L'observation automatisée consiste à enregistrer de façon mécanique les comportements en vue d'une analyse ultérieure. Cette technique est utilisée dans de nombreux cas et nécessite des outils de mesure relativement perfectionnés.

- Audimètres pour mesurer l'audience télévisée.
- Tourniquets dans les musées ou dans le métro.

- Caméras oculaires qui, en publicité, permettent de déterminer les éléments d'une image qui sont vus en premier ainsi que la durée de fixation de l'image et le parcours des yeux sur celle-ci.
- Fichiers informatiques permettant de retracer le parcours d'un internaute (pages visitées, bannières qui ont fait l'objet d'un clic, temps passé sur chaque page).
- Caisses scanner qui permettent d'enregistrer les informations sur toutes les références achetées dans un magasin ou une enseigne (voir Encadré 9.1).

Encadré 9.1 – L'observation des données de marché *via* les panels de distributeurs

Les panels de distributeurs sont des échantillons permanents de magasins. L'objectif de ces panels est la collecte automatique, régulière et permanente de données recueillies auprès des magasins appartenant à différents canaux de distribution (ex. : hypermarchés, grandes surfaces spécialisées, pharmacies, etc.). Les données collectées concernent principalement les biens de grande consommation et les biens durables, mais également les médicaments. L'information est collectée par des sociétés de panels de la manière suivante : lorsque le client passe en caisse, les produits qui constituent son panier d'achat sont identifiés par un scanner qui enregistre les informations contenues dans les codes EAN (ou codes barres) des produits (origine géographique du fabricant, nom du fabricant, description du produit). Il s'agit donc d'une observation systématique de tous les produits qui passent en caisse destinée à enrichir une base de données qui sera ensuite analysée par les distributeurs et les fabricants des produits concernés.

Quatre catégories d'information sont collectées dans les panels :

- la « géographie », c'est-à-dire le circuit de distribution ou la région d'achat (ex. : hypermarché > 6 500 m^2) ;
- la date de l'achat (ex. : 08/04/2009) ;
- la référence du produit (ex. : tablette de chocolat Nestlé Dessert, 200 g) ;
- les données observées (ex. : prix, quantité achetée en volume et en valeur, etc.).

L'observation est réalisée à partir d'échantillons de grande taille. Il s'agit même parfois du recensement de tous les points de vente d'une enseigne. Avec ces observations, les distributeurs et les industriels peuvent suivre et analyser *a posteriori* (aujourd'hui, le délai est de neuf jours) l'évolution du marché, de ses segments, marques et références, avec un détail possible à l'enseigne.

b) Avantages et inconvénients

Les avantages de l'observation automatisée sont multiples : les informations obtenues sont très riches (ex. : suivi des comportements des internautes à partir de leur déplacement et leurs actions sur un site marchand), les résultats obtenus sont fiables et objectifs, les observations ne sont pas visibles des consommateurs et par conséquent permettent de ne pas modifier les comportements observés. En revanche, l'observation automatisée ne permet pas nécessairement de savoir à quelle catégorie d'individus le comportement observé doit être attribué (ex. : qui dans le foyer visite le site Internet ?), ni les raisons du comportement observé (ex. : pourquoi un musée a-t-il enregistré une hausse de sa fréquentation ?). Enfin, malgré les progrès techniques, ces méthodes sont lourdes à mettre en place et onéreuses et peuvent dans certains cas n'être observées que dans des conditions de laboratoire et non sur le terrain (ex. : caméra oculaire).

3. L'OBSERVATION « VERBALISÉE »

a) Définition et principe

Ce mode d'observation, encore appelé « **méthode des protocoles verbaux** », est utilisé le plus souvent lorsque l'objet de l'étude est de comprendre la décision d'achat face au rayon. Le principe est le suivant : le chargé d'études demande à un client de verbaliser son processus de décision, c'est-à-dire d'exprimer à voix haute le cheminement de sa pensée au moment de l'achat. L'observateur reste en retrait pour limiter les biais dus à sa présence. Il peut néanmoins effectuer quelques relances très simples, du type : « Que vous vient-il d'autre à l'esprit ? ». L'observation verbalisée nécessite un enregistrement audio et vidéo du processus d'achat observé, afin de procéder à une analyse des faits et gestes du client, ainsi qu'une analyse de contenu du discours obtenu. L'encadré 9.2 donne un exemple de discours issu de la méthode des protocoles verbaux.

Encadré 9.2 – Enregistrement d'une observation par la méthode des protocoles verbaux

« Il faut que j'achète un paquet de cookies. Où sont-ils déjà ? Ah tiens, tout en haut du rayon. Je ne m'en souvenais pas... Alors, moi je préfère les cookies à la nougatine. Ils sont faciles à repérer, car il y a une photo du produit sur le paquet. Et puis, ils plaisent à tout le monde à la maison. 0,95 € pour la marque du magasin, ce n'est pas cher. Il y aussi la marque Hello, mais ce n'est pas le même prix. C'est vrai que je n'en achète pas souvent, autant prendre quelque chose qui me fait vraiment plaisir. En plus, mes amies viennent prendre le thé cet après-midi. Et si je prenais des Luxury Cookies ? Bon, je vais en prendre un paquet, et puis également un paquet moins cher. Ils ne sont pas mal non plus. Dommage qu'il n'y ait rien en promotion cette semaine... »

b) Limites

Si la méthode des protocoles présente l'avantage de permettre la reconstitution d'un processus de décision d'achat, elle n'est pas exempte d'un certain nombre de limites. D'abord, cette méthode est lourde et coûteuse à mettre en place car elle nécessite l'installation de matériel en magasin (caméra, matériel audio) et mobilise un observateur en permanence. Ensuite, les discours des consommateurs étant recueillis dans des conditions réelles, l'influence des facteurs situationnels ne peut être contrôlée. Par ailleurs, le sujet interrogé tend à rationaliser ses propos lorsqu'il s'exprime à haute voix devant l'observateur. Enfin, il arrive parfois que le client demande à l'observateur son avis dans le choix du produit...

4. L'OBSERVATION DIRECTE

Il existe deux catégories d'observation directe.

- L'**observation non participante** : il s'agit d'une observation externe au cours de laquelle l'observateur n'est pas vu par les personnes qu'il observe. On l'utilise notamment pour observer des comportements en magasin (déplacements, manipulations de produits, interactions avec d'autres) ou l'utilisation de services (distributeurs, guichets).
- L'**observation participante** de type ethnographique : l'observateur est acteur de la situation observée et par conséquent l'influence. Il doit se faire accepter par les sujets observés dans leur environnement. Cette méthode demeure peu utilisée dans les études marketing, mais est utile pour comprendre certains groupes de consommateurs spécifiques et leurs rituels de consommation (ex. : communautés liées à un style de vie – skaters, gothiques ; communautés liées à une marque – fans de Harley Davidson).

L'observation nécessite d'observer le phénomène étudié au moment où il se passe et le chargé d'études joue le rôle d'un témoin qui doit conserver une trace de l'ensemble des observations pour en proposer une interprétation. Dans l'observation directe, la prise de note est primordiale car de nombreuses données peuvent être collectées au-delà du phénomène observé (contexte et environnement dans lequel il s'inscrit, impressions personnelles). Pour faciliter l'observation et s'assurer que celle-ci porte sur des phénomènes utiles à l'étude, une

grille d'observation peut être utilisée. Cette grille recense l'ensemble des éléments qu'il est indispensable d'observer.

L'observation directe présente l'avantage de saisir « sur le vif » le phénomène observé et de collecter des données authentiques. Elle nécessite par ailleurs peu de ressources matérielles et financières. Dans ce type de méthode d'observation, la principale difficulté que rencontre le chargé d'études est liée à l'interprétation des données, rendue complexe par leur quantité et leur diversité (grille d'observation, notes personnelles, photos, interviews informelles). L'observation directe est utilisée le plus souvent sur une longue période de temps, afin de s'immerger dans le terrain d'observation ; cette dimension temporelle étant parfois peu compatible avec les exigences de l'entreprise.

L'analyse des données est la même que pour une analyse de contenu (fiche n° 7) : une grille d'analyse est construite à partir des données collectées, les observations sont catégorisées, hiérarchisées, puis interprétées en s'appuyant éventuellement sur des éléments quantitatifs (ex. : fréquence d'apparition d'un phénomène).

L'Œil du professionnel

Adeline Ochs, responsable prospective commerciale et recherche chez Unibail-Rodamco

L'observation est une méthodologie d'études largement utilisée lorsqu'il s'agit d'analyser un centre commercial. La technique de l'observation directe permet d'avoir une meilleure compréhension des pratiques des consommateurs et ainsi de dépasser le simple discours de nos clients. L'observation apporte ainsi un éclairage supplémentaire sur la manière dont le « magasineur » parcourt le centre commercial, sur ses faits et gestes au cours de la visite mais aussi sur les magasins qu'il visite au cours d'une même « excursion ».

Les résultats des études d'observation servent d'outils pour définir le positionnement d'un centre commercial, pour identifier l'aménagement ou le design adéquat ou alors pour déterminer l'emplacement optimal des boutiques au sein du centre commercial. Par exemple, des observations nous ont permis de nous apercevoir que la cliente de Jennyfer pouvait être la même que celle de Lancel au cours d'une même expérience de shopping, ce qui en fait une vraie consommatrice « caméléon ». Ces mêmes observations nous ont appris que certaines zones du centre commercial étaient exclusivement visitées par les familles, ce qui suppose de développer des services orientés famille dans ces zones. Il peut s'agir par exemple d'une garderie ou de prêts de poussettes.

10 Le plan stratégique

Point clef

La stratégie d'entreprise consiste, en amont des décisions marketing, à identifier les moyens d'actions (internes et externes) qui permettront à l'entreprise d'assurer son développement dans son environnement concurrentiel. L'entreprise doit pour cela prendre des décisions stratégiques, qui se situent à différents niveaux. Une des décisions stratégiques les plus importantes consiste à définir son portefeuille d'activités puis à l'évaluer. Cette évaluation peut s'appuyer sur des matrices, comme celles proposées par le Boston Consulting Group ou McKinsey.

1. LES TROIS NIVEAUX DE LA STRATÉGIE D'ENTREPRISE

Dans une entreprise, les décisions stratégiques se prennent à trois niveaux :

- Le premier niveau, que l'on appelle ***corporate strategy***, consiste à choisir un portefeuille d'activités et à en définir les modalités de développement. La question clef est de savoir comment créer de la valeur (par exemple du profit) au niveau de l'entreprise *via* l'articulation de ses différents domaines d'activité.
- Le deuxième niveau, que l'on appelle ***business strategy***, est celui du domaine d'activité stratégique (DAS). La stratégie concerne alors un choix d'options à envisager dans chaque domaine d'activité. La question clef est de savoir comment créer et soutenir dans la durée un **avantage concurrentiel** dans un domaine d'activité stratégique donné.
- Le troisième et dernier niveau concerne les **stratégies opérationnelles** qui correspondent à la mise en œuvre de la stratégie dans chacun des DAS par chacune des fonctions (ex. : le marketing, la logistique, la production, la GRH, la commercialisation). Pour la fonction marketing, le niveau opérationnel consistera en l'élaboration et la mise en œuvre de la stratégie marketing de segmentation, ciblage et positionnement (fiches n° 12, 13 et 14).

2. DÉFINITION DES DOMAINES D'ACTIVITÉ STRATÉGIQUES (DAS)

a) La mission de l'entreprise

En premier lieu, l'entreprise doit définir sa mission, c'est-à-dire sa raison d'être. La définition de la mission de l'entreprise tient en une phrase mais est fondamentale pour délimiter ensuite ses **métiers,** c'est-à-dire son périmètre d'activités. Ainsi, la mission de Danone est « d'apporter la santé par l'alimentation au plus grand nombre ». Cette définition permet de comprendre pourquoi, dans un contexte où l'obésité infantile est montrée du doigt comme étant un problème de santé majeur, Danone a choisi de se séparer de son activité de biscuiterie en revendant Lu à Kraft Foods en 2007. Les quatre métiers de Danone en cohérence avec sa mission sont les produits laitiers, les eaux, l'alimentation infantile et la nutrition clinique.

b) La segmentation stratégique

La **segmentation stratégique** consiste à découper l'entreprise en **domaines d'activités stratégiques** (DAS) ou ***strategic business units*** (SBU) caractérisés par un mix de **facteurs clefs de succès** (FCS) spécifiques et faisant appel à un ou des savoir-faire particuliers sur lesquels l'entreprise peut accumuler de l'expérience. Chaque DAS constitue un centre de profit et l'un des choix stratégiques pour une entreprise est de décider de l'importance relative de chaque DAS en termes d'allocation de ressources et ceci compte tenu de leur potentiel respectif.

La segmentation stratégique implique de découper l'organisation à partir de **critères de segmentation** qui peuvent être de nature variée. On peut, par exemple, découper les activités de l'entreprise en fonction de la technologie utilisée. Ainsi, un fabricant d'appareils photos peut considérer que les appareils numériques et les appareils argentiques qu'il fabrique constituent deux DAS distincts car la courbe d'expérience, la clientèle ou encore plus largement les facteurs clefs de succès ne sont pas les mêmes selon l'une ou l'autre de ces deux technologies. On peut aussi découper les activités d'une entreprise en fonction du type de clientèle à laquelle celle-ci s'adresse (professionnels ou particuliers). Les critères de segmentation stratégique peuvent être d'origine externe (clientèle, marché pertinent, réseau de distribution, concurrents) ou d'origine interne (technologie, compétences, présence de synergies, coûts partagés). L'entreprise peut également adopter une approche multicritères, par exemple en segmentant ses activités selon le couple produit/marché, c'est-à-dire le croisement entre un ensemble de besoins (matérialisés par un produit ou un service) et un ensemble de clients (hétérogènes mais que l'on peut catégoriser). Si aucune segmentation n'est idéale, une bonne segmentation stratégique doit toutefois permettre d'identifier un ensemble homogène d'activités confrontées à une même problématique de développement. L'encadré 10.1 propose une illustration de la segmentation stratégique.

Encadré 10.1 – La segmentation stratégique chez Michelin

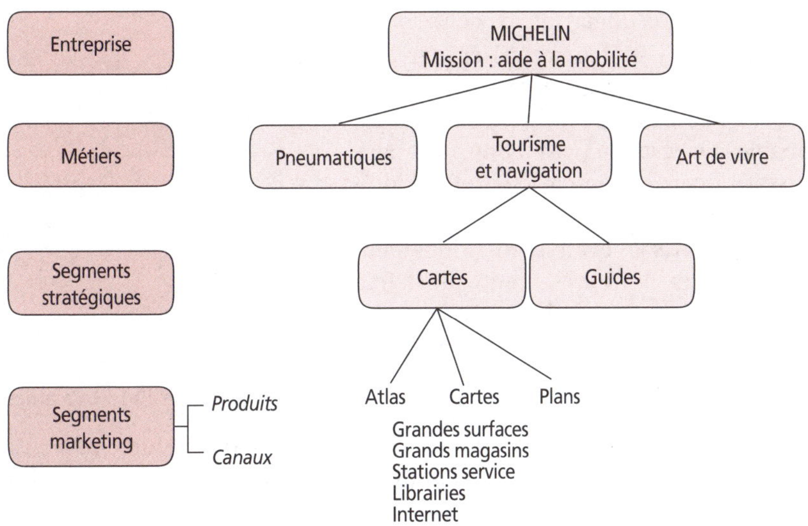

La segmentation stratégique est un exercice difficile et subjectif. Une segmentation trop fine conduit à confondre segmentation stratégique et segmentation marketing (fiche n° 12). Une segmentation trop large conduit à l'obtention de segments difficilement opérationnels. Dans les deux cas, une segmentation inadéquate ne permet pas d'imaginer des partages de coûts et des effets de synergie.

3. ÉVALUATION DU PORTEFEUILLE D'ACTIVITÉ

Évaluer un portefeuille d'activité nécessite de mettre en perspective, pour chaque domaine d'activité, l'attrait du marché (taille, croissance, marge, etc.) et les compétences et ressources de l'entreprise sur ce marché (part de marché, ressources technologiques, financières, capacité de production, de distribution, etc.). L'utilisation de matrices peut être utile pour mettre à plat les activités d'une entreprise présente sur différents secteurs.

a) La matrice du Boston Consulting Group (BCG)

La matrice développée par le BCG dans les années 60 s'appuie sur deux axes :

- La **part de marché relative** du DAS, qui se calcule de la manière suivante : part de marché de l'entreprise/part de marché du concurrent principal. Cette part de marché relative constitue un indicateur de la rentabilité relative de chaque acteur du marché.
- Le **taux de croissance** du marché, qui est un indicateur de la dynamique du marché et par conséquent des ressources et investissements à mobiliser pour faire face à sa croissance.

L'objectif de la matrice BCG est de déterminer l'équilibre du portefeuille (en termes de politique d'investissement) en y situant l'ensemble des activités de l'entreprise selon les deux axes. Pour rendre l'interprétation plus aisée, la matrice est divisée en quatre zones à partir de frontières opposant, d'une part, faible et forte parts de marché relatives et, d'autre part, faible et fort taux de croissance du marché. L'importance du DAS peut être indiquée en le représentant par un cercle proportionnel à son chiffre d'affaire. Dans cette matrice, l'intérêt du DAS dépend de sa position sur la matrice qui indique une recommandation stratégique.

On peut interpréter les cadrans de la façon suivante :

- Les « **Stars** » allient une part de marché et un taux de croissance élevés et méritent par conséquent des investissements importants afin de conserver la position dominante de l'entreprise.
- Les « **Dilemmes** » sont caractérisés par leur faible part de marché sur un marché en forte croissance. Par conséquent, soit l'entreprise est capable d'investir massivement pour faire progresser sa part de marché, soit elle a intérêt à se retirer de l'activité.
- Les « **Poids morts** » revêtent théoriquement peu d'intérêt car ils représentent une faible part de marché sur un marché en faible croissance. L'entreprise doit donc se retirer ou éventuellement s'y maintenir en allouant un minimum de ressources à l'activité.

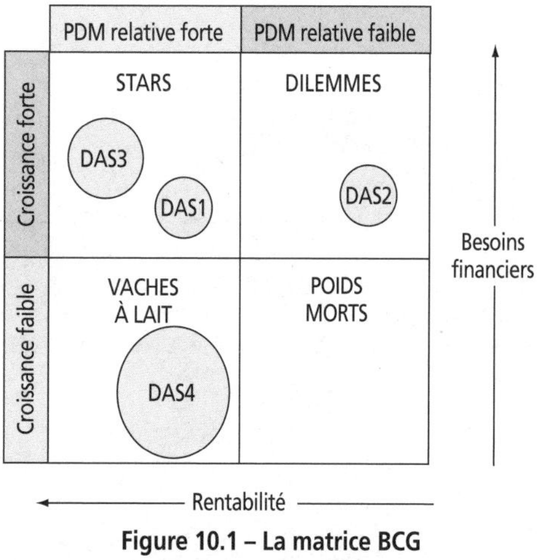

Figure 10.1 – La matrice BCG

- Les « **Vaches à lait** » sont des activités caractérisées par une forte part de marché et un faible taux de croissance. Leur rentabilité, qui provient du faible besoin financier nécessaire pour maintenir le leadership sur un marché peu attractif pour d'éventuels nouveaux entrants, permet le financement d'autres activités plus prometteuses (stars, dilemmes).

Si l'intérêt d'une telle matrice est indéniable pour souligner les opportunités de développement, elle comporte plusieurs limites. D'abord, ce modèle est uniquement pertinent dans les industries où l'effet d'expérience est important et non applicable dans celles où les concurrents mènent des stratégies de différenciation. Ensuite, il est difficile de déterminer avec précision le taux de croissance futur et ce dernier n'est pas le seul indicateur de l'attractivité d'un marché. En effet, d'autres variables influencent l'attractivité d'un DAS (présence de barrières à l'entrée, nombre et taille des concurrents, etc.). Enfin, le caractère simpliste de la matrice peut conduire à des erreurs d'interprétation, notamment de la situation de Poids mort. En effet, l'abandon d'un Poids mort comporte un risque qu'il est impératif de prendre en compte : celui que le chiffre d'affaires généré par cette activité soit transféré vers l'activité

Vache à lait d'un concurrent et, par conséquent, devienne une source de financement pour des produits concurrents des produits Stars de l'entreprise.

b) La matrice McKinsey

Cette matrice, qui comporte neuf zones, part du même principe que la matrice BCG. Elle comporte deux axes principaux traduisant les **attraits** du marché et les **atouts** de l'entreprise, mais chacun d'eux est divisé en trois niveaux (fort, moyen, faible) qui tiennent compte de facteurs complémentaires et pertinents pour l'axe. Par exemple, les niveaux d'attrait du marché s'estiment en fonction de facteurs tels que la taille du marché, le coût d'entrée ou de maintien sur ce marché ou encore le taux de marge brute actuel. L'évaluation du niveau des **atouts** de l'entreprise s'établit en fonction de ses ressources financières, humaines et technologiques, de la qualité de son offre, mais aussi de ses actifs immatériels comme sa réputation ou son image.

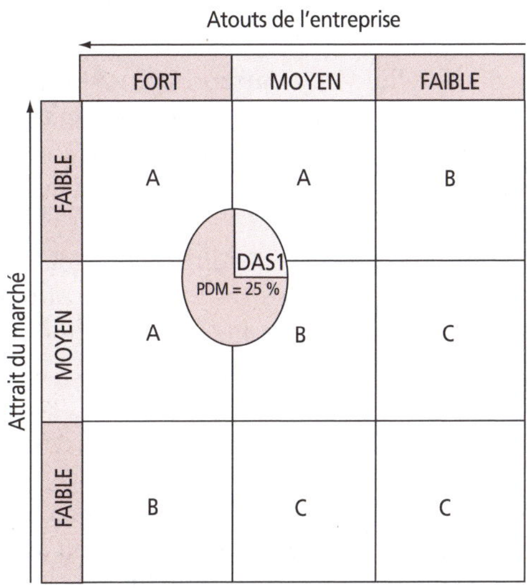

Figure 10.2 – La matrice McKinsey

Dans cette matrice, la taille des cercles est proportionnelle au chiffre d'affaires du DAS. Dans chaque cercle, la part de marché de l'entreprise sur son domaine d'activité est précisée par un camembert. Les différentes zones s'interprètent de la façon suivante :

- La zone A est constituée de domaines d'activités attractifs où l'entreprise possède de solides atouts. Il convient donc d'y investir pour maintenir ou améliorer sa position.
- La zone B est constituée de domaines d'activités problématiques, soit parce que l'attrait du marché y est modéré, soit parce que l'entreprise ne dispose pas des atouts nécessaires. Sur ces segments, on recommande en général de rentabiliser les investissements avec prudence ou de se désengager.
- La zone C est constituée de domaines d'activités peu attractifs d'où il sera préférable de se désengager progressivement.

L'intérêt de cette matrice réside principalement dans la plus grande finesse d'analyse que permet l'intégration de multiples indicateurs dans la construction de chaque axe. Cependant, sa force constitue également sa principale faiblesse, car les indicateurs du modèle McKinsey laissent plus de part à la subjectivité que ceux du BCG.

Focus

De l'utilité des matrices

L'objectif des matrices est de mettre à disposition de l'entreprise une vue d'ensemble de ses activités pour allouer au mieux ses ressources. Elles permettent d'effectuer des arbitrages entre les activités pour déterminer comment celles-ci peuvent se financer entre elles, comment organiser la redistribution au sein du portefeuille et quelles activités privilégier. Une matrice doit être cohérente avec l'interrogation stratégique de l'entreprise, ce qui revient à poser la question suivante : à quelles fins stratégiques l'entreprise souhaite-t-elle l'utiliser ? Par ailleurs, il ne faut pas oublier qu'une matrice n'est qu'une représentation simplifiée de la réalité et représente une conjecture. Il peut par conséquent être utile de multiplier les grilles de lecture d'une situation donnée. Les matrices doivent donc être choisies et maniées avec précaution et ne suffisent pas à prendre une décision.

11 La stratégie concurrentielle

Point clef

Sur chaque marché, l'analyse de la pression concurrentielle combinée à celle de ses avantages concurrentiels permet à l'entreprise de choisir une stratégie adaptée qui constitue le socle de la stratégie marketing (fiches n° 12, 13 et 14).

1. LA MESURE DE L'INTENSITÉ CONCURRENTIELLE DU MARCHÉ

a) Les forces de Porter

Pour établir un diagnostic de la situation concurrentielle d'une entreprise sur son marché, Porter (1980) a proposé un modèle de mesure qui repose sur l'idée que l'attrait du marché est basé sur cinq forces distinctes. Le principe d'analyse est le suivant : plus la menace que représentent ces forces est élevée, plus faible est l'attraction du marché. Les cinq forces de Porter sont les suivantes :

- Les entreprises présentes sur le marché : il s'agit des concurrents directs qui font varier l'intensité concurrentielle en fonction de leur nombre, leur poids respectif, leur offre et la stratégie qui l'accompagne (être spécialiste *vs.* généraliste, être moins cher *vs.* différent).
- Les entrants potentiels : il s'agit des entreprises susceptibles de pénétrer sur le marché. Cette menace est réduite par l'existence de barrières à l'entrée (réglementation, investissement initial requis, technologie à acquérir, structure de la concurrence, capacité des entreprises déjà présentes sur le marché à décourager les velléités d'entrée sur le marché, etc.).
- Les produits de substitution : il s'agit des produits qui comblent le même besoin et sur lesquels les clients peuvent se reporter, d'autant plus que leur prix est moins élevé ou que leur performance est supérieure. Les fichiers mp3 se substituent progressivement aux CDs.
- Les fournisseurs : il s'agit des entreprises fournissant les matières premières et/ou d'autres produits entrant dans la composition de l'offre destinée au client final. Leur caractère incontournable ou leur rareté peuvent constituer des menaces dans la mesure où cela peut se traduire par une hausse de leur prix ou par le durcissement de leurs conditions commerciales. Certains fournisseurs ont su se rendre indispensables. C'est le cas d'Intel, par exemple, qui a su imposer ses microprocesseurs aux fabricants d'ordinateurs en en faisant un gage de qualité pour les consommateurs finaux.
- Les clients : plus ils représentent un volume d'achat important, plus ils sont capables d'exercer une pression sur l'entreprise. Dans la grande distribution en France, les cinq principales centrales d'achats réalisent souvent 80 % du chiffre d'affaires des entreprises de biens de grande consommation. Le pouvoir de négociation de chacune de ces centrales est donc très important.

Le diagnostic issu de l'analyse des forces de Porter permet à l'entreprise de déceler les opportunités et les menaces présentes sur un marché donné. Il s'agit d'un bilan de la situation externe à l'entreprise. Une fois ce diagnostic effectué, il s'agit pour l'entreprise d'évaluer sa capacité à survivre sur le marché en déterminant quels sont ses avantages concurrentiels. L'analyse de la **chaîne de valeur** permet de les identifier.

b) Avantage concurrentiel et chaîne de valeur

L'**avantage concurrentiel** se définit comme une maîtrise supérieure à la concurrence de certaines ressources et/ou compétences constituant des facteurs décisifs de succès dans un domaine d'activité. L'entreprise peut acquérir un avantage concurrentiel de différentes manières. Par exemple, elle peut changer les facteurs clefs de succès sur un marché. C'est le coup de force d'Apple qui a fait du design et du confort d'utilisation les clefs du succès sur le marché du lecteur mp3. L'entreprise peut aussi innover en développant de nouveaux produits. La compagnie aérienne L'Avion propose des vols *low costs* 100 % classe affaire entre Paris et New York.

La chaîne de valeur est un outil développé par Porter (1985) qui permet d'identifier les sources de création de valeur au sein d'une organisation. Elle décrit les différentes étapes ou activités internes qui sont nécessaires à la conception, la fabrication, la commercialisation ou encore la distribution des produits et services de l'entreprise. On distingue deux types d'activités : les **activités primaires** qui sont directement impliquées dans la création de valeur (production, commercialisation…) et les **activités de soutien** qui sont là pour rendre possible et coordonner les activités principales.

La mise en perspective des coûts de ces différentes étapes et de la valeur qu'elles créent détermine l'avantage concurrentiel grâce à la comparaison de la chaîne de valeur de l'entreprise avec celle de l'industrie (par exemple avec celle de son concurrent principal). L'analyse de la chaîne de la valeur permet à l'entreprise :

- De visualiser clairement où l'accent doit être mis en termes de réduction des coûts et ceci dans le but d'améliorer la marge.
- D'analyser les sources de son avantage concurrentiel (qui doit être accessible, durable, décisif et défendable) en se demandant, fonction par fonction, ce qu'elle fait de mieux que ses concurrents.

Exemple

La compagnie d'hôtellerie de luxe Ritz Carlton a développé un système de motivation des employés inégalé (fonction de soutien GRH) : périodes régulières de formation, intégration dans les décisions stratégiques, récompenses monétaires et symboliques, congés sabbatiques rémunérés, responsabilisation (chaque employé peut dépenser immédiatement 2 000 dollars pour résoudre un problème sans en informer sa hiérarchie).

Malgré le coût élevé de cette politique RH, celle-ci est source de valeur pour l'entreprise et constitue un facteur clef de succès qui explique sa rentabilité sur l'hôtellerie de luxe.

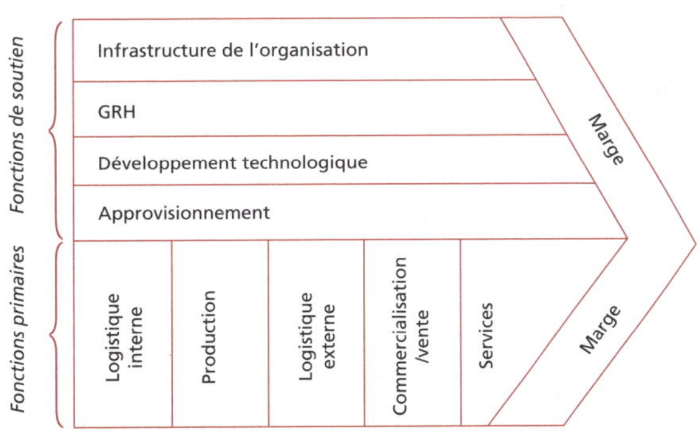

Figure 11.1 – La chaîne de valeur

2. LES STRATÉGIES CONCURRENTIELLES

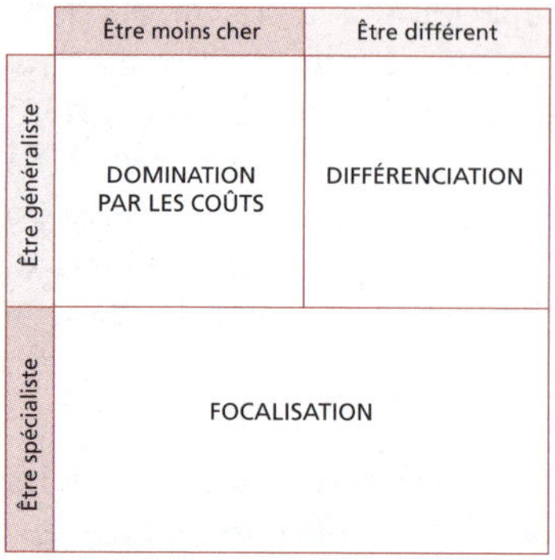

Figure 11.2 – Les stratégies génériques de Porter

La clé d'une stratégie efficace réside pour l'entreprise dans le choix d'un positionnement qui lui permette d'établir un avantage concurrentiel au niveau d'un domaine d'activité stratégique.

Les modèles classiques établissent deux choix stratégiques :

- Le premier concerne l'avantage concurrentiel : être moins cher ou être différent ?
- Le second concerne le champ d'application : être généraliste ou être spécialiste ?

Une matrice peut être construite sur cette base et laisse apparaître trois principales stratégies génériques.

Il existe cependant des modèles hybrides, montrant qu'il est possible d'offrir davantage de valeur au client à moindre coût.

a) La stratégie de domination par les coûts

Elle consiste à proposer une offre dont la valeur perçue est comparable à celle des offres concurrentes mais à un prix légèrement inférieur. Elle repose sur l'objectif suivant : conserver des tarifs toujours inférieurs à ceux de la concurrence en s'appuyant sur une efficience impossible à imiter, la réduction des coûts. Ce type de stratégie repose sur les économies d'échelle, les effets d'expérience, la reconfiguration de la chaîne de valeur (conservation des éléments de la chaîne ayant le plus de valeur pour les clients cibles et suppression des autres) et, d'une façon générale, le contrôle des coûts. Les facteurs de réussite d'une telle stratégie sont une sensibilité élevée des clients aux prix, la possession d'un avantage de coût difficilement imitable et la possibilité de croissance et de conquête de parts de marché. Cette stratégie générique est mise en œuvre dans le secteur de la grande distribution avec des enseignes telles que Leclerc ou Intermarché. Le chocolatier français Cémoi adopte lui aussi cette stratégie qui lui a permis de devenir le premier producteur et exportateur de chocolats français en produisant, notamment, pour le compte des marques de distributeurs (MDD).

b) La stratégie de différenciation

Elle consiste à proposer une offre dont la valeur perçue est différente de celle des offres concurrentes. Partant du postulat que les clients sont trop nombreux et hétérogènes en matière de besoins et de pouvoir d'achat, l'objectif d'une stratégie de différenciation est de cibler des consommateurs qui valorisent une différence tangible ou perçue. Il existe deux types de stratégies de différenciation.

- **Par le bas** : proposer à un prix réduit une offre dont la valeur perçue est inférieure aux offres concurrentes. Réduire la valeur perçue de l'offre permet de réduire les coûts mais impose une baisse de prix pour que l'offre reste attractive pour le client. C'est la stratégie des compagnies *low cost* telle que Ryanair.
- **Par le haut** : proposer une offre dont la valeur perçue est supérieure aux offres concurrentes, en capitalisant, par exemple, sur la qualité de service (Darty) ou l'introduction d'améliorations technologiques (Sony et l'écran plat). Cette stratégie permet notamment d'augmenter la part de marché, et donc de réduire les coûts en jouant sur un effet d'expérience, ou d'augmenter les marges en pratiquant un prix supérieur.

Les conditions de réussite d'une telle stratégie reposent sur la capacité à trouver des opportunités de différenciation qui soient difficilement imitables par les concurrents, à évaluer la perception par la clientèle de cette différenciation et de valoriser de manière appropriée les surcoûts que la stratégie de différenciation entraîne.

c) La stratégie de focalisation

Elle consiste à proposer une offre très fortement différenciée qui ne peut attirer qu'une frange de clientèle. Il s'agit de refuser la confrontation directe en se limitant à un segment du marché très spécifique, appelé **niche,** et en se concentrant sur une clientèle dont les besoins sont spécifiques (ex. : la haute couture). Le succès de cette stratégie dépend de l'existence de niches profitables et de taille suffisamment réduite pour ne pas attirer de concurrents. Par ailleurs, cette stratégie se justifie lorsque l'entreprise manque de ressources pour être compétitive sur le marché général mais qu'elle possède des actifs, des compétences et des savoir-faire spécifiques à la niche.

d) Les stratégies hybrides

Elles consistent à proposer simultanément un surcroît de valeur (au client et à l'entreprise) et une réduction de prix par rapport aux offres concurrentes. Ces stratégies (connues notamment sous le nom de ***blue ocean strategies***) impliquent d'innover et de créer de nouvelles règles du jeu dans un espace concurrentiel inexploité (ex. : Dyson avec l'aspirateur sans sac, la Wii avec une nouvelle façon de pratiquer le jeu vidéo). Ces stratégies sont difficiles à défendre car elles nécessitent de faire face à plusieurs types de concurrents. Une entreprise peut néanmoins y recourir lorsque les conditions suivantes sont réunies :

- Il existe un segment de marché qui présente des besoins spécifiques mais qui privilégie des prix bas (ex. : Ikea sur le marché de l'équipement de la maison).
- L'entreprise peut produire et écouler des volumes très supérieurs à ceux de la concurrence ;
- Les marges peuvent rester élevées grâce à l'effet d'expérience.
- L'entreprise est capable d'identifier clairement les compétences fondamentales sur lesquelles s'établit la différenciation et elle peut réduire fortement le coût des autres fonctions.

L'Œil du professionnel

Joël Philippe, directeur marketing chez Van Aerden Group

Van Aerden Group est le leader européen dans le domaine des fixations industrielles (collage, agrafage, vissage...). Pour nous différencier de la concurrence, nous intégrons nos clients cibles à la prise de décision concernant la définition technique, le mode d'utilisation et même parfois la fixation des prix des produits que nous commercialisons. Prenons un exemple. Pendant des années, le marché des armatures métalliques de sièges pour l'industrie automobile a fait l'objet de sérieuses batailles en termes de détails techniques (poids, équilibre de l'appareil et autres) entre cinq concurrents qui se partageaient le marché en se battant principalement sur les prix. Van Aerden Group, leader sur ce marché, a réussi à convaincre la grande majorité des industriels européens (des constructeurs comme Renault ou BMW, mais également des sous-traitants comme Faurecia ou Johnson Control) d'accéder à leurs chaînes de production. Concrètement, nous avons équipé les « utilisateurs en atelier » de capteurs pour contrôler les efforts physiques liés à l'utilisation de nos produits. Cela nous a permis d'élaborer un cahier des charges très précis quant aux dimensions des produits, à leur poids, à l'équilibre et à divers contrôles électroniques dont l'importance s'imposait alors que ces éléments ne nous avaient jamais été remontés auparavant... Nous sommes revenus quelques mois plus tard avec des prototypes d'armatures respectant au mieux le cahier des charges pour validation du produit auprès des mêmes acteurs (utilisateurs en atelier, responsables SAV, médecins du travail, responsables de bureaux d'étude et acheteurs). Après leur accord, nous avons lancé la production et commencé la commercialisation de nos armatures. Sur ce marché, nous sommes passés en quelques semaines de leader à pratiquement 100 % de parts de marché en Europe pour une seule raison : toutes ces personnes n'ont fait que valider leur propre projet !

12 La segmentation marketing

Point clef

Après le choix des domaines d'activités prioritaires, l'identification des facteurs clefs de succès et la définition d'une stratégie concurrentielle, la stratégie marketing peut être élaborée pour chacun des marchés dans lesquels l'entreprise est présente. La stratégie marketing concerne trois types de décisions majeures qui sont la segmentation, le ciblage et le positionnement de l'offre.

1. POURQUOI SEGMENTER UN MARCHÉ ?

Segmenter un marché consiste à le diviser en sous-ensembles. Cette division du marché donne naissance à des groupes de consommateurs que l'on appelle segments et qui doivent être les plus homogènes possibles en termes d'attentes et de réponses aux actions marketing et les plus hétérogènes les uns des autres afin que les segments soient bien différenciés. Pour mieux agir sur ses publics, une organisation doit proposer une offre qui réponde aux besoins spécifiques d'individus qui peuvent être parfois très différents. Ignorer ces différences conduirait à une offre mal adaptée et, pour autant, il ne serait pas réaliste d'adapter l'offre à chaque consommateur. C'est la raison pour laquelle la démarche marketing vise à regrouper au sein de segments des individus dont les caractéristiques sont homogènes par rapport à la catégorie de produits ou de services. Cette division du marché en groupes d'individus homogènes permet une meilleure adaptation des actions marketing et accroît donc leur efficacité.

2. LES CRITÈRES DE SEGMENTATION

La division du marché peut se faire sur la base de différents types de critères : géographiques, sociodémographiques, psychographiques ou comportementaux.

La **segmentation géographique** consiste à diviser le marché en zones géographiques présentant suffisamment de similarités pour pouvoir être soumises aux mêmes actions marketing. Il peut s'agir d'une division géographique au niveau international, national, régional ou local. Le marché de la presse quotidienne régionale adopte ainsi une segmentation régionale, avec dans certains cas des adaptations locales. La segmentation géographique locale est amenée à se développer avec l'apparition de technologies favorisant l'essor du **géomarketing**. Ainsi, au niveau local une enseigne de jardinage jugera utile d'identifier au sein de sa zone de chalandise les zones d'habitations avec jardins, afin d'en cibler les habitants avec des actions de communication spécifiques.

La **segmentation socio-démographique** consiste à segmenter le marché sur la base de variables comme le genre, l'âge, la taille et le poids, la profession, le revenu ou encore le niveau d'éducation (encadré 12.1).

Encadré 12.1 – Le *gender marketing*

Alors que de nombreux marchés ignorent les différences hommes/femmes et proposent une offre unisexe, certaines marques ont au contraire décidé d'adapter leur marketing en fonction du sexe. Avec son Coca-Cola Zéro à l'emballage noir très masculin, Coca-Cola cible les hommes de 16 à 24 ans, réfractaires au goût de l'aspartame du Coca-Cola Light, mais malgré tout soucieux de prendre soin d'eux et de leur corps. Dans le rayon des produits frais, Danone cible principalement les femmes avec son yaourt cosmétique Essensis, au packaging rose bonbon et qui « nourrit la peau de l'intérieur » (Essensis a été retiré du marché français). Sur un tout autre marché traditionnellement très masculin, qui est celui des consoles de jeux, Nintendo a réussi un tour de force avec Wii Fit, qui cible un public féminin grâce à une console et des accessoires proposant des exercices de yoga, gymnastique et aérobic.

Ce type de segmentation est le plus fréquent mais est rarement utilisé seul, car derrière une variable sociodémographique telle que l'âge ou la catégorie socioprofessionnelle, se cachent de grandes disparités. Par exemple, parmi les 20-25 ans, on trouve des jeunes étudiants vivant chez leurs parents, mais aussi de jeunes parents dans la vie active depuis déjà plusieurs années. Il va de soi que ces deux profils ont des modes de vie et par conséquent des attentes très différentes sur un grand nombre de marchés (transport, loisirs, alimentation, logement, etc.). De même, il ne serait pas pertinent de commercialiser un titre de presse magazine ciblant l'ensemble des hommes sans tenir compte des types d'hommes qui existent dans la société. Ainsi, *FHM* s'adresse aux hommes de 18 à 30 ans, soucieux de préserver leur virilité, friands d'humour potache et qui aiment parler de femmes et de sexe. Moins « trash », *GQ* (pour *Gentlemen's Quarterly*) cible les hommes urbains de 35 ans, curieux et cultivés, avec une signature « culture/style/opinions/sexe/sport ». Enfin, *Têtu* cible la communauté homosexuelle.

La **segmentation psychographique** apporte souvent des précisions par rapport aux critères sociodémographiques et géographiques, car elle conduit à une description qualitative des segments. Elle consiste à diviser un marché en fonction des styles de vie, des valeurs, des opinions ou encore de la personnalité des individus. Par exemple, avec sa marque de yaourts bio « Les 2 Vaches des fermiers du bio », Danone cible des individus préoccupés par leur bien-être personnel et sensibles aux questions environnementales.

La **segmentation comportementale** regroupe des individus dont les comportements par rapport au produit sont homogènes. On ne cherche plus à regrouper des individus qui seraient en soi similaires comme dans le cas d'une segmentation sociodémographique ou psychographique, mais à regrouper des individus qui ont des comportements, des attitudes ou des réactions semblables par rapport à la catégorie de produits. Il existe plusieurs types de segmentation comportementale :

- La **segmentation par avantages recherchés** consiste à diviser l'offre en fonction de la motivation principale à utiliser le produit. Sur le marché des dentifrices, il existe des produits visant à répondre à des problèmes de gencives, de blancheur des dents, de caries ou encore d'haleine.
- La **segmentation par situation d'usage** vise à diviser le marché en fonction du lieu ou de l'occasion de consommation du produit ou du service. Les marques d'eau minérale ne proposent pas le même type de conditionnement selon que l'eau sera consommée dans un contexte familial, à table lors d'un repas plus formel ou lors d'une occasion sportive.
- La **segmentation par niveau d'utilisation** distingue les clients en fonction de la quantité achetée et de la fréquence d'achat. On distingue ainsi les gros, les moyens et les petits acheteurs. Les banques ne proposent pas les mêmes offres à leurs clients riches en patrimoine et en actifs bancaires qu'à leurs clients étudiants, peu aisés, faibles utilisateurs des services proposés par la banque, mais constituant une cible prometteuse pour l'avenir. Les opérateurs de téléphonie mobile commercialisent différents forfaits en fonction du degré d'utilisation du service.
- La **segmentation par statut de client** distingue les non-clients, les anciens clients, les clients potentiels, les clients fidèles et propose des actions marketing adaptées à ces cas de figure.

Il faut préciser que la plupart du temps plusieurs critères de segmentation sont utilisés conjointement. On parle alors de **segmentation multicritères**.

3. LES CARACTÉRISTIQUES D'UNE BONNE SEGMENTATION

Lorsque l'on divise un marché et que l'on adapte ensuite son offre à un ou plusieurs des sous-ensembles de marchés obtenus, il faut que le coût engendré par les adaptations du mix marketing et par la diminution de la taille du marché potentiel soit compensé par une amélioration du chiffre d'affaires. Les critères de segmentation doivent donc permettre d'obtenir des segments qui soient pertinents, accessibles, mesurables, rentables et exploitables.

Un critère de segmentation **pertinent** est un critère qui permet d'obtenir des groupes de consommateurs suffisamment différenciés les uns des autres pour que l'adaptation de l'offre à chaque segment se justifie. Il serait assez peu pertinent de segmenter le marché du sel de table en fonction du sexe des individus car il n'y a pas de raison de penser que les attentes des hommes et des femmes diffèrent suffisamment sur ce marché pour justifier un marketing mix distinct.

Les segments obtenus doivent être **accessibles**, c'est-à-dire qu'il doit être possible d'identifier les membres de ces segments et de les « toucher » là où ils se trouvent. Il faut donc pour cela connaître les types de points de vente dans lesquels les individus du segment ont l'habitude d'acheter les produits, leurs habitudes de consommation média ou encore les zones géographiques dans lesquelles les gens habitent et se déplacent. Les données d'études permettent de répondre à ces questions, qu'il s'agisse d'études ad hoc ou de données secondaires (fiches n° 6 à 9). Ainsi, Ipsos propose chaque année une enquête sur les habitudes de consommation et de fréquentation média des foyers les plus riches. Cette enquête porte sur les 8 % de foyers dont le revenu annuel net est supérieur à 55 000 € et permet, par exemple, de montrer que les hauts revenus sont de gros lecteurs de presse. Cette enquête prend tout son sens au moment de choisir les médias les plus appropriés pour s'adresser à cette population.

Une décision marketing doit pouvoir se chiffrer. Une démarche de segmentation doit donc aboutir à des segments dont la taille soit **mesurable**. Une marque de cosmétiques bios qui segmenterait son marché en fonction de la sensibilité écologique des consommateurs devra au préalable essayer d'estimer la taille de son marché potentiel, c'est-à-dire le nombre de personnes que la sensibilité écologique pourrait conduire à acheter des cosmétiques naturels. Le chiffrage d'un segment conduit aussi à s'interroger sur sa **rentabilité**. La taille du segment doit être analysée conjointement à la capacité ou la volonté de ses membres à payer plus cher un produit ou un service qui répondrait mieux à leurs attentes. La perte de volume qu'entraîne une division du marché et le coût engendré par une adaptation de l'offre doivent être compensés par une augmentation des prix et des marges. Sur le marché automobile, la Smart, une voiture citadine à deux places, n'a pas eu à ses débuts le succès espéré. La segmentation avait conduit à un marché potentiel de taille réduite et peu disposé à payer aussi cher une voiture offrant moins de fonctionnalités que d'autres modèles à quatre places.

Enfin, la segmentation obtenue doit être **exploitable** par l'organisation qui en est à l'origine. Il faut donc qu'une adaptation de l'offre aux attentes du segment soit faisable au regard des capacités et des savoir-faire de l'entreprise, ainsi que de sa légitimité à développer une offre sur le segment identifié.

Les différents critères de segmentation géographiques, sociodémographiques, psychographiques et comportementaux ne répondent pas de façon identique à ces exigences. Les critères sociodémographiques permettent plus facilement d'obtenir des segments mesurables que les critères psychographiques. Par contre, les critères psychographiques aboutissent en général à des segments plus pertinents que les critères sociodémographiques. C'est la raison pour laquelle les **segmentations multicritères** conduisent en général à croiser des critères permettant d'aboutir à une description quantitative et objective du segment, avec des critères conduisant à une description qualitative du segment, plus riche et plus pertinente mais moins facilement mesurable.

Focus
La segmentation en marketing industriel

Les fondements de la segmentation en marketing *business to business* (*B to B*) sont les mêmes qu'en marketing *business to consumer* (*B to C*). Cependant, les caractéristiques de l'échange industriel sont spécifiques et nécessitent des critères de segmentation différents. Les principaux critères de segmentation industrielle sont les suivants :

- Les caractéristiques de l'entreprise et, notamment, sa taille, son secteur industriel, sa localisation géographique et ses caractéristiques économiques.
- L'utilisation finale du produit : le système d'exploitation au travers duquel le produit sera utilisé, les capacités de production pour estimer la fréquence et le volume d'achat, le degré d'utilisation du produit acheté (utilisation intensive, modérée ou occasionnelle) et les bénéfices recherchés par l'utilisation du produit.
- La politique achat de l'entreprise : la structure du centre d'achat, les critères de choix habituellement prédominants (service, qualité, prix) et les contraintes budgétaires, temporelles ou commerciales de l'or-ganisation.
- Les caractéristiques personnelles du preneur de décision et la nature de la relation acheteur-fournisseur. Des facteurs aussi variés que la fonction exercée au sein de l'entreprise, le niveau et le type d'études, l'âge ou encore la personnalité sont susceptibles d'influencer la relation.

Pour plus d'information sur le marketing industriel, se reporter à la fiche n° 38.

13 Le ciblage

Point clef

Il existe quatre principales stratégies de ciblage en fonction du nombre de segments que l'entreprise choisit de cibler et de l'adaptation de l'offre qu'elle se propose d'adopter : le marketing indifférencié, le marketing différencié, le marketing concentré et le micromarketing.

1. LES STRATÉGIES DE CIBLAGE

a) Le marketing indifférencié

La stratégie de **marketing indifférencié** consiste à cibler l'ensemble du marché sans tenir compte des éventuelles différences entre les segments, c'est-à-dire avec une offre unique. L'exemple typique est celui de Ford qui, au début du XXe siècle, commercialise aux États-Unis la Ford T, une voiture standardisée (modèle unique, couleur unique, motorisation unique, prix unique) pour l'ensemble du marché. Cette stratégie permet en général d'assurer un important volume de ventes et doit permettre de réaliser des économies d'échelles. Ces économies d'échelles sont répercutées sur le prix de vente aux consommateurs. En s'adressant à l'ensemble du marché avec un produit indifférencié, l'entreprise commercialise un produit sans doute un peu moins adapté aux différents besoins, mais qui aura le mérite de ne pas être trop cher. Cette stratégie est aujourd'hui très rare et même des produits par nature indifférenciés (ex. : des fils barbelés ou même du sel de table) adoptent un marketing différencié en adaptant leur offre (et notamment les services associés aux produits) aux différents segments du marché.

Une stratégie de marketing indifférencié se justifie lorsque le marché n'est pas trop hétérogène, lorsque des économies d'échelles peuvent être réalisées et lorsque la concurrence est inexistante ou de faible intensité. Aujourd'hui, la stratégie de marketing indifférencié se rencontre rarement car sur la grande majorité des marchés, l'environnement concurrentiel ne permet plus de ne pas adapter son offre aux besoins des consommateurs.

b) Le marketing différencié

La stratégie de **marketing différencié** consiste à cibler plusieurs segments (au moins deux), mais en proposant une offre commerciale spécifique à chacun d'entre eux. Le marketing différencié repose sur la prise en compte de l'hétérogénéité du marché. Ainsi, la société Accor propose plusieurs offres de réseaux hôteliers (Formule 1, Étap, All Seasons, Ibis, Novotel, Suitehotel, Mercure, Pullman et Sofitel) en fonction des besoins identifiés sur chacun des segments (luxe, affaire, tourisme, prix).

Les coûts engendrés par une stratégie de marketing différencié sont liés au développement et à la production de plusieurs produits au lieu d'un seul, aux coûts de commercialisation et de communication autour de ces produits, et aux coûts liés à la gestion interne de plusieurs projets. Cette stratégie se justifie lorsque les attentes sur le marché sont hétérogènes et que l'adaptation de l'offre est valorisée par les clients. Elle est pertinente en cas de forte intensité concurrentielle et lorsque les ressources de l'entreprise le permettent.

c) Le marketing concentré

La stratégie de **marketing concentré** repose sur le choix d'un unique segment auprès duquel tous les efforts marketing vont être déployés dans le but d'obtenir une position solide sur le marché. Body Shop est une marque qui s'est concentrée sur le segment des consommateurs sensibles à la protection des animaux. Ferrari est une marque concentrée sur le segment de l'automobile sportive de luxe.

Une stratégie de marketing concentré conduit à une offre adaptée aux besoins du segment ciblé. Elle permet à la marque d'être perçue comme une spécialiste pour répondre aux besoins de ce segment et lui confère une forte légitimité sur ce segment. Les actions marketing sont en général plus efficaces car mieux ciblées. Par exemple, une excellente connaissance du segment permettra de proposer les réseaux de distribution et les canaux de communication les mieux adaptés. Une stratégie de concentration doit bien sûr être rentable et, tout comme la stratégie de marketing différencié, il est nécessaire que l'adaptation de l'offre au segment visé soit créatrice de valeur pour le consommateur. Cette valeur se répercutera là aussi sur les prix de vente, ce qui permettra de compenser le faible volume d'activité lié au choix d'un seul et unique segment.

Une stratégie de marketing concentré se justifie lorsque le marché est hétérogène et que les ressources de l'entreprise sont limitées. Elle n'a donc pas les moyens de répondre à l'ensemble des segments identifiés et préfère focaliser ses efforts sur un seul de ces segments. Il faut donc que le marché soit attractif et que les consommateurs soient prêts à payer plus cher pour une offre mieux adaptée. Une telle stratégie est aussi adaptée aux lancements de produits, lorsque l'entreprise souhaite pénétrer le marché avec une offre réduite et étendre progressivement sa conquête du marché à d'autres segments.

La stratégie de concentration est risquée car la survie de la marque dépend d'un seul segment et est donc fortement sensible aux variations de la demande sur ce segment et à l'arrivée de nouveaux entrants.

d) Le micromarketing

Dans les trois stratégies exposées précédemment, l'entreprise s'adresse à des segments d'individus de plus ou moins grande taille, mais n'adapte pas son offre aux besoins de chacun des individus de ces segments. La stratégie de micromarketing consiste à adapter son offre aux besoins spécifiques de chaque client. Il s'agit donc d'une offre sur-mesure qui, pour être rentabilisée, nécessite que les clients représentent un chiffre d'affaires important ou que les coûts de personnalisation du produit ou du service soient négligeables. Ce type de marketing se rencontre principalement dans les activités *business to business* (L'Œil du professionnel, fiche n° 11). Il se développe aussi sur les marchés de la grande consommation avec le marketing participatif (voir Focus).

2. LES CRITÈRES DE CHOIX D'UNE STRATÉGIE DE CIBLAGE

Le choix d'une stratégie de ciblage dépend des caractéristiques de l'entreprise et de son offre, ainsi que du marché.

a) Les critères de choix au niveau de l'entreprise

- Les ressources de l'entreprise : une entreprise aux ressources et aux capacités de production limitées aura sans doute intérêt à choisir une stratégie de concentration. Une stratégie de différenciation l'amènerait à éparpiller ses efforts au risque de limiter leur efficacité. Une stratégie de marketing indifférencié nécessite une grande capacité de production de façon à pouvoir produire un volume de vente important.

- La légitimité et l'expertise de l'entreprise : les stratégies de concentration et de différenciation nécessitent de disposer des compétences nécessaires pour satisfaire correctement les segments visés. Cette expertise doit être reconnue par les consommateurs du segment, autrement dit la marque doit être légitime. Ceci est d'autant plus important dans le cas d'une stratégie de marketing concentré qui repose sur la supériorité de la marque sur le segment ciblé.
- Le degré de différenciation de l'offre : pour qu'un produit conçu et commercialisé pour un segment précis soit reconnu par celui-ci comme répondant mieux à ses attentes, il doit être réellement différencié de ce qui existe déjà sur le marché. Une stratégie de marketing concentré implique un fort degré de différenciation. À l'inverse, une stratégie de marketing indifférencié pourra être envisagée si l'offre ne présente pas d'autre élément de différenciation qu'un faible prix.

b) Les critères de choix au niveau du marché

- Le degré d'hétérogénéité du marché : lorsque les attentes sur le marché sont homogènes, il n'est pas toujours pertinent de diviser celui-ci, ce qui engendre toujours des coûts supplémentaires. Il arrive parfois que le marketing « crée » une hétérogénéité des attentes sur des marchés qui étaient à l'origine relativement homogènes. Prenons le cas du marché de la pomme de terre. Il y a quelques années encore, ce marché n'était pas ou très peu segmenté car les attentes y étaient homogènes. Petit à petit, les différents acteurs sur ce marché l'ont segmenté en fonction des usages de consommation, amplifiant par leur stratégie marketing des besoins hétérogènes qui n'avaient jusque là pas été pris en compte. C'est ainsi qu'on trouve aujourd'hui dans les supermarchés des pommes de terre destinées à faire des frites, de la purée, à être mangées en salades, etc. S'il peut être intéressant dans certains cas d'appliquer une stratégie marketing différenciée sur des marchés homogènes, en règle générale il est préférable d'adopter un marketing indifférencié. Ce choix dépend également du cycle de vie du produit et de l'intensité concurrentielle sur le marché.
- Le cycle de vie du produit (fiche n° 20) : dans le cas d'un lancement de produit, l'entreprise peut juger préférable de ne commercialiser durant la phase de lancement qu'une seule version du produit afin de limiter les coûts et les risques. Dans ce cas, une stratégie de marketing concentré ou indifférencié sera adaptée. Dans un second temps et, notamment, lors de la phase de maturité, l'entreprise pourra choisir de développer plusieurs versions du produit pour mieux satisfaire les attentes et trouver de nouveaux relais de croissance. Elle pratiquerait alors un marketing différencié en adaptant son offre aux attentes des différents segments.
- Le nombre et la stratégie des concurrents : la stratégie choisie par la marque dépend également des stratégies adoptées par ses concurrents. S'il existe un grand nombre de concurrents et que ceux-ci adoptent des stratégies de marketing différencié ou concentré, il sera préférable de ne pas choisir une stratégie de marketing indifférencié qui sera sans doute moins adaptée aux besoins des consommateurs. À l'inverse, si les concurrents privilégient le marketing indifférencié, les stratégies de marketing différencié ou concentré se révèleront adéquates pour pénétrer le marché, car elles conduisent à proposer un avantage produit à un ou plusieurs segments de marché par rapport à ce qui existe déjà.

Focus

Le marketing participatif

Le marketing participatif est une forme de micromarketing de masse. Il permet de répondre encore plus finement aux besoins des clients en les associant au processus de conception ou de communication du produit ou service. La customisation des produits concerne de nombreux secteurs, tels que l'habillement (Levi's donne la possibilité de customiser ses jeans ; Converse, Adidas et Nike proposent aux internautes de concevoir des baskets personnalisées), le luxe (l'Artisan Parfumeur donne la possibilité de créer son parfum sur mesure, on peut personnaliser son sac Longchamp sur le site de la marque) ou même l'alimentation (ce sont les internautes qui ont choisi les parfums des prochains Danette et Babybel) et, même, les services bancaires (la Caisse d'Épargne a proposé à ses clients entre 16 et 25 ans de choisir le visuel de la carte bleue qui leur est destinée). Le marketing participatif n'est possible que grâce à Internet et à l'essor du Web 2.0 qui permet aux marques de recueillir les avis de ses clients. Internet facilite donc les processus de co-création et rend financièrement possible ce type d'actions grâce à l'automatisation de la logistique sous-jacente. Le marketing participatif n'est possible que grâce à Internet qui facilite les processus de co-création et qui, en automatisant la logistique sous-jacente, rend financièrement possible ce type d'actions. Le marketing participatif s'inscrit dans une logique de marketing relationnel (fiche n° 35) où le consommateur souhaite être acteur de la relation qui l'unit à ses marques.

14 Le positionnement

Point clef

Positionner un produit ou une marque consiste à lui donner une place distinctive dans l'esprit du consommateur. Le positionnement s'exprime par un avantage qui doit être à la fois important pour le consommateur et discriminant par rapport aux offres des concurrents. Le positionnement permet de différencier un produit ou une marque et de donner aux consommateurs une raison objective ou symbolique de l'acheter.

1. POURQUOI POSITIONNER UNE OFFRE ?

Le positionnement d'une offre est l'expression d'une valeur supplémentaire offerte par le produit ou la marque à ses clients et qui permet de se différencier des offres concurrentes. Par exemple, l'eau minérale Evian est positionnée comme étant l'eau minérale des bébés garante de pureté et de jeunesse éternelle. Cela lui permet de se distinguer de ses principaux concurrents, comme Contrex qui est, elle, positionnée comme l'eau minceur.

a) La nécessité de différencier son offre par rapport aux offres concurrentes

Dans un contexte concurrentiel où les caractéristiques objectives des produits et des services ne sont pas toujours très différenciées, le positionnement offre aux consommateurs une raison d'acheter la marque. Cette raison peut-être objective (préférer Darty à Boulanger pour un meilleur service après-vente) ou symbolique (choisir le déodorant Axe pour se sentir viril et séduisant).

b) Le positionnement est un garant de la cohérence de l'offre

Le positionnement fournit un cadre au sein duquel toutes les décisions marketing concernant le produit ou le service devront s'insérer. Il est donc le garant de la cohérence de l'ensemble des actions marketing.

c) Il est préférable d'essayer de contrôler soi-même son positionnement plutôt que de laisser les consommateurs s'en charger

En l'absence de réflexion sur le positionnement de la marque ou lorsque le positionnement n'est pas correctement mis en œuvre au travers du mix marketing, il est probable que les consommateurs se feront eux-mêmes une « image » de l'offre. On distingue souvent en marketing le positionnement voulu par l'entreprise et le positionnement perçu par les consommateurs. L'exemple du magazine *Télérama* montre que **positionnement perçu** et **positionnement voulu** ne coïncident pas toujours. *Télérama* se voulait un magazine culturel moderne et pointu mais était souvent perçu comme un journal soixante-huitard, traditionnel et peu surprenant. Comme l'affirmait Bruno Patino, le PDG de *Télérama*, « quand Vincent Delerm chante "Chez tes parents y aura sûrement Télérama", les gens voient tout de suite à quoi ressemblent les parents » (*Stratégies*, n° 1426, 21/09/2006). Ce décalage entre positionnement perçu et positionnement voulu a conduit *Télérama* à revoir sa formule pour réaffirmer son positionnement.

2. COMMENT POSITIONNER UNE OFFRE ?

a) Le choix d'un positionnement

Choisir un positionnement pour une marque est un choix éminemment stratégique qui relève de la direction marketing et qui s'appuie sur une excellente connaissance du marché. Le positionnement met en avant un avantage distinctif et important aux yeux des consommateurs.

Il peut s'agir d'une caractéristique objective de l'offre (le prix, le produit, le service, le réseau de distribution, le conseil…) qui lui confère une supériorité par rapport aux produits ou services existants sur le marché. Ainsi, la Smart a choisi de mettre en avant sa petite taille, ce qui en fait la voiture citadine par excellence. Cependant, dans un contexte fortement concurrentiel où les offres se ressemblent, il est parfois difficile de se différencier sur la base d'un critère objectif. Dans ce cas, le positionnement met en avant un attribut symbolique. L'encadré 14.1 montre comment le réseau de fleuristes Happy a construit un positionnement distinctif, qui repose sur un bénéfice symbolique pour le consommateur : se faire plaisir.

Encadré 14.1 – Les fleuristes Happy

Le concept Happy qui se résume par une signature « Happy, générateur de bonne humeur » repose sur une analyse des attentes des consommateurs ainsi que sur une étude des positionnements concurrents.

Les attentes des consommateurs

Happy est un concept né de la constatation que la fin des années 90 et le début des années 2000 est une période d'anxiété (menaces environnementales, économiques et terroristes) qui rend l'avenir incertain. Dans ce contexte, les individus ont envie de profiter du moment présent et ont besoin de retrouver une certaine légèreté et festivité dans leur quotidien. Les petits plaisirs de la vie deviennent donc légitimes, puisque si on ne sait pas de quoi demain sera fait, alors autant profiter du moment présent. L'achat de jolies fleurs relève de ces petits plaisirs. Par ailleurs, dans une société rendue très individualiste par le développement des hautes technologies, les gens ressentent aussi le besoin de recréer du lien avec leur famille, leurs voisins, leurs amis. Le plaisir d'offrir, c'est aussi se faire plaisir. Happy a également bien compris que la notion de prix bas est au cœur du concept de « petit » plaisir.

L'offre existante

L'offre de fleuristes peut se résumer en deux grandes catégories selon les prix pratiqués :

- Des boutiques, souvent onéreuses, dans une atmosphère qui peut être contemporaine ou plus classique. C'est le fleuriste qui élabore le bouquet.
- Des enseignes à bas prix en libre-service. L'atmosphère du magasin est en général froide et parfois vieillotte.

Dans ces deux types de points de vente, le plaisir d'achat est négligé. Dans les premiers, les prix excessifs et le peu de liberté laissé à l'acheteur au moment de la constitution du bouquet nuisent au plaisir. Dans les seconds, l'atmosphère du point de vente donne trop l'impression d'être dans un supermarché. C'est la raison pour laquelle, pour la plupart des gens, l'achat de fleurs est une contrainte que l'on effectue par obligation (anniversaire, Saint Valentin). Happy se propose de renouer avec le plaisir d'acheter des fleurs.

Le concept Happy

Happy se positionne comme un « générateur de bonheur », qui permet à ses clients de se faire plaisir et de faire plaisir aux autres en toute simplicité et créativité. Ce positionnement se traduit par :

- Un nom évocateur et une identité visuelle en rupture avec les codes existants, évoquant la simplicité, la transparence et la modernité.
- Une offre de fleurs de qualité à bas prix – une offre ludique et créative (accessoires…) qui répond au besoin de liberté et de créativité des consommateurs.
- Une atmosphère de vente moderne, agréable et ludique pour favoriser le plaisir d'achat.

Source : www.happy.fr

b) La carte perceptuelle

Le choix d'un positionnement dépend de l'étude des attentes des consommateurs et de leur perception des positionnements des produits ou services concurrents. La carte perceptuelle permet de représenter graphiquement les perceptions que les consommateurs ont des différentes marques. Plus deux marques sont perçues comme étant similaires, plus elles sont proches sur le graphique. La carte perceptuelle permet aussi de situer les marques par rapport à un produit ou service qui possèderait les caractéristiques idéales (le **point idéal**).

La procédure de construction d'une carte perceptuelle repose sur une méthode statistique : l'**analyse multidimensionnelle des similarités** (MDS). Celle-ci s'effectue généralement en deux étapes.

- Les marques sont présentées par paires aux personnes interrogées qui doivent se prononcer sur la similarité entre les deux marques. La plupart des logiciels de traitement statistique possèdent des algorithmes qui traitent les données de similarité et permettent de représenter les marques dans un espace multidimensionnel (le plus souvent bidimensionnel) en fonction de leur similarité.
- Les dimensions extraites par la méthode sont ensuite interprétées. Pour faciliter l'interprétation des axes, on interroge aussi les consommateurs sur leur évaluation des différentes marques par rapport aux caractéristiques pertinentes. Les scores obtenus pour chaque caractéristique sont corrélés aux axes identifiés par l'algorithme de similarité. Les caractéristiques fortement corrélées aux axes permettent leur interprétation.

Exemple – Carte perceptuelle des enseignes de distribution de textile féminine

La carte perceptuelle des enseignes de distribution textile féminines (exemple issu de données fictives).

Un échantillon représentatif d'une cible prometteuse de femmes âgées de 15 à 30 ans est interrogé et doit répondre à un questionnaire en deux parties.

• La première partie du questionnaire comprend des questions de jugement de similarité :

Pour chacune des paires de marques suivantes, vous devrez en évaluer la similarité sur une échelle allant de 1 (Très similaire) à 7 (Pas du tout similaire).

	Très similaires						Pas du tout similaires
Gap/Zara	← 1	2	3	4	5	6	7 →
Zara/Promod	← 1	2	3	4	5	6	7 →

• La deuxième partie du questionnaire interroge les gens sur leur perception des enseignes par rapport à une liste de caractéristiques pertinentes :

Pour chacune des propositions ci-dessous, vous devrez indiquer votre degré d'accord ou de désaccord sur une échelle allant de 1 (Pas du tout d'accord) à 7 (Tout à fait d'accord).

	Pas du tout d'accord						Tout à fait d'accord
Les vêtements GAP sont féminins.	← 1	2	3	4	5	6	7 →
Les vêtements GAP sont décontractés.	← 1	2	3	4	5	6	7 →

L'analyse statistique permet d'aboutir à la figure 14.1 ci-après.

Le point idéal correspond à une enseigne qui serait sophistiquée sans excès et qui offrirait des collections modernes sans virer vers le « total look » de *fashion* victime. Pour la cible des 15-30 ans, Zara est l'enseigne qui se rapproche le plus de ce point idéal, malgré une image légèrement trop sophistiquée.

Gap et Esprit sont perçues comme des marques similaires, offrant un style un peu trop décontracté et insuffisamment adapté aux tendances de la mode.

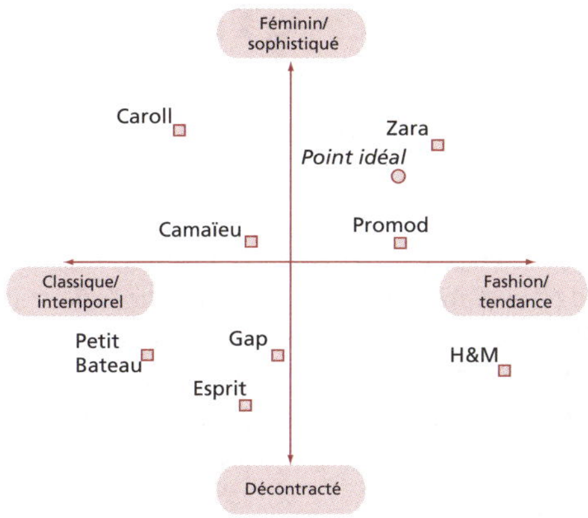

La carte perceptuelle (parfois appelée **mapping de positionnement**) est un outil d'aide à la décision. Elle permet au marketeur de comparer le positionnement qu'il a voulu pour sa marque avec le positionnement perçu par sa cible. Il permet également de vérifier que la marque est suffisamment différenciée de ses concurrents. Le mapping peut servir à identifier les concurrents les plus proches dans l'esprit des consommateurs. Enfin, la carte perceptuelle est utile au moment des décisions relatives au développement de produits ou de services. Les zones vides sur le mapping correspondent à d'éventuelles opportunités de positionnement pour des nouveaux produits.

L'Œil du professionnel

Caroline Ollivier-Lamarque, Partner chez Equancy (conseil en marketing)

Un bon positionnement repose sur trois points d'ancrage :

- Un bon positionnement est **relatif** par rapport à une cible et par rapport à des concurrents. C'est un chemin qui rapproche la marque de la cible et l'éloigne de ses concurrents. La cible doit être définie de façon précise et ses attentes doivent être connues par l'équipe marketing en charge de positionner la marque. Celle-ci doit se demander quel problème grave de la cible elle se propose de résoudre et comment elle va le résoudre. Par exemple, une marque de cosmétique anti-âge s'adresse au problème grave qui est la peur de vieillir et par extension de mourir. Ce problème est insoluble et doit être reformulé pour que la marque puisse y apporter une réponse. Le véritable problème à résoudre n'est pas la mort mais la longévité : à 40 ou 50 ans, on a encore 40 ou 50 ans à vivre et on ne souhaite pas les vivre « comme une vieille ». Par ailleurs, la réponse apportée par la marque au problème doit être différente de la réponse apportée par les concurrents. Lorsque Dove prend le contre-pied de tout le monde avec sa campagne « Pour toutes les beautés », la marque ne résout pas un problème plus important que les autres, mais le problème est pris différemment.
- Un bon positionnement est un **voyage dans le temps** entre les acquis du passé et ce que l'on souhaite faire à l'avenir. Un positionnement n'est crédible que s'il s'inscrit dans une vérité par rapport à l'histoire de la marque.
- Un bon positionnement est **fédérateur** et s'inscrit dans la mission de la marque et le rôle qu'elle souhaite avoir sur son marché. Il est nécessaire que tout le monde dans l'entreprise comprenne le positionnement souhaité, y adhère et le défende. Cela nécessite de répondre aux questions suivantes : où on va ? Pourquoi on y va ? Et comment on y va ? Un bon positionnement est donc aussi un enjeu de cohésion interne.

15 Le plan marketing

Point clef

Le plan marketing est un document synthétique qui permet de formaliser la stratégie marketing de l'organisation. L'exercice de rédaction du plan marketing permet de minimiser les risques grâce à la clarification de la stratégie, à la fixation des objectifs et des plannings et à la mise en œuvre de procédures de contrôle. Le plan marketing se présente souvent sous la forme d'une *check-list* qui permet de s'assurer que les éléments susceptibles d'entraver le succès de l'activité ont bien été pris en compte. Il existe autant de formats de plan marketing qu'il existe d'organisations, mais on y retrouve toujours les rubriques présentées ci-dessous.

1. L'ENTREPRISE ET SES CARACTÉRISTIQUES GÉNÉRALES

Cette rubrique présente rapidement l'entreprise et ses différentes activités. Les points suivants doivent être renseignés.

- Caractéristiques démographiques de l'entreprise : taille, structure, résultats financiers, localisation.
- Activités de l'entreprise : sa mission et ses domaines d'activités stratégiques (DAS) (fiche n° 10).
- Pour chaque DAS, les gammes de produits (fiche n° 20), le portefeuille de marques (fiche n° 17), les volumes de vente, les parts de marché, les indicateurs de notoriété des marques ainsi que l'évolution probable de ces indicateurs.

Cette rubrique doit conduire à identifier les forces et les faiblesses de l'entreprise sur chacun des domaines d'activité considérés.

2. LE MARCHÉ ET SON ENVIRONNEMENT

a) Les consommateurs (fiches n° 4 et 5)

On décrit ici la taille, la structure et l'évolution probable du marché. Les différents segments de consommateurs sont identifiés puis décrits :

- Taille, attractivité et potentiel d'évolution des segments.
- Caractéristiques sociodémographiques et psychographiques des segments.
- Motivations et freins à l'utilisation du produit ou du service, bénéfices recherchés par l'utilisation du produit ou du service.
- Critères de choix, processus de décision et canaux de distribution.

b) Les prescripteurs

Le cas échéant, on identifiera les influenceurs et les prescripteurs et on proposera une description de leurs caractéristiques et de leur pouvoir d'influence.

c) Les concurrents (dont partenariats éventuels) (fiche n° 11)

Il convient d'élaborer une cartographie de l'offre en identifiant les concurrents directs et indirects, actuels et potentiels. Pour chaque concurrent, on décrira l'offre, les forces et les faiblesses ainsi que les parts de marché (et les probables évolutions de celles-ci). Cette analyse conduira à identifier le concurrent principal sur chacun des segments de marché.

d) Les canaux de distribution (fiches n° 24 à 29)

Les canaux de distribution font l'objet d'une attention particulière et doivent être analysés segment par segment. Lorsqu'ils nécessitent un ou plusieurs intermédiaires, on décrit pour chacun d'entre eux les caractéristiques, les attentes, les freins et les critères de choix. Les éventuels partenariats ou contrats d'exclusivité avec des concurrents doivent être listés.

e) L'analyse Pestel (fiche n° 2)

Les facteurs de l'environnement politique, économique, social, technologique, environnemental et légal doivent être analysés. On s'interrogera sur l'influence que ces facteurs sont susceptibles d'exercer sur l'activité de l'entreprise, et si ceux-ci représentent une menace ou une opportunité pour celle-ci. L'analyse doit porter sur le présent mais des hypothèses d'évolution doivent être considérées.

3. LA STRATÉGIE MARKETING

a) Les objectifs marketing et financiers

Les objectifs marketing sont fixés en termes d'objectifs chiffrés de vente et de parts de marché. On peut aussi établir d'autres objectifs comme par exemple des taux de notoriété, de satisfaction ou de réachat.

Les objectifs financiers permettent de déterminer entre autres les profits attendus, les marges, et les retours sur investissement des différentes actions marketing.

b) Le ciblage (fiche n° 13)

Compte tenu de la description qui aura été faite du marché, l'entreprise pourra décider auprès de quels segments elle souhaite s'impliquer. Préalablement, il peut être judicieux de se demander quels sont les segments que l'on ne souhaite pas cibler et pourquoi. Pour chaque cible retenue, on rappellera les éléments suivants :

- Description sociodémographique et psychographique de la cible.
- Principale motivation à l'utilisation du produit ou du service et potentiel de différenciation par rapport aux offres concurrentes.

c) Les facteurs de différenciation (fiche n° 18)

Pour que l'offre soit un succès, il faut qu'elle apporte quelque chose de plus par rapport à ce qui existe déjà sur le marché. L'analyse des cibles a permis de mettre en évidence les attentes du marché et le plan marketing doit spécifier très clairement :

- Les facteurs de différenciation par rapport aux concurrents déjà présents sur le marché.
- Les raisons pour lesquelles ces facteurs de différenciation constituent un avantage concurrentiel qui n'est imitable ni par les acteurs en place, ni par de potentiels nouveaux entrants.

d) Le positionnement (fiche n° 14)

Le positionnement est un résumé de la stratégie marketing. Il doit répondre aux questions suivantes :

- À qui s'adresse-t-on ?
- Pourquoi nos clients achèteraient-ils nos produits ?
- À quelles occasions nos clients achèteraient-ils nos produits ?
- De qui sommes-nous différents ?

e) Les stratégies alternatives

À chaque étape de la stratégie, il est important de réfléchir aux stratégies alternatives. Faire cet exercice de façon systématique permet de renforcer le bien-fondé des choix stratégiques qui ont été faits. Il peut arriver que l'on se rende compte que la stratégie choisie comporte des écueils.

4. LE MIX MARKETING ET SA MISE EN ŒUVRE

a) L'offre (fiches n° 18 à 21)

Élaborer une offre pertinente nécessite de répondre aux questions suivantes :

- Pour chaque cible, à quel besoin l'offre doit-elle répondre ? Pour chaque besoin, quelles doivent être les caractéristiques de l'offre et quels sont les bénéfices clients associés ?
- Comment mettre en œuvre concrètement les bénéfices clients évoqués ci-dessus ? Ce point doit être traité de façon rigoureuse et précise car, au travers de la mise en œuvre de l'offre, on répond à la question de la « preuve ». Cela permet aussi de vérifier que la promesse est réalisable au vu des compétences et moyens de l'entreprise.
- De toutes les caractéristiques identifiées ci-dessus, quelles sont les plus distinctives par rapport à la concurrence ? Quelles seraient les améliorations possibles pour différencier encore plus l'offre et satisfaire davantage les clients potentiels ?

b) Les messages (fiches n° 30 à 37)

Pour élaborer les bons messages, on commencera par se demander quelles sont les connaissances et les croyances que chaque cible a développées à propos de l'entreprise et de ses marques. On pourra ensuite déterminer :

- Le message principal et unique à communiquer à l'ensemble des cibles, ainsi que la preuve qui permettra de crédibiliser la promesse.
- Les messages spécifiques qu'il convient éventuellement d'adresser à chaque cible, ainsi que les éléments de preuve de ces messages.
- La personnalité que l'on souhaite donner à la marque.
- L'impression que l'on souhaite laisser au client après chaque interaction de celui-ci avec l'entreprise et ses représentants.

c) La distribution (fiches n° 24 à 29)

L'entreprise qui élabore un plan marketing doit lister les différents canaux de distribution par lesquels sont vendus les produits et les services. Pour chaque canal, elle devra en quantifier le poids dans le chiffre d'affaires ainsi que les perspectives d'évolution. Elle pourra ensuite :

- Rapprocher les processus d'achat des différentes cibles avec les canaux de distribution. On se demandera cible par cible quelles sont les étapes du processus de décision et les critères de choix d'un type de point de vente.
- Se demander quels sont les acteurs (force de vente et intermédiaires) qui favorisent la distribution des produits et des services et quelles actions doivent être entreprises auprès de chacun d'entre eux. En particulier, on n'oubliera pas d'identifier sur quels critères les intermédiaires (centrales d'achat, grossistes) choisissent leurs fournisseurs.

d) Le prix (fiches n° 22 et 23)

La fixation du prix dépend des éléments suivants :

- Quelle est l'importance du prix dans le processus de décision des clients ? Quelle est la sensibilité aux prix ? Quel est le prix de référence et la zone d'acceptabilité des prix ? Quel compromis entre prix et valeur les clients opèrent-ils ?
- Quels sont les prix pratiqués par les concurrents ? Comment ces concurrents fixent-ils leurs prix ? Quelle est la valeur perçue des offres concurrentes et quel est le rapport entre cette valeur perçue et le prix pratiqué ?

- Quelle est aujourd'hui la politique de prix pratiquée par l'entreprise (incluant les remises, rabais, ristournes, promotions…) et celle-ci est-elle comprise par ses clients ? Quelle est la valeur perçue de l'offre de l'entreprise et comment se compare-t-elle avec les prix pratiqués ? Qu'est-ce qui pourrait être fait pour réduire le prix sans affecter la qualité ? Qu'est-ce qui pourrait être fait pour accroître la valeur perçue sans modifier le prix ? Quels services pourrait-on inclure dans notre prix ?
- Doit-on s'attendre à une modification des prix sur le marché ? Quelles tendances de l'industrie sont susceptibles d'affecter nos prix à la hausse ou à la baisse ?

e) La mise en œuvre

Le plan marketing n'est utile que s'il donne une ligne de conduite. Cela nécessite qu'à la réponse aux questions posées ci-dessus correspondent une série d'actions et un échéancier. Des responsables doivent également être nommés.

5. LE CONTRÔLE DES ACTIVITÉS MARKETING

L'intérêt d'un plan marketing est de pouvoir suivre en continu l'avancée du projet et de prendre les mesures correctives qui s'imposent. On mettra donc en œuvre des procédures de contrôle portant à la fois sur les processus et sur les performances. Les performances globales conduisent à contrôler l'évolution du chiffre d'affaires et des parts de marché. Au niveau du mix marketing, on pourra contrôler :

- Les performances de la force de vente (atteinte des objectifs de vente ou de prises de contact, explication des écarts éventuels).
- Le développement de la distribution (atteinte des objectifs en termes d'ouvertures de points de vente et de nouveaux référencements).
- Les performances de la communication (atteinte des objectifs en termes de notoriété des marques, d'image de marque ou d'évolution des ventes).
- Les performances liées à l'offre (atteinte des objectifs de qualité – défauts en sortie de chaîne de production, taux de satisfaction, taux de retour en magasin, taux de réclamation…).

Focus

L'analyse SWOT

L'analyse SWOT (*Strengths, Weaknesses, Opportunities, Threats*) est un outil de diagnostic qui se présente sous forme de deux tableaux :

- Un tableau synthétique des forces et des faiblesses de l'organisation par rapport à son marché. Il s'agit d'une perspective interne à l'organisation.
- Un tableau synthétique des opportunités et des menaces du marché. Il s'agit d'une perspective externe à l'organisation, portant sur l'environnement du marché.

La matrice SWOT est très utile pour identifier les principaux problèmes à résoudre et prendre les décisions stratégiques qui répondent aux questions suivantes : comment capitaliser sur nos forces ? Comment améliorer nos points faibles ? Comment bénéficier des opportunités qui se présentent ? Comment éviter d'être impacté par les menaces ?

	Éléments favorables	Éléments défavorables
Facteurs internes	FORCES	FAIBLESSES
Facteurs externes	OPPORTUNITÉS	MENACES

16 Les fonctions et les caractéristiques des marques

Point clef

La marque est un signe distinctif qui peut être matérialisé par un nom propre, un mot, une expression, un symbole visuel ou toute combinaison de ces éléments. La valeur apportée par la marque aux produits et services qu'elle sert est appelée capital marque. Le développement d'une marque à fort capital est lié à la définition et à l'entretien de son identité.

1. LES FONCTIONS DES MARQUES

La marque revêt différentes fonctions tant pour ses clients que pour l'entreprise.

Du point de vue du consommateur, la marque a trois principales fonctions.

- Une fonction de repérage : la marque permet d'identifier le fournisseur d'un produit ou d'un service.
- Une fonction de garantie : la marque représente une caution dans le sens où elle matérialise l'engagement de qualité et de performance des produits ou services commercialisés par l'entreprise. La marque d'engins industriels Caterpillar est une garantie de fiabilité, tant au niveau des produits qu'elle commercialise (savoir-faire et technicité de pointe) qu'au niveau des services qui les accompagnent (conseils techniques, maintenance et réparation, financement).
- Une fonction sociale : la marque est un mode d'expression du statut social et de la personnalité des consommateurs. Les équipes marketing d'Apple l'ont bien compris et diffusent sur Internet une campagne virale intitulée « *I'm a Mac and I'm a PC* » qui met en scène deux personnages masculins prénommés Mac et PC. PC a un look que l'on pourrait qualifier de ringard : il est bedonnant et porte un costume gris/cravate trop grand pour lui et des lunettes de « premier de la classe ». Mac, lui, affiche un look décontracté avec son jean, ses baskets et son sweat-shirt. Ces deux représentations de la personnification des marques sont l'illustration de l'image que les possesseurs d'Apple souhaitent renvoyer d'eux-mêmes à l'extérieur, et c'est ce qu'entretient la marque au travers de cette campagne.

Du point de vue de l'entreprise, la marque a quatre fonctions prédominantes.

- Une fonction de positionnement : la marque permet à l'entreprise de communiquer des caractéristiques distinctives, objectives ou symboliques, par rapport à ses concurrents (fiche n° 14).
- Une fonction de référencement : dans un contexte où les places dans les linéaires des distributeurs sont rares, les marques fortes facilitent le référencement. Elles constituent pour le distributeur la garantie d'écouler les stocks en raison de l'existence d'une clientèle fidèle. Elles peuvent même servir de pôle d'attractivité pour créer du trafic en magasin.
- Une fonction juridique : par la protection juridique des noms de marques, des logos, des emballages ou des processus de fabrication, la marque offre un cadre légal à l'entreprise pour limiter la copie de ses produits et services.
- Une fonction financière : les marques créent de la valeur financière pour les entreprises. Une étude réalisée par Brand Finance en 2007 montre que la marque Nike contribue pour

84 % à la valeur boursière de l'entreprise. Les marques sont des valeurs d'échange qui peuvent se vendre, s'acheter ou se louer.

2. L'EXPRESSION DE LA MARQUE

a) Le nom de marque

Le choix du nom de marque est un enjeu stratégique et financier important. Ainsi, quelques critères doivent être respectés. Tout d'abord, le nom de marque doit être **évocateur** d'une ou des caractéristiques essentielles du produit pour en favoriser la mémorisation et l'acceptation. Pour prendre le cas de Taillefine, le nom de marque nous renseigne sur la nature même du produit (des produits minceurs) et des bénéfices offerts (contribue au maintien de sa silhouette ou à la perte de poids). Par ailleurs, le nom de marque doit être **distinctif** par rapport aux marques concurrentes. Par exemple, la banque Natixis qui voulait initialement s'appeler Natexia a dû y renoncer, Natexia étant trop proche de Texa, société qui appartient au même secteur d'activité. Il arrive aussi que la marque soit tellement connue que les consommateurs l'utilisent pour désigner la catégorie de produit dans son ensemble (Walkman de Sony, Kleenex). La marque perd alors son caractère distinctif et ses communications profitent à l'ensemble du marché. Ensuite, le nom de marque doit être facilement **extensible** à d'autres produits ou d'autres territoires géographiques. La marque Danone a su décliner son nom de marque lors de la commercialisation de divers produits laitiers : Danao, Dan'up, Danette, etc. Le nom de marque doit pouvoir s'exporter, ce qui signifie qu'il doit être facile à prononcer dans toutes les langues et qu'il ne doit pas avoir de connotation péjorative. L'encadré 16.1 montre comment la marque de bière Hoegaarden apprend à ses consommateurs français à prononcer l'imprononçable.

Encadré 16.1 – « Une idée rafraîchissante pour bien dire Hoegaarden »

Hoegaarden essaie, au travers de ses campagnes de publicité, de transformer son principal handicap (un nom imprononçable pour un Français) en avantage au travers de campagnes décalées (« On a tendance à avaler son nom », « On ne dit plus les chaussettes de l'archiduchesse, on dit une Hoegaarden bien fraîche »). Réussir à apprendre aux Français à prononcer la marque est un enjeu d'autant plus important que les bières spéciales sont souvent consommées en CHR et nécessitent d'être commandées oralement. Ne pas savoir comment prononcer la marque constitue donc un véritable frein. La campagne « Une idée rafraîchissante pour bien dire Hoegaarden » (agence : Callegari Berville Grey) a donc une visée pédagogique tout en rappelant les caractéristiques de fraîcheur de la bière blanche. Un spot radio ciblant les jeunes de 18 à 35 ans met en scène quatre personnages du monde polaire dont les cris et grognements apprennent à prononcer la marque : l'ours polaire épluche des oignons et pleure (« Hou hou hou »), l'esquimau rit de façon ridicule (« Gaaaa »), l'abominable homme des neiges pousse un grognement en recevant ses impôts (« Rrrr ») et le pingouin joue du triangle (« Den ! »). Une voix off conclut « N'oubliez pas ! Hou Gaaa Rrrr Den ! Une idée rafraîchissante pour bien dire Hoegaarden ».

Enfin, le nom de marque doit-être **disponible** juridiquement. Il ne doit donc pas avoir été déposé auprès de l'INPI (Institut national de la propriété intellectuelle).

b) L'identité visuelle de la marque

Les marques ont toutes une identité visuelle (logo, typographie, codes couleurs) qui traduit leurs valeurs et facilite leur repérage.

Le logo d'EDF (voir www.edf.fr) traduit les valeurs de la marque qui sont l'énergie, la chaleur et le bien-être. Voici de quelle façon :

- La couleur orange est chaleureuse et représente l'énergie, l'action et l'ambition. Le bleu rappelle le métier d'EDF (l'électricité) tout en se distinguant du bleu électrique de l'ancien logo, symbole de technicité mais aussi d'agressivité.

- Les cinq formes disposées en cercle forment un ensemble visuel qui représente à la fois le cycle de vie, le symbole de la terre et de son environnement et une source d'énergie (la turbine).
- La typographie est ronde pour exprimer la douceur, l'accueil et donc le bien-être. Le *e* minuscule est le symbole chimique de l'électron, ce qui rappelle à nouveau le cœur de métier d'EDF.

3. LE CAPITAL MARQUE ET SON ÉVALUATION

Le capital de marque (ou *brand equity*) est la valeur ajoutée qu'une marque apporte à une entreprise, à un produit ou à un service. C'est un actif immatériel de l'entreprise qui contribue à en augmenter la valeur financière. La principale difficulté réside dans l'évaluation de la plus-value apportée par la marque. Deux méthodes de mesure du capital marque existent : l'approche consommateur ou l'approche financière.

a) L'approche consommateur du capital marque

Cette méthode mesure le capital marque au travers des perceptions développées par les clients à l'égard de la marque ainsi qu'au travers de leurs comportements d'achat. Une marque a un fort capital si *1)* de nombreux consommateurs connaissent la marque et s'en souviennent au moment de leur choix ; *2)* si ces mêmes consommateurs ont développé et mémorisé des associations à la marque qui sont à la fois fortes, nombreuses, spécifiques et positives ; et, enfin, *3)* si ces consommateurs sont prêts à payer plus cher pour acquérir cette marque plutôt qu'une autre. Par exemple, si lors de l'achat d'un parfum, de nombreux consommateurs ont à l'esprit le parfum J'adore de Dior, que cette marque évoque pour eux des représentations multiples et positives (sensualité, féminité, élégance, luxe), que ces représentations sont bien distinctes de celles associées aux autres marques de parfum et que les consommateurs valorisent financièrement la marque, alors on peut dire que J'adore de Dior a un fort capital marque.

b) L'approche financière du capital marque

D'après cette méthode, la marque est considérée comme un actif financier de l'entreprise. Deux méthodes principales ont été exploitées pour mesurer cette valeur. La première est la **méthode comptable** fondée sur les coûts investis dans la construction de la marque. La seconde est la **méthode financière** qui repose sur l'évaluation de la valeur financière des marques. Le cabinet Interbrand évalue chaque année la valeur financière des marques en intégrant dans son calcul la valeur actuelle des profits générés par la marque et les *cash flows* potentiels que la marque générera dans le futur. Cette évaluation contribue à l'établissement d'un classement des marques où Coca-Cola arrive en tête avec un capital marque évalué à 67 milliards de dollars en 2008, devançant IBM et Microsoft.

4. L'IDENTITÉ DE MARQUE

Le développement d'une marque à fort capital implique la définition d'une **identité de marque** qui est la façon dont la marque souhaite être perçue par les consommateurs. Identité et **image de marque** sont des concepts proches mais néanmoins distincts : l'identité de marque est voulue par l'entreprise alors que l'image de marque est perçue par les consommateurs. Le **prisme d'identité** de la marque (proposé par Jean-Noël Kapferer, 2007) est un outil d'aide à la définition d'une identité de marque. Cet outil établit un parallèle entre les marques et les personnes humaines. Il comporte six facettes développées ci-contre.

- Le **physique** de la marque : il s'agit de l'ensemble des éléments tangibles associés à la marque. Le physique de la marque doit permettre de répondre à la question : « Que doit-on visualiser en premier lorsqu'on pense à la marque ? ».
- La **personnalité** de la marque : il s'agit de l'ensemble des traits de caractère associés à la marque. La personnalité de la marque doit permettre de répondre à la question : « Si la marque était une personne, quelle serait sa personnalité ? ».
- La **culture** de la marque renvoie au système de valeurs associées à la marque. La culture de la marque se puise dans son origine (pays d'origine, créateur, historique de la marque).

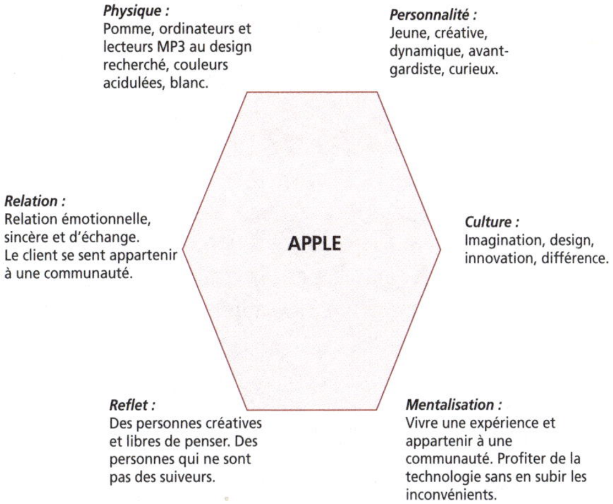

Figure 16.1 – Le prisme d'identité de la marque appliqué à Apple

- La **relation** fait référence à la qualité et à la nature des échanges que la marque souhaite développer avec sa cible (relation de confiance, de réciprocité, de privilège...).
- Le **reflet** : il s'agit de l'image que la marque donne à sa cible. On répond à la question « À quoi doivent ressembler les clients de la marque ? ».
- La **mentalisation** est l'objectif que le consommateur cherche à atteindre en achetant la marque. On se demande « Pourquoi nos clients achèteraient-ils notre marque et quelle image d'eux-mêmes vont-ils avoir grâce à cet achat ? ».

L'Œil du professionnel

Alain Goudey, cofondateur et directeur associé d'Atoomedia

L'identité musicale de la marque et ses enjeux

Pour exprimer les valeurs de leurs marques, de plus en plus d'entreprises font le choix de développer leur communication sonore et musicale (SNCF, EDF, Converteam, SVP, Mondial Assistance). Elles s'appuient sur des supports toujours plus variés tels que la téléphonie, le point de vente, Internet, les publicités télévisuelles et radiophoniques, les podcasts, etc. Les recherches académiques ont montré qu'il était possible de créer des associations entre certaines caractéristiques musicales (telles que le timbre et le tempo) et les valeurs de la marque. Par exemple, un tempo lent et un timbre de type violon véhiculent un positionnement de marque « aérien », « majestueux » et « calme ».

Aujourd'hui, l'utilisation d'une identité musicale permet à la marque d'être identifiée plus rapidement, plus facilement, de séduire davantage sa clientèle ou encore de renforcer la compréhension de son discours par la multiplication des indications sensorielles. Pour atteindre ces objectifs, il est nécessaire de s'adresser à des spécialistes capables de gérer l'ensemble des supports de communication sonore de la marque. Par exemple, AtooMedia est une agence de communication sonore et de design musical qui développe son expertise autour de trois pôles capitaux pour l'entreprise : la téléphonie, le point de vente et l'identité musicale de marque.

17 Les stratégies de marques

Point clef

La stratégie de marque consiste à gérer son portefeuille de marques et à prendre des décisions relatives au développement de chacune des marques. Lors d'un lancement de produit ou de service trois stratégies sont possibles : la création d'une nouvelle marque, l'utilisation d'une marque existante ou encore le recours à une marque caution.

1. LE PORTEFEUILLE DE MARQUES

Une entreprise est souvent amenée à gérer de nombreuses marques en parallèle. Les raisons qui poussent à développer un portefeuille de marques multiples sont nombreuses.

- Avoir plusieurs marques permet à une entreprise de répondre aux besoins de différents segments de marché et d'en tirer profit. Par exemple, le groupe Pierre & Vacances commercialise cinq marques dont les deux principales sont Pierre & Vacances et Maeva. La première s'adresse aux familles CSP +, dont la motivation est de « se sentir chez soi » dans des résidences de vacances de haut standing. Maeva s'adresse aux employés et cadres moyens, qui partent en vacances en famille mais aussi entre amis ou avec des collègues (Maeva est fortement implantée auprès des comités d'entreprise). Les clients Maeva sont plus ouverts aux autres et recherchent une expérience de convivialité et de partage.
- Avoir plusieurs marques permet d'éviter un effet de lassitude chez ses clients en répondant à leur besoin de variété. Le consommateur ayant un fort besoin de variété pourra plus aisément essayer différentes marques gérées par une seule et même entreprise sans effet de lassitude. Le marché des yaourts, sur lequel les innovations sont importantes par exemple, illustre ce besoin de variété : des saveurs toujours renouvelées, de nouveaux bénéfices clients satisfaits (yaourt santé comme Danacol ou Actimel, yaourt gourmand, yaourt minceur, etc.) ou encore de nouvelles textures proposées.
- Dans la grande consommation, avoir plusieurs marques permet au fabricant de jouir d'une part de linéaire plus importante dans les points de vente au détriment de ses concurrents.
- Chaque marque ayant une valeur financière (fiche n° 16), le développement du portefeuille de marques contribue à augmenter la valeur de l'entreprise.
- Enfin, toutes les marques au sein du portefeuille ne jouent pas le même rôle. Les marques **Stars** sont les marques qui représentent le plus gros chiffre d'affaires dans le portefeuille d'une entreprise. Il s'agit de marques telles que Dove ou Pampers. Les grands groupes d'agroalimentaire ou de produits d'entretien ont eu ces dernières années tendance à investir lourdement dans ces marques phare au détriment des petites marques locales. Les marques **Vaches à lait** sont des marques dont les ventes sont stables ou en déclin, mais qui restent rentables car elles ne nécessitent pas beaucoup d'investissements. Par exemple, la marque Dédicace de l'Oréal est maintenue sur le marché car elle reste rentable sans pour autant nécessiter des investissements en termes de communication ou d'amélioration produit. Les **marques d'appel** sont des marques à prix bas qui ont pour but d'attirer de nouveaux consommateurs et leur permettre ensuite de monter en gamme. La Twingo est la marque d'appel de Renault. Les **marques de prestige** sont les marques

qui permettent de montrer tout le savoir-faire du fabricant et qui ajoutent du prestige à l'ensemble du portefeuille. C'est, par exemple, le cas du réseau Sofitel dans le groupe Accor.

2. LES STRATÉGIES DE MARQUE LORS D'UN LANCEMENT DE PRODUIT/SERVICE

Lors de la commercialisation d'un nouveau produit ou service, trois stratégies de marques peuvent être développées.

a) La création d'une nouvelle marque

Le fabricant peut faire le choix de développer une nouvelle marque qui n'existait pas préalablement. Cette stratégie repose sur le développement d'une **marque-produit** (la marque ne signe qu'un seul produit) et conduira à l'obtention d'une **marque-gamme** (la marque signe une gamme de produits) à mesure que la gamme se consolidera. Cette stratégie a l'avantage de conférer une image distincte à chaque marque-produit et de ne pas lier la réputation du groupe au devenir du produit. Le groupe Carrefour a choisi de ne pas lier sa réputation à son offre sur Internet en lui donnant un nom d'enseigne spécifique (Ooshop). En revanche, il s'agit d'une stratégie coûteuse qui ne permet pas de bénéficier d'effets de synergie avec les autres marques plus connues du groupe.

b) L'utilisation d'une marque existante

1. Lorsque le nouveau produit/service est une nouvelle référence au sein d'une gamme déjà existante (ex. : le nouveau parfum Pommes/Litchis de Tropicana), il est logique qu'il porte le nom de la **marque-gamme**. On parle de consolidation ou d'**extension de gamme** pour faire référence à l'adjonction de nouveaux produits au sein d'une gamme existante. Le développement d'une marque-gamme présente de nombreux avantages. Elle contribue tout d'abord à la construction d'une image de marque cohérente pour les produits d'une gamme donnée. Elle facilite l'introduction rapide des nouveaux produits, tant auprès des consommateurs qu'auprès des distributeurs, grâce à une notoriété et une identité déjà bien établies. Elle permet d'augmenter la part de linéaire de la marque et consolide ainsi sa visibilité et sa part de marché. Cependant, la multiplication des extensions de gamme risque de diluer la marque et entraîne des risques de cannibalisation. Il faudra toujours se demander si la multiplication des références sous un même nom de marque (ex. : Tropicana qui possède une trentaine de références) permet de recruter de nouveaux consommateurs ou si elle ne conduit pas simplement à un report d'achat de l'un des produits de la gamme vers un autre produit de celle-ci.

2. Lorsque l'on utilise une marque pour signer un nouveau produit/service n'appartenant pas à la catégorie de produits d'origine de la marque, on parle d'**extension de marque**. La marque porte alors le nom de **marque-ombrelle** (la marque signe des produits appartenant à différentes catégories de produits). Bic, qui a fondé son succès sur le stylo à bille, commercialise aujourd'hui des briquets jetables, des rasoirs jetables ou encore des téléphones portables jetables. Cette stratégie a été récemment employée par Taillefine, qui commercialisait initialement des yaourts minceurs et qui a étendu sa marque aux eaux pétillantes aromatisées et aux biscuits salés et sucrés. Cette stratégie est souvent exploitée en *B to B* où les professionnels investissent dans une marque forte pour mieux différencier leur offre de celle de leurs concurrents. Par exemple, Michelin est la marque ombrelle exploitée pour promouvoir différents types de produits (pneumatiques automobiles, avions, poids lourds, tracteurs, engins de chantier, motos, scooters, vélos, cartes et guides). Cette stratégie a plu-

sieurs avantages. Tout d'abord, une réduction des coûts de lancement est attendue pour le nouveau produit puisque la marque-ombrelle est déjà établie et reconnue. Par ailleurs, le nouveau produit, commercialisé sous une marque existante et bénéficiant d'une identité de marque reconnue et valorisée, jouira des associations favorables à la marque qui lui seront immédiatement transférées. Enfin, pour la marque, les différentes extensions favorisent sa visibilité et sa notoriété en multipliant les occasions de contact et d'achat de la marque. Néanmoins, cette stratégie n'est pas sans risques. Le nouveau produit peut être lésé par la marque si cette dernière partage des associations peu cohérentes avec la nouvelle catégorie de produits. De même, l'identité de marque peut être altérée si la marque est utilisée pour promouvoir des catégories de produits qui ne reflétent plus ses valeurs (voir l'Encadré 17.1). Pour réduire les inconvénients inhérents aux extensions de marque et en réduire l'échec, une réflexion au préalable doit être menée afin d'identifier une cohérence (ou *fit*) entre la marque et les extensions potentielles. Cela suppose l'analyse de l'identité de la marque et l'identification de ses valeurs dominantes afin de déterminer toute incohérence entre la marque et ses extensions possibles.

Encadré 17.1 – Extension de gamme et dilution de l'image de la marque Palmolive

Palmolive est une marque qui s'est étendue progressivement autour d'une valeur centrale : la douceur. La marque Palmolive signe des shampoings, des savons et gels douche, des talcs pour bébés, des crèmes et des mousses à raser, des déodorants et des liquides vaisselle. La multiplication des extensions de marque est risquée pour l'image de la marque. La douceur qui constitue la valeur centrale de la marque n'est pas pertinente pour toutes les catégories de produits : un liquide vaisselle trop doux peut être perçu comme inefficace, la douceur est une valeur trop féminine pour les produits de rasage et la proximité liquide vaisselle/shampoing déprécie l'image du shampoing.

c) Le recours à une marque caution

Pour bénéficier à la fois des avantages inhérents à la création de nouvelles marques et à l'extension de marques existantes, de nombreuses entreprises ont recours à la double marque. Elles associent alors une **marque mère** (la marque institutionnelle ou une marque phare du portefeuille de marques) à une **marque fille** dans le but de lui apporter une caution. Il ne faut pas confondre cette stratégie de marque caution avec ce qu'on appelle le cobranding (voir Focus). Les exemples d'une telle stratégie sont nombreux : Renault cautionne la Logan (*by Renault*), L'Oréal cautionne Elsève, Danone cautionne Activia, etc. Certaines entreprises ont même recours à de nouvelles marques construites à partir du préfixe de la marque-caution comme par exemple Nescafé, Nespresso ou Nesquick. En *B to B*, le développement de marques cautions est également une pratique en développement. Par exemple, Schneider Electric cautionne l'ensemble de son offre d'appareillage dont chaque produit de la gamme porte un nom bien spécifique (Altira, Transcent, Aquadesign, etc.) Cette stratégie permet ainsi au consommateur de transférer la confiance qu'il porte à la marque mère aux différents produits qu'elle cautionne. Elle permet également aux entreprises de développer leur portefeuille de marques, d'accroître leur valeur financière et de bénéficier de l'ensemble des avantages présentés dans la section 1 de cette fiche.

En conclusion, soulignons que ces différentes stratégies ne sont pas exclusives et peuvent coexister au sein d'un même groupe. Nestlé, par exemple, développe de nombreuses marques-gammes telles que Maggi ou Herta et utilise la caution Nestlé en l'associant à des marques individuelles (Nescafé, Chocapic de Nestlé, Nestlé Ricoré).

Focus

Le cobranding

Le cobranding repose sur l'association de deux marques n'appartenant pas au même groupe pour la commercialisation d'un produit commun ou l'élaboration d'une communication conjointe. Les deux partenaires doivent être **complémentaires** en termes de produits (Brandt recommande Skip), de savoir-faire (Yoplait s'associe à Côte d'Or pour avoir le meilleur du chocolat dans ses mousses) et de clientèle (Air France et American Express). L'image et les valeurs associées à chacune des deux marques doivent être **compatibles**. C'est le cas pour Twingo et Benetton, qui partagent une représentation commune : la couleur. Enfin, l'association doit être **pertinente** pour les consommateurs et leur apporter un réel avantage produit.

Le cobranding présente de nombreux avantages. Il permet un transfert d'image entre les deux marques. Ainsi, l'association entre Nissan et Haribo permet de renforcer l'image familiale du monospace Nissan. Le cobranding permet également d'accéder à de nouveaux marchés en recrutant les clients attachés à l'autre marque. Par exemple, l'alliance entre les rasoirs Philips et la crème Nivea est un moyen pour Nivea de développer sa légitimité sur le marché des produits de soin masculins. Enfin, le cobranding induit un partage des coûts et des risques. Il peut même être dans certains cas particuliers de contrats de licence une source de financement pour l'entreprise (ex. : Disney).

Le cobranding présente malgré tout des inconvénients. Le contrat de partenariat est souvent long à mettre en place avec un risque important de cannibalisation de l'un des deux produits par l'autre. Il existe par ailleurs un risque d'image si les deux partenaires ne sont pas perçus comme de qualité comparable ou que les valeurs de l'une des deux marques nuisent à l'autre.

18 Les caractéristiques des produits

Point clef

Un produit est tout ce qui peut-être offert sur un marché de façon à y satisfaire un besoin. Le produit se réfère aussi bien à un bien tangible (un téléphone, un shampoing), à un service (les assurances, les services à domicile), à un événement (le festival de Cannes, les Jeux olympiques), à une personne (les célébrités, les hommes politiques), à un lieu (une ville, un pays, une région) ou encore à une organisation (une organisation syndicale, un club de football).

1. LES CLASSIFICATIONS DE PRODUITS

Différentes classifications de produits ont été développées et sont résumées dans le tableau 18.1.

Tableau 18.1 – Les classifications de produits

		Classification proposée
Critères de classification	**Durabilité**	• Biens périssables : biens tangibles consommés en une ou un petit nombre de fois (un yaourt). • Biens durables : biens tangibles qui survivent à de nombreuses utilisations (une maison).
	Tangibilité	• Biens tangibles (une voiture). • Services : biens intangibles et périssables (une assurance auto).
	Comportements d'achat du consommateur	• Produits d'achat courant : biens que le consommateur achète fréquemment et avec une certaine routine (le pain). • Produits d'achat réfléchi : biens de consommation pour lesquels le consommateur prend le temps de rechercher de nombreuses informations (une voiture, une maison). • Produits de spécialité : biens de consommation qui possèdent des caractéristiques uniques et/ou une image de marque bien définie, de sorte que le client est prêt à faire un effort d'achat tout particulier (parfum de luxe). • Produits non recherchés : produits que le consommateur ne connaît pas ou auxquels il ne pense pas naturellement (ex. : un produit comme une cigarette qui ne ferait pas de fumée).
	Place dans le processus de production	• Matières premières : produits transformés au cours du processus de production (les produits agricoles). • Biens d'équipement : biens acquis par les unités de production pour être utilisés pendant au moins un an dans le processus de production (les machines). • Fournitures et services : produits industriels qui n'entrent pas dans la composition du produit fini (les fournitures d'exploitation comme les crayons, le papier machine, etc.).

2. LES NIVEAUX DU PRODUIT ET LA DIFFÉRENCIATION

a) Les niveaux du produit

Un produit se définit et s'analyse au regard de trois éléments (voir figure 18.1).

- Au cœur de la définition d'un produit, et avant même sa matérialisation, on s'interroge sur l'avantage essentiel qu'il doit procurer. C'est le niveau que l'on appelle **avantage intrinsèque**. On répond à la question : « Qu'est-ce que les clients achètent ? ». À cette question, on peut répondre par exemple « une solution pour perdre du poids ».
- À un avantage intrinsèque peuvent correspondre plusieurs types de **produits génériques** qui diffèrent de par leurs caractéristiques. Ainsi, pour perdre du poids, on peut proposer aussi bien des solutions médicamenteuses, des plats préparés allégés, des substituts alimentaires ou encore un programme de remise en forme physique (sport).
- Il arrive souvent que les produits génériques soient insuffisamment différenciés ou qu'ils ne permettent pas de répondre parfaitement aux besoins des clients. Le troisième niveau de produit qui inclut l'ensemble des services commercialisés avec le produit est appelé **produit global**. Dans notre exemple, il pourrait s'agir d'un coaching personnalisé pour faciliter la perte de poids en sus du produit vendu.

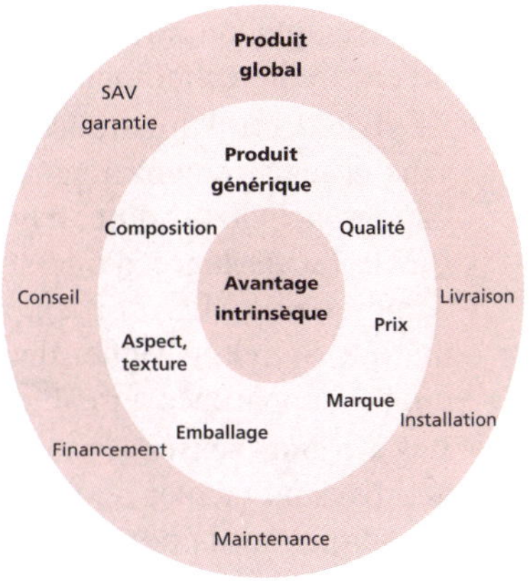

Figure 18.1 – Les niveaux du produit

b) La différenciation des produits

Mis à part certains cas particuliers de produits dits ***me-too*** se différenciant uniquement par leur prix, les produits cherchent à se différencier de la concurrence. La différenciation peut se situer tant au niveau du produit générique que du produit global, à condition que l'offre proposée soit une « solution » à ce que recherchent les acheteurs en termes d'avantages intrinsèques. C'est ce qui permet de différencier même des produits intrinsèquement peu différenciés appelés **commodités** (le sel, l'électricité, l'acier…).

Pour proposer une différenciation qui réponde au mieux aux attentes de leurs clients, les entreprises doivent analyser au plus près les étapes de leur processus d'achat de façon à identifier des attentes non assouvies et à proposer les réponses appropriées. Par exemple, H & M s'est rendu compte que faire la queue aux cabines d'essayage constituait un frein pour ses clients. Elle a donc décidé d'assouplir ses modalités de remboursement permettant aux gens d'essayer les vêtements chez eux et d'obtenir si nécessaire un remboursement total. Habitat, partant du constat que l'un des freins à l'achat de nouveaux meubles est leur transport depuis le point de vente jusqu'au domicile, propose des livraisons gratuites et rapides. Un dernier exemple : Amora constate que le conditionnement en verre des bouteilles de Ketchup Heinz, leader historique sur le marché, n'est pas pratique pour les consommateurs (le produit s'écoule difficilement, le ketchup sèche sur les bords du goulot formant une pâte peu alléchante). Amora commercialise donc un ketchup conditionné dans des bouteilles en plastique plus faciles d'utilisation et ravit pour quelques mois la place de leader sur le marché français, Heinz ne reprend sa position qu'en lançant également un ketchup conditionné dans une bouteille en plastique. Cet exemple nous montre aussi que pour être durable, un critère de différenciation ne doit pas être **imitable**.

3. LES COMPOSANTES DU PRODUIT

Le produit communique sa spécificité au moyen des composantes qui le caractérisent : des attributs, un nom et une marque (fiche n° 16), un conditionnement et une étiquette et, enfin, des exigences de qualité. Nous insisterons plus particulièrement sur trois composantes du produit : ses attributs, son conditionnement et les garanties de qualité du produit.

a) Les attributs du produit

- Les **caractéristiques physiques** du produit sont les éléments qui permettent de le décrire. Par exemple, on caractérise généralement un écran de télévision par sa taille, son épaisseur ou encore la technologie qu'il offre (LCD, plasma, tube cathodique).
- Le **style** décrit l'apparence extérieure du produit et contribue à capter l'attention du client sans nécessairement augmenter la fonctionnalité du produit. Le **design** ne se limite pas à l'apparence du produit : il en facilite l'utilisation et la rend plus agréable. Le design est parfois le fer de lance d'une stratégie de différenciation, comme c'est le cas d'Apple qui se démarque de Microsoft en proposant des ordinateurs plus stylés et plus ergonomiques. La marque Starck, designer de biens de consommation courante, offre bien plus que des produits à l'apparence agréable : ce sont aussi des produits plus fonctionnels.
- Les **attributs sensoriels** sont l'ensemble des caractéristiques visuelles, olfactives, gustatives auditives ou tactiles du produit/service. Les constructeurs automobiles travaillent avec soin le son que fait la portière d'une voiture en se refermant. Les marques de chips essaient de reproduire avec leur packaging le son que font les chips quand on les croque. Certaines marques ont même fait des attributs sensoriels le cœur de leur différenciation, comme par exemple le chocolat Crunch ou encore l'enseigne Nature & Découvertes.

b) Le conditionnement ou packaging

Le packaging est l'emballage du produit, qu'il s'agisse du contenant de chaque unité de consommation (le pot de yaourt), du sur-emballage regroupant plusieurs unités de consommation en une unité de vente (le carton formant un pack de plusieurs yaourts) ou encore de l'emballage d'expédition (caisses, palettes…).

1. Le packaging remplit des **fonctions techniques** :

- Protection et conservation du produit.
- Manutention et transport, tant par le distributeur que par le consommateur. La forme du packaging est pensée de façon à optimiser l'espace dans les containers, dans les entrepôts ou encore dans les linéaires. Le packaging doit aussi permettre au consommateur de transporter le produit facilement jusqu'à chez lui et de le stocker sans désagrément.
- Commodité d'utilisation.
- Protection de l'environnement.

2. On dit souvent du packaging qu'il est un vendeur muet. Dans la vente en libre-service, les consommateurs sont exposés à 250 produits à la minute, ce qui fait du packaging un élément clef de la décision d'achat. Au-delà de ses fonctions techniques, le packaging doit donc remplir aussi des **fonctions marketing** :

- Le packaging doit faciliter la **reconnaissance** de la marque par les consommateurs. Les couleurs du packaging des marques Milka ou Kodak sont reconnaissables de loin.
- Le packaging doit communiquer le **positionnement** du produit. Les bouteilles d'eau Vittel ont pendant longtemps eu une forme rectangulaire caractéristique et qui permettait à la marque d'être facilement repérée dans son linéaire. Le principal problème était que la bouteille rectangulaire traduisait des valeurs de virilité, de sportivité et de puissance qui devenaient incompatibles avec une société orientée vers la recherche de plaisir et de douceur.

Le packaging Vittel était donc perçu comme vieillot, ce qui a conduit Vittel à modifier son packaging pour moderniser sa marque. Le nouveau packaging a une forme plus ronde (et donc plus féminine) mais des flèches orientées vers le haut traduisent les valeurs de vitalité au cœur de l'image de marque. Le bouchon et l'étiquette sont de couleur rouge pour exprimer le dynamisme de la marque et insister sur la notion d'énergie. La bande rouge verticale rappelle la bouteille d'origine et symbolise la rationalité de Vittel.

- Le packaging doit **inciter à l'achat**. Quatre critères sont généralement utilisés par les consommateurs pour évaluer un packaging : *1)* l'esthétique, *2)* la crédibilité, *3)* l'originalité et *4)* la substantialité (le fait de croire que le conditionnement contient une grande quantité de produit). Henkel mise sur l'esthétique avec son produit Mir Degraiss Boy au packaging ludique et qui répond au constat que 50 % des consommateurs cachent le produit vaisselle le jugeant trop peu esthétique pour être exposé dans la cuisine. Barilla joue la carte de la crédibilité avec un conditionnement à fenêtre qui permet de visualiser le produit. Badoit Rouge avance son originalité avec un conditionnement rouge dans une catégorie de produits largement dominée par le bleu et le vert.
- Le packaging doit **informer** le consommateur (voir Focus).

c) Les garanties de qualité

Un produit est dit de bonne qualité si ses performances perdurent pendant une durée minimale acceptable conformément aux attentes des consommateurs. La qualité est une notion relative, elle dépend de la satisfaction que l'on retire lors de la consommation du produit qui est propre à chaque individu. On distingue donc la **qualité réelle** du produit de la **qualité perçue**. Plusieurs pratiques managériales se sont développées pour garantir la qualité des produits, comme par exemple les services de garantie, les labels (ex. : le label « Élu produit de l'année »), ainsi que les mentions apposées au produit (satisfait ou remboursé). Les garanties de qualité jouent deux rôles importants.

- Elles réduisent le risque perçu lié à l'achat et à la consommation du produit. Ce risque est d'autant plus important que la marque est peu connue et que le consommateur est peu expert. Par exemple, les labels et les distinctions sont des critères de choix déterminants lors de l'achat de vin par des consommateurs non experts.
- Elles légitiment une politique de prix plus élevée que les concurrents.

Focus

Les contraintes légales de l'étiquetage pour les produits alimentaires

L'étiquetage doit être conforme avec la réglementation de la Direction générale de la concurrence, de la consommation et de la répression des fraudes (DGCCRF). L'étiquetage doit renseigner objectivement le consommateur et ne doit pas être de nature à induire en erreur. Les informations qui figurent sur un packaging sont les suivantes : *1)* la marque commerciale (cette mention n'est pas obligatoire) ; *2)* la dénomination de vente (ex. : produit lacté) ; *3)* la composition du produit (la liste des ingrédients doit figurer par ordre décroissant d'importance) ; *4)* la date de durabilité (« à consommer de préférence avant » ou « à consommer jusqu'à », la date de fabrication ou de conditionnement n'est pas obligatoire) ; *5)* le nom et l'adresse d'un responsable ; *6)* l'identification de l'emballeur ; *7)* la quantité nette ; *8)* le numéro du lot de fabrication ; *9)* l'origine (cette mention n'est obligatoire que si son omission est de nature à induire en erreur) ; *10)* le mode d'emploi et les précautions d'emploi (ces mentions ne sont obligatoires que si leur omission est de nature à perturber l'utilisation du produit) ; et, enfin, *11)* d'autres mentions obligatoires éventuelles liées à la catégorie de produits (ex. : la mention « pour votre santé, attention à l'abus d'alcool »).

19 Les caractéristiques des services

Point clef

Un service est une activité ou une prestation soumise à l'échange mais qui ne donne pas lieu à un transfert de propriété. Contrairement à un bien tangible, les services présentent quatre caractéristiques majeures qui ont une influence sur les actions marketing mises en place pour les promouvoir : l'intangibilité, l'indivisibilité, l'hétérogénéité, et la périssabilité.

1. L'IMPORTANCE DES ACTIVITÉS DE SERVICE

En tant que consommateur, nous consommons au quotidien des services. Avoir de l'eau chaude, prendre son bus, bénéficier de cours dans une université, aller chez le coiffeur, utiliser les ressources d'une médiathèque sont des exemples de la diversité des activités de service consommées au niveau individuel. Ces activités de service peuvent être délivrées aussi bien par le secteur public (ex. : écoles, hôpitaux), par le secteur privé (ex. : entreprises de conseil, tour-opérateurs, banques, assurances), que par le secteur associatif (ex. : festivals, associations humanitaires comme Les Restos du cœur). Cette diversité a pour conséquence une multitude de typologies des activités de service, comme le montre le tableau 19.1.

Tableau 19.1 – Typologies des activités de service

Critères de classification	Types de service associés	Exemples
Degré d'association à un produit physique	Fortement associé à un support physique.	Location de voiture.
	Faiblement associé à un support physique.	Service financier.
Type de cible	Particuliers.	Femme de ménage.
	Entreprises.	Nettoyage industriel.
Bénéficiaire et nature du service	Prestation concernant une personne/processus physique.	Transport.
	Prestation concernant une personne/processus immatériel.	Service de météo.
	Prestation concernant un objet/processus physique.	Réparation, jardinage.
	Prestation concernant un objet/processus immatériel.	Cabinet comptable.
Degré de centralité dans la prestation de service	Service de base : vocation de l'entreprise de service.	Transport aérien de voyageurs.
	Services périphériques facilitateurs : facilitent la prestation de services de base.	Réservation, enregistrement des bagages...
	Services périphériques différentiateurs : services complémentaires constituant un plus pour la cible.	Repas à bord, mise à disposition de journaux, salles d'attente, choix du siège en ligne...

Aujourd'hui, les activités de services dominent l'économie française. En 2007, les activités tertiaires marchandes (ex. : service aux entreprises, service aux particuliers) et non marchandes (ex. : éducation, santé, action sociale) représentent près de 75 % des emplois en France.

Les seuls services marchands contribuent à plus de 35 % de la valeur ajoutée de l'ensemble des activités économiques (contre 31 % en 1990 et 25 % en 1960). Les ménages consacrent une part croissante de leurs dépenses en consommation de services marchands : près de 36 % en valeur en 2007, contre moins de 28 % en 1990, et 18 % au début des années 60 (*source :* Comptes nationaux Insee, 2008).

2. LES SPÉCIFICITÉS DES SERVICES

a) L'intangibilité des services

Même si un service est souvent accompagné d'éléments matériels tangibles (le lit, les accessoires de bains qui accompagnent l'achat d'une nuit d'hôtel), les résultats ou l'*output* sont quant à eux intangibles, c'est-à-dire qu'on ne peut ni voir, ni toucher, ni entendre, ni goûter un service avant de l'avoir acheté. On peut toutefois en avoir un aperçu à travers une bande annonce, un extrait, un essai gratuit par exemple. Les services délivrent donc une prestation et les bénéfices clients proviennent de son évaluation. Pour rendre tangible cette prestation de service et faciliter son évaluation par le consommateur, le prestataire dispose de plusieurs moyens d'action. Il peut agir sur :

- Les **locaux**. Les lieux de consommation du service sont particulièrement étudiés afin d'influencer la perception des clients. Lorsque l'on s'abonne à une salle de sport par exemple, on s'attache à examiner sa taille, la propreté des locaux comme des vestiaires, la musique proposée ou encore l'ambiance afin de se faire une idée plus précise du service proposé.
- Le **personnel en contact**. La serviabilité du personnel ou encore sa tenue vestimentaire contribuent à développer une image plus précise du service en question.
- L'**équipement**. Pour poursuivre l'exemple de la salle de sport, l'équipement en machines modernes, diversifiées et à la pointe de la technologie sont des éléments tangibles valorisés lors de l'évaluation du service.
- La **communication**. À travers la diffusion de brochures, d'annonces publicitaires ou encore de prospectus, le prestataire de service livre une image de celui-ci.
- Les **tarifs en vigueur**. Les prix appliqués doivent être clairement communiqués au consommateur et ils contribuent à la formation de l'image de marque du service.

b) L'indivisibilité des services

Un service est consommé en même temps qu'il est produit. De par sa présence et sa participation, le consommateur contribue à la création du service. Par exemple, pour pouvoir utiliser les laveries automatiques, le consommateur doit placer son linge dans la machine et l'actionner ; pour obtenir une nouvelle coupe de cheveux, le consommateur doit se tenir tranquille pour que le coiffeur puisse réaliser son œuvre. Si le consommateur commet des erreurs (ne pas choisir le bon programme de linge ou ne cesser de gigoter pendant la coupe), la qualité du service en est affectée.

c) L'hétérogénéité des services

Une prestation de service n'est jamais identique à une autre et varie en fonction de plusieurs facteurs.

- La qualité d'un service dépend de son contexte de production : au sein d'une même chaîne de restaurant, l'accueil peut être différent d'un établissement à un autre, d'un jour à un autre, ou d'un employé à un autre. Pour limiter l'hétérogénéité des services et améliorer la qualité perçue, la mise en place d'une **politique interne** stimulante et responsabilisante constitue un facteur clef de succès. La réussite de la transaction entre l'entreprise de service et ses clients reposant en grande partie sur le personnel en contact, celui-ci doit être considéré comme un « client interne » et faire l'objet d'une politique marketing appropriée qui se traduit par des actions en termes de formation, de reconnaissance, de rémunération, etc.

- La qualité de service varie aussi en fonction des autres clients présents simultanément dans le lieu où le service est délivré (entendre un client se plaindre à une table voisine au restaurant ou, au contraire, entendre des applaudissements nourris lors d'un concert).
- Elle varie en fonction du bénéficiaire de la prestation lui même, dont l'humeur, le degré d'exigence ou la capacité à utiliser les supports du service varient.

Établir des standards de qualité pour une prestation de service constitue donc une mission délicate.

d) La périssabilité

Un service ne peut être stocké, il est donc périssable. Tout billet d'avion non vendu, toute place de cinéma non écoulée, constituent une perte pour le prestataire de service. L'enjeu est donc de synchroniser l'offre de service et la demande : c'est l'objet du ***yield management***. Les pratiques de *yield management* conduisent le plus souvent à faire varier les prix pour lisser ou stimuler la demande : *1)* commercialiser au dernier moment des places non vendues à un prix avantageux (stratégie employée pour la promotion des billets d'avion) ou *2)* proposer de façon systématique des tarifs avantageux pendant les heures creuses afin de lisser la demande tout au long de la journée ou de l'année (les prix des places de cinéma sont moins élevés en matinée qu'en soirée ou le week-end). Pour une illustration de la pratique du *yield management* au sein d'une régie publicitaire, voir L'Œil du professionnel.

3. LA GESTION DE LA QUALITÉ DE SERVICE

Par définition, les prestations de service sont **hétérogènes**. Par conséquent, il est difficile pour une entreprise de service de garantir un niveau de qualité constant. Des procédures peuvent toutefois être mises en place pour optimiser le niveau de qualité :

1. Les prestataires de service doivent dans un premier temps comprendre quels sont les facteurs qui déterminent la satisfaction des clients. La connaissance des sources de satisfaction et d'insatisfaction peut être acquise grâce à l'administration de questionnaires de satisfaction auprès de la cible. Tous les éléments du service n'ont pas la même importance aux yeux des consommateurs. La matrice du modèle Tétraclasse (Llosa, 1997) permet de distinguer quatre types de facteurs.

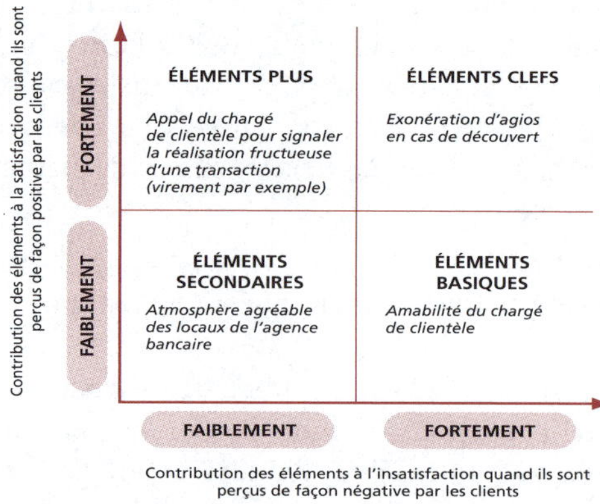

Figure 19.1 – Le modèle Tétraclasse

- Les **éléments Plus** contribuent fortement à la satisfaction quand ils sont évalués de façon positive alors qu'une évaluation négative de leur performance ne cause pas d'insatisfaction (ex. : choix et diversité des menus proposés par une compagnie aérienne).
- Les **éléments Basiques** sont des éléments du service considérés comme acquis par les clients. Quand ils sont évalués de façon négative, ils contribuent fortement à l'insatisfaction du client. Quand ils sont évalués de façon positive, ils contribuent faiblement à la satisfaction du client (ex. : respect des horaires par une compagnie aérienne).
- Les **éléments Clefs** sont des éléments essentiels pour satisfaire le client. Ils contribuent toujours fortement à la satisfaction – ou l'insatisfaction – du client quand ils sont évalués de façon positive – ou négative – (ex. : traitement des problèmes liés à la perte d'un bagage par une compagnie aérienne).
- Les **éléments Secondaires** ont peu d'influence tant sur la satisfaction que sur l'insatisfaction du client (ex. : décoration de la salle d'embarquement).

2. Les prestataires de service doivent établir des procédures à respecter tout au long du processus de service afin que la prestation s'écarte le moins possible des attentes de la cible.
3. Le niveau de qualité du service doit être communiqué au travers des éléments tangibles liés aux personnes, aux locaux, aux équipements, aux communications et aux prix. Cet aspect devient chaque jour d'autant plus important qu'Internet permet aux consommateurs d'accéder aux évaluations réalisées par d'autres consommateurs ayant utilisé le service considéré.
4. Même si l'entreprise se fixe de très hauts standards de qualité, il est impossible d'éliminer tous les problèmes. C'est pour cette raison que les entreprises de service doivent être capables de montrer à leurs clients qu'elles savent réparer leurs erreurs. La réparation d'une erreur peut même faire d'un client insatisfait, un client encore plus satisfait.

L'Œil du professionnel

Un responsable du *yield management* chez TF1 Publicité

La politique tarifaire de l'espace publicitaire sur les chaînes de télévision relève du *yield management* du fait d'un contexte particulier :

- L'espace publicitaire ne peut être stocké. Tout espace non vendu est perdu.
- Le temps légalement alloué à la publicité est limité à 12 minutes par heure.
- Il existe des périodes creuses (*day time*) et des périodes de pointe (*prime time*).
- La demande est élevée en période de pointe (supérieure à l'offre) et faible en période creuse (inférieure à l'offre).

Pour être en mesure de mieux répondre à la demande d'espace publicitaire en période de pointe et pour remplir les écrans publicitaires parfois délaissés des annonceurs en période creuse, les tarifs sont modulés. Ils sont élevés en prime (allant jusqu'à 90 000 € pour un spot de 30 secondes sur TF1) et faibles en période creuse (descendant jusqu'à 600 €). Par ailleurs, une tarification avantageuse sur les écrans du prime est mise en place pour les annonceurs qui réserveraient aussi de l'espace en période creuse. Ceci les incite à acheter de l'espace en période creuse pour bénéficier de tarifs plus avantageux en période de pointe.

20 La gestion de la gamme et le cycle de vie du produit

Point clef

Une gamme de produits est un ensemble homogène de produits commercialisés le plus souvent sous un même nom de marque : la marque-gamme (fiche n° 17). La gestion de la gamme implique des décisions relatives à la longueur et à la largeur de celle-ci. Cette gestion dépend du cycle de vie du produit.

1. LA GAMME DE PRODUITS

a) Les caractéristiques des gammes

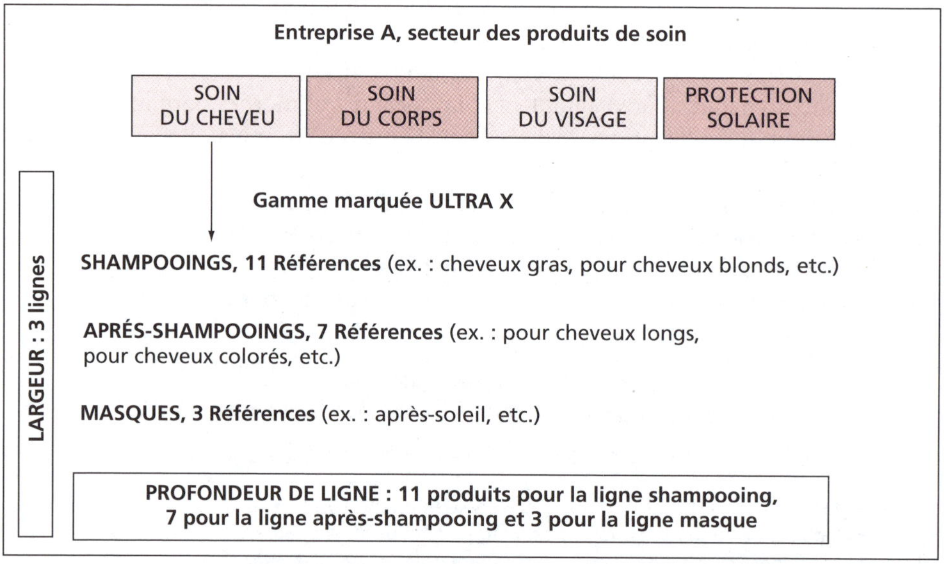

Figure 20.1 – Largeur de gamme et profondeur de ligne

Une gamme de produits se divise en lignes, c'est-à-dire en ensembles de produits ayant la même fonction mais offrant des options ou services différents. Une gamme se caractérise par trois dimensions :

- La largeur de gamme, le nombre de lignes que comprend la gamme.
- La profondeur de la ligne, le nombre de produits distincts par ligne.
- La longueur ou l'étendue de la gamme, le nombre total de produits de la gamme.

b) La longueur de la gamme

Les gammes ont tendance à s'étendre à mesure que le produit avance dans son cycle de vie (voir section 2) du fait de l'adjonction de nouvelles références au sein de la gamme (extension ou consolidation de gamme). Le choix de la longueur de la gamme dépend d'un arbitrage entre les avantages et les inconvénients inhérents à une gamme courte *vs*. une gamme longue. Ces avantages et inconvénients sont recensés dans le tableau 20.1.

Tableau 20.1 – Les avantages et les inconvénients d'une gamme courte *vs.* gamme longue

	Avantages	Inconvénients
Gamme courte	• Pas de dispersion des efforts et meilleure connaissance du/ou des segments ciblés. • Gestion simplifiée des stocks. • Meilleure marge d'exploitation (concentration sur un segment à haut revenu ou économies d'échelle importantes obtenues par une production de masse). • Moins d'efforts nécessaires auprès des distributeurs pour obtenir le référencement de la gamme.	• Risques financiers plus importants pour l'entreprise en cas d'échec d'un produit de la gamme – plus forte dépendance à un segment de marché. • Moindre visibilité dans les points de vente du fait d'une part de linéaire moins importante que les produits concurrents commercialisant une gamme longue. • Risque d'infidélité plus important car tous les besoins ne sont pas couverts. • Manque à gagner lié au fait que tout le marché n'est pas couvert.
Gamme longue	• Satisfaction d'un grand nombre de segments de clientèle. • Risque financier plus faible en cas de mévente d'un produit de la gamme. • Obtention d'une plus grande part de linéaire sur le point de vente.	• Gestion plus lourde de la gamme (production, logistique, stocks). • Accroissement des coûts de production et de distribution. • Risque de confusion chez le consommateur qui ne comprend plus les particularités de chacune des références de la gamme. • Risque de cannibalisation avec les autres produits de la gamme.

c) L'équilibre de la gamme

Les gammes doivent être équilibrées. On analyse pour chaque produit de la gamme sa contribution au chiffre d'affaires et on met en relation la rentabilité du produit avec la phase de son cycle de vie. Une gamme équilibrée est une gamme dans laquelle les produits les plus générateurs de chiffre d'affaires (souvent en phase de maturité) sont en mesure d'être renouvelés par des produits prometteurs en début de cycle de vie.

Outre la contribution au chiffre d'affaires, la décision de conserver ou d'écarter un produit dépend du rôle que celui-ci joue au sein de la gamme. On distingue principalement :

- Les **produits leaders**, qui sont ceux qui contribuent le plus au chiffre d'affaires de la gamme.
- Les **produits d'avenir**, qui sont ceux qui sont amenés un jour à remplacer les produits leaders.
- Les **produits d'appel**, qui permettent d'attirer des clients dans l'espoir de les faire monter en gamme.
- Les **produits tactiques**, qui existent pour gêner la concurrence, pour asseoir la légitimité de la gamme ou pour d'autres raisons stratégiques ou politiques.

2. LE CYCLE DE VIE DU PRODUIT

a) Les étapes du cycle de vie du produit

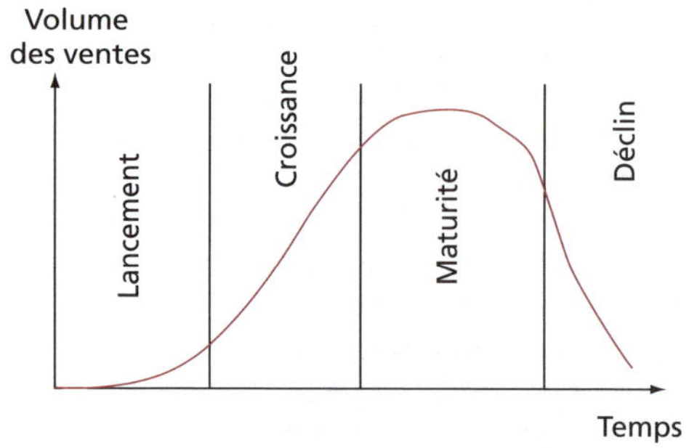

Figure 20.2 – le cycle de vie du produit

Quatre étapes sont généralement retenues pour rendre compte de l'histoire commerciale d'un produit (le lancement ou introduction, la croissance, la maturité et le déclin). La délimitation des différentes étapes repose sur l'évolution des ventes et des profits générés par le produit.

Le cycle de vie est un outil qui est adapté aussi bien à l'analyse externe d'un marché qu'à l'analyse interne d'une gamme de produit.

1. La phase de **lancement** correspond à la phase d'introduction du produit sur le marché. La croissance du chiffre d'affaires est peu importante en raison d'une demande encore souvent confidentielle. Le niveau de production étant restreint, les coûts fixes de production ne sont pas absorbés. De plus, les coûts de lancement élevés et non compensés par le volume d'activité entraînent des bénéfices souvent négatifs. Par exemple, la compagnie d'aviation *low cost* Easy Jet a été lancée en 1995 mais n'a atteint l'équilibre qu'en 1997, le temps pour elle d'élargir sa clientèle et de rentabiliser ses investissements.
2. Les produits qui survivent à la phase difficile de lancement entrent dans une phase de **croissance** marquée par la diffusion progressive du produit sur le marché. Le chiffre d'affaires ainsi que les bénéfices se développent de manière substantielle. Néanmoins, attirés par les perspectives de réussite, des concurrents plus nombreux pénètrent le marché. Sur le marché du transport aérien *low cost*, Ryanair et Easy Jet ont ouvert la marche en bénéficiant en 1997 de la libéralisation du ciel européen. Depuis, de nombreuses compagnies *low cost* ont vu le jour (ex. : Skyeurope, Clickair, L'Avion…).
3. Lors de la phase de **maturité**, la croissance s'essouffle et atteint saturation. Sur le marché des biens durables, le marché d'acheteurs potentiels a été satisfait et seule une demande de remplacement offre des possibilités de croissance. Le bénéfice atteint son niveau maximal et commence même à décliner en raison de la gestion d'une gamme large et coûteuse et des investissements réalisés dans le but de maintenir le produit sur le marché. La pression des concurrents devient d'autant plus forte que les concurrents n'ont pas eu à subir les coûts de démarrage et peuvent parfois offrir des prix plus attractifs.
4. Lors du **déclin**, le produit vieillit et ses ventes déclinent tout comme ses bénéfices. De nouveaux produits plus adaptés aux attentes des consommateurs apparaissent sur le marché. Le produit en phase de déclin est condamné soit à disparaître soit à se reconvertir.

Pour conclure, il serait erroné de croire que tous les produits ont un cycle de vie qui s'apparente à cette courbe. Certains produits ont une phase de maturité très longue et parviennent grâce à un marketing performant à ne pas entrer en phase de déclin. C'est le cas de Coca-Cola, par exemple, qui est une marque qui sait se renouveler et conserver l'attrait qu'elle exerce auprès de ses clients. D'autres produits ont un cycle de vie très court comme c'est le cas aujourd'hui sur le marché des téléphones portables. D'autres encore connaissent une nouvelle phase de croissance après une phase de déclin comme dans le secteur de la mode avec des styles ou des marques (ex. : Converse) qui reviennent régulièrement au goût du jour.

Il devient donc difficile de déterminer le cycle de vie d'un produit. Il dépend du produit lui-même, du marché et reste tributaire des actions et des investissements marketing qui sont réalisés.

b) Un marketing mix qui doit être adapté à chaque phase du cycle de vie

À chaque étape correspondent des choix stratégiques privilégiés. Ces choix stratégiques portent sur les quatre éléments du mix marketing que sont le produit, le prix, la communication et la distribution.

Tableau 20.2 – Les choix marketing en fonction des étapes du cycle de vie

	Choix marketing stratégiques
Lancement	• Une gamme simplifiée voire mono-produit. • Des prix souvent élevés pour amortir les coûts de lancement et de communication ou, au contraire, des prix faibles pour accélérer la diffusion du produit. • Des investissements élevés en communication pour faire connaître le produit auprès d'une clientèle réceptive aux innovations. • Une distribution sélective et des coûts de référencement élevés.
Croissance	• Élargissement progressif de la gamme. • Maintien ou diminution du prix pour favoriser la pénétration du produit. • Communication visant à renforcer la préférence de marque et à soutenir les nouveaux produits de la gamme. • Distribution intensive pour faire face à une forte croissance de la demande.
Maturité	• Modifications du produit en vue de l'améliorer et de le moderniser. • Maintien ou réduction des prix. • Communication de fidélisation et de différenciation par rapport aux concurrents. • Distribution intensive.
Déclin	• Réduction de la taille de la gamme voire retrait progressif du marché. • Baisse des prix. • Promotions d'écoulement et publicité réduite. • Distribution sélective.

L'Œil du professionnel

Pierre Bastien, chef de projet chez Roland Berger Strategy Consultants

Le cycle de vie du produit dans le secteur automobile

- Le secteur automobile fournit une bonne illustration du cycle de vie du produit. Prenons l'exemple de la Peugeot 407 lancée en 2004.
- **Lancement** de la berline 407 en 2004, avec une **gamme réduite** (pas de break, pas de coupé, pas de V6...) pour roder l'équipement industriel avant d'accroître la complexité avec plusieurs variantes. Pour les clients souhaitant acquérir « la nouveauté 407 », Peugeot accorde des marges de négociation tarifaires limitées.
- En 2005-2007, la 407, en phase de **croissance, étend** progressivement **sa gamme** (lancement du break, du coupé, développement de nouvelles motorisations, multiplication des niveaux de finition...) pour accompagner la croissance de la demande en touchant de nouvelles cibles de clients. Les marges de négociation tarifaire restent limitées.
- Arrivée à **maturité** en 2008, la Peugeot 407 est **restylée** (nouvelles optiques...) par Peugeot qui améliore également le niveau des équipements de série. Ces deux actions visent à maintenir le volume des ventes sans investissement lourd avant le renouvellement du modèle en 2010.
- Dès 2009, le **déclin** des ventes de la Peugeot 407 s'accélère. Cette phase du cycle de vie devrait coïncider avec une **simplification progressive de la gamme** (suppression de motorisations et d'options, simplification des niveaux de finition...) et une communication principalement promotionnelle (séries spéciales, offres de reprise...) dans le but de ralentir la baisse des ventes. La simplification de la gamme permet à Peugeot de préparer l'arrivée de la berline 408 dont le lancement est prévu en 2010. En attendant l'élargissement de la gamme 408, Peugeot continuera à commercialiser son break et son coupé 407.

21 L'innovation

Point clef

Dans un contexte de concurrence exacerbée et de demande continuelle de renouveau des produits de la part des consommateurs, l'innovation est une nécessité. La célèbre marque de barre chocolatée Mars qui proposait depuis 1951 le même packaging et la même recette en a fait l'expérience. Ses ventes baissaient de 6 % en moyenne depuis plusieurs années jusqu'à ce que ce que la marque réagisse et modifie sa recette et son packaging en 2007.

1. L'INNOVATION : DÉFINITION

a) Pourquoi innover ?

Les principales raisons qui poussent à l'innovation sont les suivantes.

- Les innovations sont un moyen efficace pour relancer la demande sur des marchés saturés. Dans des marchés où le taux d'équipement des foyers frôle les 100 % (ex. : 98 % sur le marché de l'aspirateur), comment pousser au renouvellement si ce n'est au moyen d'innovations (aspirateurs sans sac, sans fil) ? Les innovations permettent donc d'assurer le développement voire la pérennité des entreprises.
- L'innovation nourrit l'image de la marque et conduit ainsi au renouvellement et à la fidélisation de la clientèle.
- L'innovation permet d'équilibrer la gamme en assurant le renouvellement des produits arrivés en phase de maturité.

b) Les types d'innovation

Traditionnellement, on distingue trois catégories de nouveaux produits selon leur degré d'innovation :

- Les **innovations de continuité** reposent sur un degré d'innovation limité et s'expriment le plus souvent par la mise sur le marché de variantes des produits déjà existants. Le lancement du Coca-Cola Zéro peut être considéré comme une innovation de continuité par rapport au Coca-Cola Light.
- Les **innovations de semi-continuité** correspondent à des produits perçus comme novateurs par le marché mais s'inscrivant dans les normes de consommation actuelles. C'est le cas du Wifi qui a remplacé les connexions Internet par câble.
- Les **innovations de discontinuité** (ou **innovations de rupture**) remettent en cause les repères des consommateurs en modifiant radicalement leurs habitudes de consommation (ex. : les premiers téléphones portables, le four à micro-ondes). La vente en ligne de livres développée par Amazon.com en 1995 a été perçue comme une véritable révolution car Internet était considéré comme peu adapté à la vente de livres caractérisée par le besoin de feuilleter l'ouvrage et de demander conseil au libraire avant l'achat.

L'entreprise qui met au point un nouveau produit doit être en mesure d'identifier le degré d'innovation de ce produit ainsi que les freins associés à son adoption par les consommateurs. Plus le degré d'innovation du produit est important, plus le risque d'échec est élevé.

c) Le processus d'innovation

Le développement d'une innovation suit généralement plusieurs étapes qui peuvent être menées en parallèle.

1. La recherche ou l'émergence de nouvelles **idées** : les idées peuvent émerger spontanément (des clients, des employés, des distributeurs, des concurrents…) ou faire l'objet d'une recherche systématique. Dans ce dernier cas, on utilise des méthodes de créativité, dont la plus connue est le **brainstorming** (voir Focus). Les nouvelles idées sont analysées au regard des objectifs et des ressources de l'entreprise. Elles peuvent être confiées au département recherche et développement dans le but que celui-ci confirme ou non leur faisabilité.
2. Le **développement et le test de concepts** : les idées doivent être traduites en concepts, c'est-à-dire sous l'angle des avantages que les consommateurs potentiels pourraient en tirer. Les concepts font l'objet de tests auprès des consommateurs de façon à valider l'existence d'un besoin, à estimer la valeur perçue de l'innovation ainsi que les intentions d'achat.
3. L'élaboration d'une **stratégie marketing** pour le nouveau produit et la fixation des objectifs en termes de chiffre d'affaires, de taux de pénétration, de rentabilisation des investissements ou encore de parts de marché.
4. Les **tests de marché** : une fois le produit au point (sous forme de prototype ou dans sa version définitive), il est nécessaire de le tester dans des conditions les plus proches possibles de la réalité. Selon ce que l'on cherche à tester, la méthodologie de test devra être adaptée. Par exemple, pour tester la qualité d'un jeu vidéo, on invitera des joueurs plus ou moins experts à venir expérimenter le jeu. Pour évaluer les ventes d'un produit de grande consommation, on pourra réaliser un lancement dans une zone test afin d'apprécier l'adoption du nouveau produit avant son lancement national.
5. Le **lancement** de l'innovation nécessite au préalable d'opérationnaliser la stratégie au travers de décisions relatives au marketing mix. Un plan marketing est alors élaboré dans le but de planifier les échéances et de contrôler la réalisation des objectifs (fiche n° 15).

2. LES RISQUES ET LES CONDITIONS DE SUCCÈS DES INNOVATIONS

a) Les raisons des échecs des innovations

L'innovation est risquée et les exemples d'échecs sont nombreux (voir Encadré 21.1). Les raisons qui expliquent l'échec d'un nouveau produit sont multiples.

- Les études de marché préalables ont été mal analysées, conduisant à une surestimation du marché.
- Le positionnement est inadapté : la Kronenbourg K, une marque de bière légère destinée aux femmes, a été boudée par celles-ci qui jugeaient ce produit trop léger ; tant qu'à consommer de la bière, il fallait que ce soit de la « vraie bière ».
- Certaines caractéristiques du produit laissent à désirer (ex. : le packaging ou la composition) et/ou le bénéfice produit mis en avant n'est pas crédible. L'échec du yaourt Essensis de Danone s'explique d'une part par une promesse peu crédible (« Essensis, nourrit votre peau de l'intérieur ») et d'autre part par des caractéristiques produit non adaptées à la cible (le mauvais goût de l'huile de bourrache censée rajeunir est masqué par une plus forte quantité de sucre… faisant grossir !).
- Les moyens attribués au lancement sont insuffisants.
- Le prix de lancement est trop élevé. À son lancement, la Smart a été commercialisée à un prix supérieur à une voiture urbaine quatre places. Les consommateurs l'ont boudée, refusant de payer plus cher pour une voiture offrant moins de possibilités.

- Le produit est rapidement copié. Le célèbre James Dyson, inventeur de l'aspirateur sans sac du même nom, en a fait les frais. Son aspirateur alors très peu commercialisé est copié par le géant Hoover. Une longue bataille judiciaire s'en est suivie, finalement remportée en 1993 par Dyson presque ruiné.

Encadré 20.1 – Les raisons de l'échec de Monéo à ses débuts

Monéo est lancé en pilote à Tours en octobre 1999. Plusieurs chefs de file y participent : Crédit Agricole, BNP, Crédit Mutuel, Crédit Lyonnais, Banques Populaires, CIC et CCF. À partir de fin 2001, les cartes bancaires de paiement sont progressivement renouvelées avec un PME (Porte Monnaie Electronique). Le succès n'a pas été au rendez-vous pour plusieurs raisons.

1. **Le désintérêt des petits commerçants** : Monéo était destiné aux petits commerçants pour faciliter le passage en caisse, éviter la constitution de files d'attente et la manipulation de pièces, ainsi que leur transfert en banque par le commerçant. Les boulangeries, tabacs, kiosques et maisons de la presse étaient donc le cœur de cible. Hélas, l'engouement n'a pas été au rendez-vous car, en 1999-2000, peu de ces petits clients étaient déjà équipés de TPE (terminal de paiement électronique) et refusaient d'investir dans du matériel qui à leur sens, n'aurait permis que de baisser leur rentabilité.

2. **Un manque de lisibilité du produit** : côté porteurs, la lisibilité technique du produit était trop complexe pour être acceptée de tous. Commercialement, Monéo est une option payante. Les banques auraient sans doute dû fournir gratuitement ce produit pour une plus grande efficacité. Monéo a en effet fait les frais d'un manque de présence, que ce soit chez les commerçants ou chez les porteurs.

3. **Un manque d'implication des services publics lors du lancement du produit** : lancé à Tours, Monéo a commencé avec les horodateurs. Cette idée a été bonne, puisque seules les pièces y sont acceptées et que l'on en a pas systématiquement sur soi. Des promotions ont par exemple porté leurs fruits comme à Versailles qui offrait un quart d'heure gratuit de stationnement si le paiement était effectué par Monéo. Mais d'autres services publics ont été occultés au lancement, comme les Crous qui aujourd'hui ont une gestion plus efficace grâce à Monéo.

4. **Un manque de formation à l'égard du produit et lacune du service après-vente** : aucun SAV centralisé, par exemple chez BMS (Billétique Monétique Service, société dédiée à Monéo), n'a été mis en place pour les porteurs. Les agences bancaires devaient donc prendre le relais. Hélas, peu d'agences ont compris ce produit, basé sur une mécanique différente des CB (cartes bancaires), et n'ont pu aider les clients, que ce soit pour promouvoir Monéo ou accompagner son utilisation.

b) Les conditions favorables au succès des innovations

Pour limiter les risques d'échec, plusieurs conditions doivent être respectées.

- Tout d'abord, il s'agit de mettre en place une organisation adéquate et efficace, chargée du développement de l'innovation et de la gestion des différences phases de son élaboration. Décathlon, une entreprise très innovante (ex. : la tente Quechua qui se déplie en deux secondes) a mis en place en 2002 une véritable organisation interne tournée vers la recherche d'innovations sous la houlette d'un directeur de l'innovation. Plusieurs fois par an, des *workshops* de créativité avec les collaborateurs internes sont organisés. Ces ateliers permettent de générer entre 200 et 300 idées qui sont ensuite évaluées, conservées dans une base de données et pour certaines testées en prototypes et commercialisées. Outre ces *workshops*, l'entreprise tente d'insuffler un esprit innovant à tous les niveaux. Ainsi, elle a recruté un *brand innovation manager* pour chaque marque (Quechua, Tribord, Kalenji…) et les 40 000 salariés de l'entreprise sont invités à faire remonter leurs idées. Un prix de l'innovation a même été développé en interne pour récompenser les meilleures idées. Décathlon a même ouvert un magasin laboratoire où les consommateurs peuvent venir tester les différents produits. L'observation qui en résulte permet aux équipes R & D de réajuster les produits.

- Le produit innovant et son marketing mix doivent permettre aux consommateurs de bénéficier d'avantages clairement identifiés.
- Pour finir, il s'agit de bien définir le marché adressé par le produit innovant. Lors de la stratégie de segmentation, un soin particulier devra être apporté à l'identification des segments de population réceptifs à l'innovation afin d'en limiter les risques d'échec. Par exemple, un des facteurs de succès du développement de la Prius, leader aujourd'hui dans le développement de voitures écologiques à moteur hybride, repose sur sa stratégie de ciblage judicieuse. Lors de son lancement en 2001, la population ciblée était celle des précurseurs séduits par l'avancée technologique de la voiture. Une fois cette cible conquise, la marque a redéfini en 2004 une nouvelle stratégie de ciblage pour atteindre une population plus large de consommateurs soucieux de la protection de l'environnement. Cette réorientation a permis à la marque de trouver une nouvelle source de croissance.

D'une façon plus générale, les individus se distinguent en fonction de leur attitude à l'égard de l'innovation :

- Les **innovateurs** et les **précurseurs** sont les premiers à adopter et essayer les nouveaux produits.
- La **majorité devancière** laisse les innovateurs faire les frais d'éventuels défauts du nouveau produit avant de s'y intéresser.
- La **majorité conservatrice** achète le produit une fois que celui-ci a une forte pénétration sur le marché. Il s'agit là du gros du marché.
- Les **retardataires** attendent que l'innovation arrive à maturité avant de l'adopter.

Focus
Le brainstorming

- Le brainstorming est une technique de créativité qui repose sur la **dynamique des groupes** selon laquelle un groupe produit plus d'idées que chacun des membres du groupe n'en produirait de son côté. Être exposé aux idées des autres favorise **l'association d'idées** et accroît la créativité. Le brainstorming nécessite de pratiquer la **dissociation** de deux processus cognitifs habituellement réalisés conjointement : la créativité et le jugement. Dans un groupe de brainstorming, la phase de création précède la phase de jugement.
- En pratique, pour qu'un groupe soit créatif, il doit s'appliquer les quatre règles suivantes.
  - La critique est interdite : aucun jugement de valeur ou de faisabilité ne doit être énoncé durant la phase de production d'idées.
  - L'autocensure est interdite : les idées les plus folles sont les bienvenues, d'autant plus qu'une idée farfelue peut donner naissance à une autre idée réalisable.
  - La quantité est souhaitée : plus le groupe produit d'idées, plus la probabilité de trouver une bonne idée est élevée.
  - Il faut rebondir sur les idées des autres : les participants doivent écouter les idées des autres, les transformer, les améliorer, les combiner entre elles.

22 La fixation des prix

Point clef

Le prix désigne la somme d'argent réclamée en échange d'un produit ou d'un service. Le prix dépend du coût de fabrication de l'offre mais aussi de sa valeur perçue par le marché potentiel. La fixation des prix s'établit en tenant compte des prix pratiqués par les concurrents.

1. L'IMPORTANCE DU PRIX

a) L'importance du prix pour le producteur

Le prix est une variable très importante du mix marketing.

- C'est une variable source de recettes qui conditionne la rentabilité de l'entreprise. Des prix trop faibles ou trop élevés conduisent souvent à un chiffre d'affaires insuffisant.
- C'est une variable flexible qui peut faire l'objet de variations rapides, dont certaines sont temporaires (fiche n° 36). Le prix est souvent une variable d'ajustement qui permet de faire coïncider offre et demande.
- Le prix est au cœur des relations avec les distributeurs. Les distributeurs font pression sur les prix pratiqués par les industriels dans le but de baisser les prix de vente aux consommateurs tout en conservant une marge confortable. Les industriels souhaitent eux aussi préserver leur marge et négocient donc les conditions des distributeurs.
- Le prix est un facteur de différenciation de l'offre et il contribue à la formation de l'image de marque par les consommateurs.

b) L'importance du prix pour le consommateur

Le consommateur accorde beaucoup d'importance aux prix et ceci encore davantage dans un contexte où le pouvoir d'achat est au cœur des préoccupations. L'appréciation du prix par les consommateurs reste toutefois complexe et parfois paradoxale.

- D'un côté, le prix constitue un coût que le consommateur cherche logiquement à réduire. De l'autre côté, le prix est un indicateur de la qualité d'un produit, qualité que le consommateur cherche à optimiser. Le rôle du prix dans l'évaluation de la qualité est particulièrement important dans les situations où le consommateur ne dispose pas d'autres éléments pour se forger une opinion (marques inconnues, faible expertise, pas de conseil). L'achat de vin en libre service relève de cette situation.
- La valeur faciale d'un produit ou d'un service ne suffit pas à rendre compte des comportements des consommateurs. Les consommateurs ont un traitement parfois irrationnel des prix. Ils ne savent pas toujours combien coûte tel ou tel produit et se basent alors sur une zone de prix acceptables : au-delà de cette zone, le produit est trop cher ; en deçà, la qualité du produit est jugée inacceptable. Les consommateurs se laissent aussi facilement influencer par les prix jamais ronds (3,99 €) alors même qu'ils savent que ces prix sont plus proches de l'unité supérieure (4 €) que de l'unité inférieure (3 €).

2. LES MÉTHODES DE FIXATION DE PRIX

La fixation du prix dépend de trois facteurs : les coûts de production, la demande et les concurrents.

a) La fixation des prix à partir des coûts

Le coût de fabrication d'un produit dépend de coûts fixes (qui ne dépendent pas de la quantité produite) et de coûts variables (qui sont tributaires du volume de production). Le **point mort** est le prix minimal auquel il faudrait vendre le produit pour compenser ses coûts de fabrication. Il s'obtient en divisant les coûts fixes et variables par la quantité produite. Le plus souvent, l'entreprise détermine la marge qu'elle souhaite obtenir ; le prix pratiqué est alors obtenu par une équation coûts + marge. L'une des difficultés de ce calcul est qu'il repose sur des conjectures sur les quantités produites (et écoulées). Par ailleurs, cette pratique peut conduire à l'incompréhension ou à la frustration des clients. Par exemple, certaines enseignes de distribution textile pratiquent des prix plus élevés pour leurs gammes de vêtements grande taille à destination des personnes fortes. Celles-ci voient cohabiter dans un même magasin des prix faibles pour les tailles 36 à 44 et plus élevés pour les tailles 46 à 56 ! Cette différence de prix, qui s'explique par des coûts de fabrication plus élevés à mesure que les tailles augmentent, est mal vécue des personnes en surpoids qui se sentent ainsi discriminées. Cet exemple montre que les coûts de production ne peuvent pas être le seul déterminant d'un prix.

b) La fixation des prix à partir de la demande

La méthode de fixation du prix par les coûts ne prend pas en compte la demande. La **valeur perçue** du produit par le client détermine le prix que celui-ci est prêt à payer pour l'acquérir. Par exemple, en offrant chaque année pendant les fêtes une bouteille spéciale sérigraphiée (collection 2009 : bouteille d'Evian signée Jean-Paul Gautier), Evian a bien compris que la valeur perçue de cette bouteille est bien plus importante qu'une bouteille d'eau Evian classique. Ceci explique le prix de 2,99 €, soit huit fois plus cher que le prix d'une bouteille ordinaire. La valeur perçue d'un produit ou d'un service est difficile à estimer car elle résulte d'une multitude de facteurs tels que l'image de marque, le niveau de qualité, les fonctionnalités, la performance, le circuit de distribution, les services associés, etc. Pour fixer les prix en tenant compte de la demande, on s'appuie donc sur des méthodes statistiques, déclaratives ou comportementales.

1. À partir de **données historiques**, on peut estimer une relation statistique entre la quantité qu'un sujet économique est disposé à acheter et le prix du produit considéré. L'**élasticité des prix** permet d'estimer l'impact d'une augmentation tarifaire sur le niveau de la demande (voir encadré 22.1).

Encadré 22.1 – L'élasticité de la demande aux prix

L'élasticité est calculée comme suit : ε = % variation des quantités/% de variation des prix

Différents cas de figure se présentent :

- $\varepsilon = 0$, la demande ne varie pas quand le prix varie (produits de première nécessité qui ont peu de substituts comme le riz ou l'énergie).
- $\varepsilon > 0$, la demande augmente avec le prix (les produits dits de luxe ou de snobisme qui sont d'autant plus recherchés qu'ils sont chers). On parle d'effet Veblen.
- $\varepsilon < 0$, la demande baisse suite à une augmentation des prix (cas de figure le plus fréquent).
- $\varepsilon > 1$ (en valeur absolue), la demande est dite très élastique car elle varie plus que proportionnellement à une variation de prix.

Le calcul de l'élasticité de la demande est complexe :

- Il est nécessaire de disposer de statistiques précises permettant d'établir des courbes de demande en fonction des prix.

- L'élasticité n'est pas la même selon que l'augmentation de prix se situe ou non dans la zone d'acceptabilité des prix. Supposons que les consommateurs soient prêts à payer entre 1,20 € et 1,80 € pour une plaquette de beurre. Une augmentation de prix de 10 centimes en valeur absolue n'aura pas le même impact sur la demande si le prix final se maintient dans la zone d'acceptabilité (ex. : de 1,30 € à 1,40 €) ou s'il en sort (ex. : de 1,80 € à 1,90 €).

2. Des enquêtes déclaratives (entretiens, sondages) permettent d'identifier un prix acceptable pour les consommateurs compte tenu de la valeur perçue de l'offre. L'une de ces méthodes est la méthode du prix psychologique qui part du principe que le prix est un indicateur de la qualité. Cette méthode permet de déterminer pour chaque individu interrogé une zone de prix acceptable dans laquelle le prix est suffisamment élevé pour que la qualité soit bonne et suffisamment bas pour être acceptable. À partir de ces données, le gestionnaire peut calculer pour chaque niveau de prix le nombre d'acheteurs potentiels et le chiffre d'affaires qui en résulterait (nombre d'acheteurs potentiels x prix pratiqué). Il choisit ensuite un niveau de prix qui permet de maximiser son chiffre d'affaires (objectif de rentabilité) ou le nombre d'acheteurs (objectif de pénétration sur le marché). Le Focus donne un exemple chiffré du mode de calcul du prix psychologique.

3. Les méthodes comportementales reposent sur l'expérimentation. Des simulations de lancement sont faites (en environnement contrôlé le plus souvent) à différents niveaux de prix. On compare alors les volumes de ventes et les marges selon les prix testés.

Ces méthodes uniquement fondées sur la demande ne tiennent pas compte des contraintes de coûts et des prix pratiqués par les concurrents. Elles doivent donc être combinées à d'autres approches (voir Encadré 22.2).

Encadré 22.2 – L'approche par coût cible

Le point de départ d'une approche par coût cible (*target costing*) est le prix de vente acceptable pour les consommateurs. À partir de ce prix, et en tenant compte de la marge souhaitée, l'entreprise se fixe un objectif de coût à atteindre. Toutes les sources de coûts sont ensuite évaluées de façon à être réduites au maximum pour atteindre le coût cible. La construction de la Logan répond à cette stratégie de prix. L'objectif initial de Renault était de commercialiser une voiture neuve à 5 000 € dans les pays émergents. Pour pouvoir offrir une voiture à un tel prix, les coûts ont été contrôlés et limités :

- délocalisation de la fabrication de la voiture en Roumanie pour réduire les coûts de main d'œuvre ;
- gamme étroite et options limitées ;
- coûts de lancement rationalisés, pas de communication sur les médias de masse et peu d'actions dans les concessions Renault ;
- marges des concessionnaires réduites à 5 % (au lieu de 10 % en moyenne pour les autres modèles Renault).

c) La fixation des prix à partir de la concurrence

Entre le prix plancher imposé par l'analyse des coûts et le prix plafond dicté par la demande, l'approche par la concurrence donne une troisième indication qui peut dans certains cas orienter le choix du prix définitif.

1. La fixation des prix à partir de la concurrence suppose dans un premier temps une étude précise des prix proposés par les concurrents à l'aide de différentes méthodes (relevés de prix dans les points de vente, analyse des tarifs catalogue ou encore enquêtes auprès des consommateurs pour évaluer le rapport qualité/prix perçu des marques concurrentes).

2. Dans un second temps, l'entreprise doit évaluer les éléments de différenciation qu'elle propose et leur valorisation par le marché.

Elle fixe ensuite ses prix en fonction des prix pratiqués par ses concurrents directs, soit *1)* en se situant en dessous de ces prix, soit *2)* en se situant au-dessus dans le cas où le produit apporte une réelle valeur ajoutée valorisée par les clients.

Pour conclure, au regard des objectifs poursuivis par l'organisation et de la stratégie qu'elle a choisi d'adopter (fiche 23), soit elle s'orientera vers l'une ou l'autre des méthodes, soit elle aura le souci de trianguler les approches afin d'optimiser le prix final proposé sur le marché. Il ne faut cependant pas oublier que d'autres facteurs peuvent influencer la politique de prix, à savoir l'image de marque du produit, la politique générale de tarification de l'entreprise ou encore les réactions anticipées des autres intervenants du marché.

Focus
Le calcul du prix psychologique

- Un nouveau ballon de football est testé auprès d'un échantillon de 1 000 personnes à qui on pose deux questions : Quel est le prix minimum en dessous duquel vous estimez que le ballon est de mauvaise qualité ? Quel est le prix maximum au-dessus duquel vous estimez que le ballon est trop cher ? On recense les réponses suivantes :

Prix (*A*)	Nb de personnes jugeant que ce prix témoigne d'une trop mauvaise qualité (*B*)	Nb de personnes jugeant ce prix trop cher (*C*)	Nb d'acheteurs potentiels (1 000 – (*B* + *C*)) = (*D*)	Chiffre d'affaires (*D* x *A*)
40 €	100	750	150	6 000 €
30 €	150	600	250	7 500 €
20 €	450	200	350	7 000 €
10 €	900	20	80	800 €

- Le prix choisi dépend des objectifs de l'entreprise : maximiser la pénétration (prix de 20 €) ou maximiser le chiffre d'affaires (prix de 30 €).

23 Les stratégies de prix

Point clef

La politique de prix adoptée par l'entreprise peut s'inscrire dans : *1)* une stratégie de pénétration qui consiste à proposer un prix bas pour conquérir une part importante du marché ; *2)* une stratégie d'écrémage reposant sur la pratique d'un prix élevé pour dégager de fortes marges ; *3)* une stratégie de différenciation tarifaire qui impose des prix différents en fonction de différents paramètres : les individus, le temps, la zone géographique, le produit, les quantités achetées ou encore le canal de distribution.

1. LES STRATÉGIES DE PRIX BAS OU DE PÉNÉTRATION

La stratégie de prix bas ou de pénétration consiste à conquérir rapidement une part importante du marché en proposant un prix bas particulièrement attractif. À titre illustratif, cette stratégie a été employée par Renault avec le lancement de la Logan en 2004 au prix de base de 5 000 €. L'objectif était de proposer l'accès à une voiture neuve à un prix accessible pour répondre aux besoins des pays émergents.

La stratégie de pénétration convient dans quatre situations majeures :

- lorsque le volume des ventes est très sensible au prix, c'est-à-dire que la demande est fortement élastique au prix ;
- lorsqu'une production de masse génère des économies d'échelle et un effet d'expérience permettant de diminuer les coûts ;
- lorsque le marché est peu protégé par des barrières à l'entrée (absence de brevets ou de savoir-faire spécifique). L'entreprise doit donc rapidement occuper une position dominante sur le marché visé de manière à décourager d'éventuels concurrents ou à leur compliquer leur tâche ;
- lorsque le marché est important et attractif.

La stratégie de pénétration présente de nombreux avantages mais également des limites que le gestionnaire doit prendre en considération avant d'établir sa politique tarifaire (voir tableau 23.1).

Tableau 23.1 – Avantages et limites d'une stratégie de pénétration

Avantages	Limites
• Le choix d'un prix bas permet de développer rapidement une part de marché conséquente. • La production en grande quantité permet d'amortir plus facilement les coûts engagés, réduisant le coût de production unitaire grâce aux économies d'échelle générées. • Par le choix d'un prix bas, on érige des barrières à l'attention de potentiels concurrents. Le marché devient ainsi moins attractif pour les concurrents car la perspective de faibles marges et parfois même de pertes à court terme les décourage. • En proposant sur le marché un prix bas générant des ventes importantes, l'entreprise acquiert une position forte sur le marché et une notoriété conséquente freinant l'arrivée de potentiels rivaux.	• La politique de pénétration est coûteuse ; elle nécessite initialement d'importants investissements pour enclencher le processus de production sans générer de profits à court terme. • Elle suppose également un volume de stock important pour faire face au développement rapide de la demande. • Elle est parfois considérée comme une stratégie risquée en raison d'une potentielle guerre des prix qui peut s'initier.

2. LES STRATÉGIES DE MARGE OU D'ÉCRÉMAGE

Lors du lancement du produit, la stratégie d'écrémage consiste à pratiquer un prix relativement élevé pour dégager des marges importantes. Il n'est cependant pas exclu, lorsque le produit est en phase de croissance ou de maturité, d'abaisser le prix afin de capter une clientèle plus importante. Cette stratégie est souvent mobilisée lors du lancement de nouveaux produits technologiques comme les premières télévisions HD ou encore les premiers téléphones portables. Cette stratégie s'adapte plus facilement aux situations suivantes :

- lorsque les consommateurs sont prêts à payer un prix élevé pour bénéficier du produit ;
- lorsqu'il est possible de se différencier des concurrents et de légitimer l'application d'un prix plus élevé en raison du savoir-faire spécifique de l'entreprise, de la crédibilité de la marque sur le marché ou encore de l'existence de brevets ;
- lorsqu'on attend de faibles économies d'échelle, c'est-à-dire que les coûts diminuent faiblement en fonction des volumes.

La stratégie d'écrémage présente des avantages et des limites résumés dans le tableau 23.2.

Tableau 23.2 – Avantages et limites d'une stratégie d'écrémage

Avantages	Limites
• La stratégie d'écrémage permet de générer d'importantes marges dès le lancement du produit. • Les marges générées favorisent ainsi l'amortissement précoce d'une partie des investissements réalisés. • Elles permettent également à l'entreprise de réduire rapidement le risque financier de non recouvrement des frais déjà engagés (R & D et mise sur le marché).	• La stratégie d'écrémage freine l'augmentation des ventes. • Elle incite les concurrents à entrer sur le marché, attirés par les perspectives de marges importantes qu'ils peuvent en retirer.

L'encadré 23.1 offre une illustration des stratégies de pénétration ou d'écrémage sur le marché des percolateurs.

Encadré 23.1 – Les stratégies de prix sur le marché des percolateurs

Nespresso lance en 1986 le premier percolateur à destination des particuliers. La marque est positionnée haut de gamme et adopte par conséquent une **stratégie d'écrémage**. Le prix des percolateurs est élevé (variant d'environ 150 € à près de 500 €), mais pour favoriser l'équipement des ménages, Nespresso propose des promotions fréquentes. Le prix des capsules est lui aussi élevé puisqu'une capsule coûte entre 29 et 32 centimes d'euros.

Face au pionnier sur le marché, **Senseo** a fait le choix de se positionner comme un percolateur accessible par le déploiement d'une **stratégie de pénétration**. Senseo propose un prix bas (69 €) pour la machine à café et accessible pour les dosettes (de 13 à 19 centimes d'euros).

Tassimo a choisi quant à lui de se positionner comme un percolateur de moyenne gamme pour se différencier à la fois de Senseo et de Nespresso. La machine à café est vendue 129 € et le prix des dosettes varie entre 22 et 29 centimes d'euros.

3. LES STRATÉGIES DE DIFFÉRENCIATION TARIFAIRE

Une politique de différenciation tarifaire consiste à adapter sa politique de prix selon les segments de marché. On pratique alors un prix élevé auprès des clients faiblement sensibles aux prix et des prix faibles auprès des clients fortement sensibles aux prix. L'enjeu est d'éviter que les clients disposés à payer cher un produit ne bénéficient d'une offre tarifaire à bas prix. La

SNCF applique une telle stratégie. Elle propose des billets Première Classe plus chers à une clientèle prête à payer un prix plus élevé pour son billet de train et des billets Seconde Classe plus accessibles à un grand nombre de consommateurs.

La différenciation tarifaire peut prendre six formes différentes : elle peut être *1)* personnelle, *2)* temporelle, *3)* régionale, *4)* selon les volumes d'achat, *5)* selon les produits et *6)* selon les canaux de distribution. Ces formes de différenciation tarifaire sont résumées dans le tableau 23.3.

Tableau 23.3 – Les formes de différenciation tarifaire

Forme	Définition	Application
Différenciation de prix personnelle	Cette différenciation tarifaire s'opère selon des critères propres à chaque client (individuel ou professionnel) et pertinents au regard de l'activité concernée.	Par exemple, dans le secteur des assurances automobiles, plusieurs critères interviennent dans le calcul des primes annuelles payées par l'assuré parmi lesquels : le sexe, la date d'obtention du permis de conduire, l'historique des accidents, le type et la puissance du véhicule ou encore le nombre de kilomètres parcourus.
Différenciation de prix temporelle	Le prix proposé varie selon le temps, l'horaire, le jour de la semaine, les saisons ou la phase du cycle de vie du produit.	La pratique du *yield management* (fiche n° 19) dans le secteur aérien permet d'adapter le prix du produit en fonction des taux probables de remplissage, de façon à maximiser la recette globale grâce à un remplissage maximum.
Différenciation de prix régionale	Le prix proposé varie selon les zones géographiques.	Le prix de l'essence dans une station de service est fixé en fonction de la concurrence locale. S'il y a de nombreux concurrents dans la zone de chalandise de la station de service, les prix seront plus bas.
Différenciation de prix selon les volumes d'achat	Cette pratique consiste à proposer un prix de vente dégressif en fonction des volumes achetés.	Les rabais sont des réductions consenties par les industriels aux centrales d'achat en fonction du montant de la commande.
Différenciation de prix selon les produits	Selon le produit proposé, des prix différents peuvent être appliqués. Au sein d'une même gamme ou d'une même catégorie de produits, des différences de prix peuvent être appliquées en fonction des niveaux de performance technique, d'esthétique, de qualité ou encore de marque.	Les différents shampoings de la gamme Fructis sont vendus sur Ooshop (relevé de prix de mars 2009) à des prix allant de 3,10 € à 3,55 €.
Différenciation de prix selon les canaux de distribution	Selon le canal de distribution considéré, un même produit peut avoir des prix différents, ces prix étant très largement influencés par la politique interne du canal de distribution.	Une baguette de pain coûte en moyenne 60 centimes d'euros en hypermarché contre 80 en boulangerie.

Dans la pratique, plusieurs formes sont souvent mobilisées et combinées pour mettre en oeuvre une stratégie de différenciation tarifaire.

Par exemple, le prix des billets d'avion peut varier selon la date de leur achat, de la destination choisie ou encore de l'âge de son bénéficiaire (les enfants en bas âge *vs.* les adultes).

Néanmoins, une stratégie de différenciation tarifaire n'est autorisée que si les avantages de prix consentis à certains clients soient justifiés par des raisons économiques ou sociales indéniables et qu'ils ne soient pas jugés comme des pratiques abusivement discriminatoires.

Focus
Les stratégies d'assortiment

Les stratégies d'assortiment consistent à fixer le prix d'un produit ou d'un service en tenant compte des produits ou services qui seront commercialisés en sus de l'offre de base. Il existe trois cas de figure.

- **Les options** : le produit de base est vendu à un prix attractif, mais l'ajout successif d'options conduit parfois à un prix global élevé. Par exemple, en 2008, la Logan sans option est commercialisée 7 600 € TTC en France. Elle coûte 10 610 € TTC avec direction assistée, air conditionné, lecteur CD et pack électrique. Le coût de l'air conditionné est par exemple de 890 €, ce qui à l'échelle du prix de la voiture peut sembler marginal et inciter à l'achat.
- **Les lots** : l'entreprise regroupe plusieurs produits et les commercialise ensemble à un prix plus attractif que la somme de chacune des composantes du lot (ex. : les menus dans les restaurants). Cette stratégie permet d'augmenter le panier moyen en incitant à l'achat d'une plus grande quantité de produits.
- **Les accessoires** : l'entreprise commercialise le produit à un prix attractif et les produits additionnels parfois indispensables à son utilisation à un prix élevé. C'est la stratégie adoptée par Gillette qui va parfois jusqu'à distribuer gratuitement ses systèmes de rasage les plus perfectionnés mais qui pratique pour compenser des prix élevés sur les lames de rasoir. Chez Fly, le lit junior est affiché à 49 € sans sommier ni matelas. Sachant qu'un sommier chez Fly coûte au minimum 52 € et un matelas 79 €, le consommateur devra débourser un minimum de 180 € pour profiter de son lit (prix relevés sur le site Internet en mars 2009).

24 La grande distribution en France : définition et historique

Point clef

L'objectif principal de la distribution est de mettre à la disposition du consommateur final un ensemble de produits et/ou de services. Cette pratique, qui consiste à acheter un produit et à le revendre en l'état, est récente puisqu'elle ne s'est développée à grande échelle qu'à partir du milieu du XIXe siècle. Depuis la création en 1852 de l'enseigne « Au Bon Marché » par Aristide Boucicaut, la distribution a beaucoup évolué en termes de concepts et de pratiques. Aujourd'hui, elle constitue un secteur d'activité majeur dans l'économie française, comme dans le reste du monde.

1. DÉFINITION ET FONCTIONS

a) Le rôle central de la distribution

Un producteur de biens ou de services vend rarement directement son offre au client final mais passe le plus souvent par un ou plusieurs intermédiaires (fiche n° 26), dont le rôle est d'acheminer l'offre depuis son lieu de production jusqu'à l'endroit où se trouve le client. La fonction de distribution, qui consiste à revendre en l'état, sans transformation, un produit acheté à un tiers, constitue une étape cruciale de la mise en œuvre du marketing mix, car elle conditionne la rencontre entre une offre et son consommateur final. Du point de vue du distributeur, elle constitue également une étape risquée dans la mesure où rien ne garantit l'écoulement des produits achetés au fabricant.

b) Les grandes fonctions du distributeur

On peut distinguer deux principaux types de fonctions dans la distribution : la distribution physique et les services. La distribution physique peut être divisée en plusieurs opérations. D'abord le transport, qui inclut également des opérations de manutention (chargement, déchargement) et d'éclatement (répartition des produits par zone géographique dans les différents entrepôts/points de vente). Ensuite, la fonction d'assortiment, qui consiste à effectuer une sélection de produits correspondant aux attentes du consommateur final. Enfin, une fonction de stockage, qui permet un ajustement de l'offre à la demande. Les services offerts par les distributeurs sont multiples et accompagnent la transaction. Il peut s'agir de la livraison, de l'installation ou de la reprise éventuelle de produits, de fournir un service après-vente, de délivrer des conseils, de mettre en avant certains produits (*via* la promotion, la publicité sur le lieu de vente ou le merchandising), d'afficher les prix, d'accorder des crédits ou des délais de paiement, etc.

c) Le poids de la distribution en France

En France, la distribution est un secteur d'activité majeur de l'économie, comme en témoignent les grandes enseignes de distribution telles que Carrefour, la Fnac, Leroy Merlin, Décathlon ou Darty. En effet, le secteur de la distribution représente aujourd'hui environ 10 % de la valeur ajoutée nationale, 13 % des emplois et 22 % des entreprises (*source :* Insee, 2007). Au-delà de son poids, la distribution se caractérise par une très grande disparité des entreprises : de nombreux petits commerces indépendants côtoient quelques géants de la distribution, les enseignes les plus importantes en termes de chiffre d'affaires étant les grandes surfaces alimentaires (voir tableau 24.1). L'immense diversité de la distribution est également soulignée par le fait qu'un même type de produit peut être commercialisé dans des lieux de vente très différents les uns des autres. Traditionnellement, si un consommateur peut acheter une bouteille de vin dans une grande surface alimentaire ou chez un caviste, il peut également trouver cette catégorie de produit sur un marché, dans une coopérative agricole, dans un magasin en *duty free* d'un aéroport ou *via* un site Internet spécialisé.

Tableau 24.1 – Classement des enseignes en termes de chiffres d'affaires, en France

	Nom de l'enseigne (groupe)	Activité	CA en millions d'euros
1	E.Leclerc	Alimentation	32 100
2	Carrefour	Alimentation	27 900
3	Intermarché	Alimentation	23 300
4	Auchan	Alimentation	16 400
5	Champion (Carrefour)	Alimentation	14 000
6	Super U (Système U)	Alimentation	13 200
7	Géant (Casino)	Alimentation	7 000
8	Lidl	Alimentation	5 900
9	Cora (Delhaize)	Alimentation	5 700
...			
...	Leroy Merlin	Bricolage	4 030
...	Fnac (PPR)	Culture	3 560
...	Décathlon	Sport	2 920
...	Darty	Électroménager	2 730

Source : LSA, 28 août 2008.

2. BREF HISTORIQUE DE LA DISTRIBUTION

a) Les prémisses

La grande distribution telle que les consommateurs la connaissent aujourd'hui est née au milieu du XIXe siècle. La création du grand magasin « Au Bon Marché », en 1852, marque l'avènement de la grande distribution. Cette enseigne a été en effet la première à proposer aux consommateurs un large assortiment de produits (textiles), des prix fixes facilement repérables par la clientèle, un libre accès aux produits, des périodes promotionnelles et une mise en scène de la marchandise dans l'espace de vente. Les innovations les plus marquantes de la fin du XIXe et du début du XXe siècle ont ensuite lieu outre atlantique : en 1879, Woolworth invente le magasin populaire, qui se caractérise par une implantation des points de vente dans des zones très fréquentées, un assortiment limité aux produits de grande consommation et enfin des articles vendus à un prix unique. Cette formule de distribution sera importée en France à la fin des années 20, avec la création d'Uniprix (1928), suivie de celles de Prisunic (1931) et Monoprix (1932). L'année 1916 marque l'apparition du concept de magasin en libre-service, proposé par Clarence Sunders, qui a l'idée révolutionnaire de laisser le client se servir lui-même et transporter ses achats jusqu'à la caisse, ce qui permet de réduire les frais d'exploitation et les prix de vente. Ce concept, qui se développe avec la crise de 1929, n'arrivera en France qu'en 1948. Toujours aux États-Unis, Mickael J. Cullen ouvre en 1930 dans le Queen's à New York le premier supermarché, dont le succès est basé sur le libre-service, la publicité massive sur des articles à prix coûtant ainsi que le choix de s'implanter dans des rues moins commerçantes, ce qui permet de diminuer les frais généraux. Le premier supermarché de France est ouvert en 1957 par Henri Bardou.

b) L'avènement de la grande distribution en France

En 1949, Édouard Leclerc ouvre à Landernau un magasin alimentaire en libre-service, avec le principe suivant : « Acheter le moins cher possible pour revendre le moins cher possible », en achetant directement aux fabricants pour revendre la marchandise aux clients finaux au prix de gros. Le succès immédiat de cette distribution basée sur le *discount* marque par ailleurs le début du développement de la grande distribution alimentaire en France, développement qui repose essentiellement sur une concurrence par les prix. Parallèlement à l'ascension des centres distributeurs Leclerc, les concepts de discount spécialisé (ex. : Fnac, 1954) et de supermarché (1957) font leur apparition. En 1963, Carrefour (voir Encadré 24.1 pour un historique de l'enseigne, aujourd'hui n° 2 mondial de la distribution) propose le concept d'hypermarché : une surface de vente plus importante, située en périphérie, avec parking et station essence. Enfin, les centres commerciaux modernes font leur apparition à la fin des années 60 : ils regroupent de multiples surfaces de vente autour d'un point d'attraction, en général un hypermarché. À partir de là, le petit commerce de proximité va beaucoup souffrir de l'expansion et de la concentration des grandes surfaces alimentaires, toujours plus puissantes malgré la mise en place de dispositions législatives destinées à limiter les ouvertures et les agrandissements de magasins. Le Focus présente les dates clefs de la distribution en France.

c) La distribution aujourd'hui

Plus récemment (1988), la distribution française est marquée par l'arrivée des ***hard-discounters***, magasins alimentaires à bas prix, caractérisés par leur assortiment restreint, basé sur des marques sans notoriété, et une décoration et un aménagement sommaire. Cette forme de distribution alimentaire (portée par les enseignes Aldi et Lidl) jouit depuis d'un succès et d'une progression indéniable puisqu'elle représente aujourd'hui près de 14 % de part de marché valeur (*source :* TNS Worldpanel 2008). Ces dernières années témoignent également de la concentration toujours plus forte des enseignes de grande distribution alimentaire. En effet, les cinq centrales d'achat alimentaires réalisent aujourd'hui près de 90 % du commerce alimentaire. Enfin, les années 2000 marquent l'avènement du commerce en ligne (fiche n° 29), qui se développe de manière exponentielle (notamment au détriment de la vente par correspondance) et touche toutes les catégories de produits et de services.

Encadré 24.1 – Carrefour, 1er groupe de distribution français et 2e mondial

L'enseigne Carrefour, créée par les familles Deforrey et Fournier, est née en 1959. Tirant son nom de l'implantation géographique de son premier supermarché, situé au carrefour des avenues Parmelan et André Theuriet à Annecy, Carrefour est à l'origine du concept d'hypermarché, avec la création en 1963 d'un espace de vente alimentaire de 2 500 m^2 et 400 places de parking à Sainte-Geneviève-des-Bois dans l'Essonne.

Le développement de l'enseigne est rapide, à l'image de la croissance de la grande distribution en France : Carrefour fait ainsi son entrée en Bourse dès 1970. Parallèlement à son activité en France, Carrefour explore de nouveaux marchés et s'implante rapidement en Belgique (1969), en Espagne (1973), au Brésil (1975) ou en Argentine (1982), marquant ainsi le début de son expansion internationale.

Parallèlement au développement du concept d'hypermarché, Carrefour se lance également rapidement dans d'autres formes de commerce alimentaire, notamment le commerce de proximité (Shopi en 1973 ; 8 à huit en 1977) et le *hard discount* (ED en 1979). Cependant, son activité ne se limite pas à développer de nouveaux concepts de magasin. En effet, en 1976 Carrefour lance, grâce à une grande campagne d'affichage, les « produits libres ». Ce sont des produits alimentaires de base, avec un emballage très sobre, sans marque mais « aussi bons et moins chers » si l'on en croit le slogan publicitaire alors diffusé. Précurseurs de la marque de distributeur (MDD), les produits libres (une centaine de références disponibles en

1982 dont des produits alimentaires mais également des produits d'entretien et du textile) revendiquent une qualité égale aux grandes marques nationales avec des prix inférieurs de 15 à 20 %. En 1985, Carrefour les abandonne au profit d'une marque signée Carrefour pour éviter la confusion avec les produits génériques destinés à concurrencer l'offre des hard-discounters. Les années 80 marquent aussi le début du développement d'activités de service, avec le lancement en 1981 d'une carte de paiement (la carte Pass) et en 1984 de services d'assurance.

La croissance de Carrefour s'accélère à la fin des années 80 et l'enseigne acquiert rapidement une réelle dimension internationale. En France, Carrefour rachète également de nombreux concurrents (en particulier Montlaur et Euromarché en 1991 ; Les Comptoirs modernes en 1998) puis fusionne en 1999 avec Promodès, pour constituer le numéro deux mondial de la distribution, place que l'enseigne occupe encore aujourd'hui. Hors de l'Hexagone, les implantations se multiplient : Taiwan en 1989, la Grèce en 1991, l'Italie et la Turquie en 1993, le Mexique et la Malaisie en 1994, la Thaïlande, la Corée et Hongkong en 1996, Singapour et la Pologne en 1997...

Aujourd'hui Carrefour continue à se développer à l'étranger sur son activité principale, l'hypermarché, tout en rationalisant son parc de magasins, par le biais de cessions d'activité dans certaines zones et d'acquisitions dans d'autres jugées à fort potentiel.

Focus

Les dates clefs de la distribution en France

1852	Paris	Au Bon Marché : premier grand magasin.
1867		Premier catalogue de vente par correspondance (Au Bon Marché).
1928	Rouen	Uniprix : premier magasin basé sur une offre à prix unique.
1948	Paris	Libre-service : Goulet Turpin.
1949	Landernau	Leclerc : premier magasin à prix *discount*.
1957	Paris	Premier magasin Fnac (création de la centrale d'achats en 1954).
1957	Paris	Premier supermarché par Henri Bardou.
1963	Sainte-Geneviève-des-Bois	Carrefour : premier hypermarché.
1969	Saint-Laurent-du-Var/ Le Chesnay	Cap 3 000 et Parly 2 : premiers centres commerciaux modernes.
1985		Telemarket : premier supermarché à domicile, avec comme support le Minitel.
1988	Croix	Aldi, premier *hard discount*.

25 La structure de la distribution en France

Point clef

L'appareil commercial, qui permet d'acheminer les produits vers les consommateurs, est complexe car il revêt de multiples formes. On peut en effet l'appréhender en fonction de nombreux critères (juridiques, commerciaux, spatiaux). Pour proposer une vision simple et panoramique de la distribution en France, nous distinguerons les formes de distribution selon leur formule de vente, en faisant appel à des critères commerciaux significatifs.

1. LES CRITÈRES DE CLASSIFICATION DES LIEUX DE VENTE

L'appareil commercial français est constitué d'enseignes et de points de vente d'une incroyable diversité. Pour simplifier leur compréhension et permettre d'établir des comparaisons, on peut en dresser des typologies à partir de différents critères, plus ou moins complexes. Prenons quelques exemples.

- La nature des produits vendus : l'offre est-elle à dominante alimentaire ou non alimentaire ?
- La taille des points de vente : sommes-nous dans une grande ou une petite surface de vente ?
- La cible : l'offre est-elle vendue au détail à des particuliers ou bien vendue en gros à des professionnels ?
- Le niveau de service : s'agit-il d'une surface de vente en **libre-service** (sans assistance lors de son parcours d'achat), avec un service assisté (il existe un personnel dédié à l'accueil, l'information, le conseil et l'aide à la vente) ou un service exclusif (avec un accompagnement personnalisé pour la clientèle) ?
- La structure de l'assortiment : s'agit-il d'un assortiment **large** ou **étroit** (qui répond à beaucoup ou peu de besoins consommateurs), **profond** ou **peu profond** (qui propose un nombre important/peu important de références pour chacun des besoins auquel il répond) ? Ces deux axes permettent de mettre à jour quatre catégories de lieux de vente : assortiment large et profond (ex. : grands magasins, comme Les Galeries Lafayette), assortiment étroit et profond (ex. : grandes surfaces spécialisées dans une catégorie spécifique de produits, comme la Fnac), assortiment large mais peu profond (ex. : supermarchés, comme Champion), assortiment étroit et peu profond (ex. : commerces de proximité, à l'image d'une épicerie de dépannage).
- Le degré d'indépendance, qui repose sur des critères juridiques et de fonctionnement (voir tableau 25.1).

  Les critères de classification de la distribution ne sont pas exhaustifs : on peut en imaginer bien d'autres. Ils montrent que l'appareil commercial peut être envisagé sous des angles très différents, éventuellement complémentaires (ex. : nature des produits vendus/taille de la surface de vente).

Tableau 25.1 – Typologie de la distribution selon le degré d'indépendance des parties prenantes

Commerce indépendant	Les distributeurs indépendants n'ont pas recours à une organisation pour coordonner leurs activités d'achat ou de vente. Cette indépendance se traduit par l'existence d'une part de grossistes (qui achètent en grande quantité à des fabricants pour revendre à une cible de professionnels), d'autre part de détaillants (qui achètent aux grossistes pour revendre au détail à des particuliers).	
Commerce intégré	Le distributeur réalise à la fois les fonctions de gros et de détail, faisant le lien entre le fabricant et le consommateur final (ex. : Carrefour). En général, le commerce intégré est caractérisé par un réseau de succursales où la fonction d'achat en gros est réalisée par une centrale d'achats et la fonction de détail par des points de vente gérés par des directeurs salariés. C'est le cas dans beaucoup d'entreprises de grande distribution.	
Commerce associé	Il s'agit d'une association entre distributeurs ayant pour objectif de mieux se défendre contre la concurrence tout en conservant leur indépendance juridique. Le commerce associé revêt plusieurs formes.	
	Groupement ou coopératives de détaillants	• À l'image de Leclerc ou Système U, ces groupements fédèrent leurs magasins sous une même enseigne et mettent en commun le plus souvent leurs achats et certaines règles de gestion. Cependant, chaque adhérent est libre de se dissocier du groupement.
	Chaîne volontaire	• Un ou plusieurs grossistes, chargés des orientations commerciales de l'enseigne constituée, s'associent à des détaillants, qui le plus souvent s'engagent à se fournir auprès des grossistes (ex. : Spar).
	Franchise	• À l'image de McDonald's, forme juridique dans laquelle un producteur de bien ou de service s'associe à des détaillants qui reçoivent de sa part une assistance commerciale ou technique, une formation à un savoir-faire particulier et le droit d'utiliser une marque.

2. UNE CLASSIFICATION DES DIFFÉRENTS TYPES DE COMMERCE

Pour avoir une vision synthétique des principaux types de commerces organisés en France, on peut faire appel à une classification par formule de vente, qui fait simultanément appel à un ensemble des critères simples (Où se déroule la vente ? Quelles sont la nature et la structure pour l'offre ? Quelle taille pour la surface de vente ? Quel niveau de service ? Etc.) et qui permet d'offrir un panorama synthétique du paysage commercial français.

a) La vente en magasin

1. Les magasins à dominante alimentaire :

- **Les hypermarchés** (ex. : Auchan, Carrefour) sont de très grandes surfaces de vente de produits alimentaires et non alimentaires (plus de 2 500 m^2 et jusqu'à 40 000 références). Les hypermarchés sont implantés en périphérie des villes, dotés d'un parking et le souvent d'une station essence. Leur positionnement est construit autour du discount.
- Les **supermarchés** (ex. : Champion, Atac) sont de plus petites surfaces de vente (entre 400 et 2 500 m^2) commercialisant essentiellement des produits alimentaires en libre-service. Les supermarchés sont plutôt situés en centre ville, proposent entre 3 000 et 5 000 références à des prix discount.

- Le **hard discount** (ex. : Aldi, Lidl) est constitué de surfaces de vente équivalant à celle d'un petit supermarché (en général entre 400 et 800 m^2). Les magasins de *hard discount* (appelés aussi « maxidiscompte ») se distinguent des supermarchés par une offre alimentaire composée de marques sans notoriété, un assortiment étroit et peu profond et enfin des frais généraux réduits (peu de personnel, pas de mise en scène des produits...), ce qui leur permet de proposer des prix très agressifs. Cette formule de distribution est celle qui a le plus progressé ces vingt dernières années au sein de la grande distribution alimentaire.
- Les **magasins populaires** sont des points de vente implantés en centre ville, d'une surface de vente le plus souvent comprise entre 800 et 2 500 m^2, caractérisés par un assortiment large et peu profond (entre 7 500 et 15 000 références), en produits alimentaires et non alimentaires (cosmétiques, textile, maison...), avec une mise en scène et des marques comparativement plus « haut de gamme » que dans le reste de la distribution alimentaire. Aujourd'hui, l'enseigne Monoprix est la dernière représentante de cette formule de distribution, apparue en France en 1928 (fiche n° 24).
- Les **supérettes** (ex. : Shopi, 8 à huit) sont des petits magasins alimentaires d'une surface comprise entre 120 et 400 m^2, avec un assortiment réduit basé sur les références essentielles, destinées au dépannage.

Hors de cette classification, le commerce de proximité revêt lui aussi de nombreuses formes : commerces de bouche traditionnels (boulangeries, boucheries, maraîchers, etc.), minis libres-services (épiceries de proximité), etc.

2. Magasins à dominante non alimentaire :

- Les **Grands Magasins** (ex. : Printemps, Galeries Lafayette) sont de très grandes surfaces de vente (parfois plus de 30 000 m^2), implantées en centre ville et qui se caractérisent par un assortiment large et profond (jusqu'à environ 300 000 références) dominé par une offre de produits non alimentaires (habillement, parfums et cosmétiques, jouets, etc.). Les prix élevés sont justifiés par la présence de grandes marques, un niveau de service élevé et un cadre luxueux.
- Les **grandes surfaces spécialisées** (GSS) se focalisent sur une catégorie de produits dans laquelle l'offre est très profonde : elles revendiquent donc le statut de spécialistes. Cette forme de distribution, en fort développement, rassemble des points de vente très variés en termes de surface de vente, de niveau de service, de prix ou de catégories de produits proposées : produits culturels (ex. : Fnac), bricolage (ex. : Leroy Merlin), équipement de la maison (ex. : Ikea), sports et loisirs (ex. : Décathlon), parfumerie (ex. : Sephora), électroménager (ex. : Darty), textile (ex. : C & A, Zara), etc.

Les magasins peuvent être regroupés dans des **ensembles commerciaux**, c'est-à-dire le rapprochement spatial, sur un territoire géographique défini, de plusieurs types de points de vente, spécialisés ou non, proposant des produits, des services ou des activités. Il s'agit donc d'un regroupement de multiples formules de vente (alimentaires ou non-alimentaires) en un même lieu. Les principaux ensembles commerciaux sont les centres commerciaux (ex. : Les Quatre Temps, à La Défense), les rues commerçantes ou passages (ex. : le Passage du Havre, à Paris), les magasins d'usine (ex. : Marques Avenue à Troyes), les zones d'activité commerciale (ex. : ZAC de la Croix Blanche, dans l'Essonne) et les zones commerciales de transit (ex : zone commerciale de l'aéroport de Roissy).

b) La vente hors magasin

La vente à distance (VAD).

- **Par catalogue** : le consommateur visualise l'offre proposée dans un catalogue, dans lequel l'offre est décrite (photos, caractéristiques, prix...) et il reçoit sa commande à domicile, en général après paiement. Cette formule de vente hors magasin est dominée par des spécialistes du textile et de l'équipement de la maison (ex. : La Redoute, la Camif).
- ***Via* un site de commerce en ligne** (fiche n° 29) : le principe est le même que dans la vente par catalogue, mais le support est différent. Il s'agit d'un site Internet qui permet d'accompagner la présentation de l'offre de photos, d'animations vidéos, de démonstrations, de fiches de description de produits très détaillées et de conseils d'utilisation. Le paiement se fait généralement directement par carte bancaire. Cette formule de vente attire de nombreux acteurs du secteur de l'alimentaire (ex. : Telemarket, Houra), du non-alimentaire (ex. : Amazon, Cdiscount) et des services (ex. : SNCF, Lastminute). Elle permet également l'accès de petits intervenants, en particulier de fabricants, à la distribution (ex. : l'entreprise Oliverons, qui produit et commercialise des huiles d'olives haut de gamme).

Les **autres formes de vente** sont multiples, du vide grenier sur la voie publique à la fourgonnette aménagée en baraque à frites en passant par la foire... Deux sont particulièrement présentes dans le paysage commercial français : *1)* les **marchés** qui sont des espaces publics réservés à des commerçants ayant reçu l'autorisation de s'y installer de manière régulière (une ou deux fois par semaine en général) pour proposer leurs produits (le plus souvent des produits frais et des produits non alimentaires). Vecteurs d'animation locale, souvent situés en centre ville, ils permettent une plus grande interaction sociale que les autres formules de vente ; *2)* Les **automates** qui permettent la vente par le biais de distributeurs automatiques, le produit étant remis au client après paiement (monnaie, billets, carte bancaire). Cette forme de vente concerne aujourd'hui principalement le *snacking* (confiserie, boissons, sandwiches, pâtisserie industrielle, etc.), les stations essence et la vidéo.

Focus

L'AMAP, une forme de distribution alternative

Une AMAP (Association pour le maintien d'une agriculture paysanne) est une association entre un agriculteur et un ensemble de consommateurs. Issue de l'économie solidaire, son principe est le suivant : la production de la ferme (souvent des produits frais) est vendue sans intermédiaire aux consommateurs membres de l'AMAP qui soutiennent l'agriculteur en payant à l'avance un panier de produits saisonniers. La distribution est effectuée bénévolement par des membres de l'AMAP (souvent une fois par semaine à date fixe). Ceux-ci se relaient pour distribuer les paniers aux autres membres de l'association dans un local prévu à cet effet. Dans ce système, le consommateur ne connaît à l'avance ni la quantité ni la catégorie des produits achetés. Le panier distribué est fonction des saisons, des aléas climatiques ou plus généralement des récoltes. L'AMAP permet au producteur de s'affranchir des contraintes liées à la commercialisation par le biais de la grande distribution. Ce système permet notamment de se passer des nombreux intermédiaires qui caractérisent cette filière, ce qui se traduit par la commercialisation de produits de qualité (souvent bios) à des prix compétitifs.

26 De la stratégie de distribution aux rapports fabricants-distributeurs

Point clef

Pour un fabricant de biens ou de services, la question de la distribution est fondamentale. Il s'agit de décider, au-delà des problèmes de logistique (liés notamment au transport, à l'entreposage et au stockage des produits), de la manière dont l'offre va être commercialisée : doit-on passer par un ou plusieurs intermédiaires ? Si oui, par quel type d'intermédiaire ? Comment enfin choisir ces intermédiaires et gérer sa relation avec eux, compte tenu des objectifs et des contraintes afférentes à la catégorie de produit ?

1. LES STRATÉGIES DE DISTRIBUTION DU FABRICANT

a) la distribution : un élément majeur du marketing mix

Pour un fabricant, la politique de distribution consiste à mettre son offre de produits ou de services à la disposition de son client final. Pour parvenir à cet objectif, les fabricants ont le plus souvent recours à des **intermédiaires**. Les produits qu'ils fabriquent, entre le moment où ils sortent du site de production et celui où ils sont commercialisés auprès de leurs cibles, empruntent différentes routes : on appelle l'ensemble de ces routes un **circuit de distribution**. Un ensemble d'intermédiaires de même nature (ex. : les hypermarchés, le commerce en ligne, etc.) est désigné par le terme **canal de distribution**.

Il existe plusieurs types de circuits de distribution, qui se distinguent principalement par le nombre d'intermédiaires. Le nombre d'intermédiaires caractérise la longueur du circuit de distribution. On distinguera trois principaux cas (voir tableau 26.1).

Tableau 26.1- La longueur des circuits de distribution

Type de circuit	Description du circuit	Exemple
Circuit direct	Absence d'intermédiaire entre le producteur et le consommateur.	Dell dans le domaine de l'informatique.
Circuit court	Un seul intermédiaire entre le producteur et le consommateur final.	Leroy Merlin dans le domaine du bricolage ; Darty dans le domaine de l'électroménager.
Circuit long	Plusieurs intermédiaires. Circuit basé sur l'existence de grossistes, qui revendent les produits qu'ils achètent aux fabricants à de multiples détaillants.	Un maraîcher, qui va acheter ses fruits et légumes en gros au marché de Rungis, puis les revend au détail à ses clients.

L'élaboration d'une stratégie de distribution par un fabricant doit tenir compte de plusieurs facteurs. Premièrement, l'entreprise qui fabrique le produit ne le vend en général pas directement au client final, mais à un intermédiaire. Il y a donc perte de contrôle sur le produit dès sa cession, le fabricant n'ayant en effet pas la main sur la fixation du prix de vente au consommateur, ni sur la manière dont le produit est présenté en magasin ou encore dont il est vendu. Par conséquent, la réussite d'un fabricant en termes de distribution ne dépend pas uniquement de sa propre performance, mais également de celle des différents intermédiaires impliqués dans le processus. Deuxièmement, la distribution est un élément incontournable du marketing mix dans la mesure où le produit doit être nécessairement acheminé sur son lieu de commercialisation. Troisièmement, les décisions en termes de distribution engagent souvent l'entreprise à long terme car elles impliquent notamment des coûts élevés et des engagements contractuels. Enfin, la stratégie de distribution influence d'autres variables, comme le prix ou la communication.

Dans le domaine des services, la question de la stratégie de distribution se pose un peu différemment. Prenons l'exemple d'un produit d'assurance. D'abord, la distribution d'un tel produit ne nécessite pas de passer par un intermédiaire indépendant. Par exemple, un contrat de protection juridique chez Generali peut être souscrit auprès d'un courtier en assurance mais également dans une agence du groupe Generali. Ensuite, ce produit étant intangible, son acheminement vers son lieu de distribution, quel qu'il soit, ne pose pas de contrainte logistique physique. Enfin, son coût de distribution étant moins élevé, il est plus facile de remettre en question sa commercialisation que dans le cas d'un produit tangible.

b) Choisir un circuit de distribution

1. Un choix sous contrainte.

Les fabricants ont recours à des intermédiaires pour commercialiser leur offre, car ces spécialistes ont souvent une expérience, des compétences et une connaissance sectorielle (acteurs, pratiques, etc.) que les fabricants ne possèdent pas et dont l'acquisition nécessite un investissement important à la fois en termes financier et temporel. Le choix d'un circuit de distribution varie en fonction de nombreux facteurs, souvent associés à des contraintes.

- D'abord, il dépend de la **nature du produit** : certains produits sont périssables (ex. : produits frais), de forte valeur unitaire (ex. : PC portables) ou fabriqués sur commande (ex. : automobile) et nécessitent d'être rapidement mis à disposition du consommateur ; d'autres nécessitent d'être commercialisés par un intermédiaire proposant un service après-vente efficace (ex. : produits de home cinéma) ; certains produits peuvent être livrés par courrier (ex. : un billet de train) alors que d'autres nécessitent les services d'un transporteur (ex. : machine à laver) ; certains produits ne peuvent être distribués que dans des points de vente respectant l'image véhiculée par le produit (ex. : les parfums de luxe), etc.
- Ensuite, le choix du circuit de distribution varie en fonction de **l'environnement**. Le fabricant prend en compte la structure et l'évolution du marché et de la clientèle (taille du marché, dispersion des clients, habitudes des consommateurs en termes de lieux d'achat, etc.), l'environnement concurrentiel, l'environnement légal (en respectant la réglementation en vigueur, comme pour les produits pharmaceutiques) et les caractéristiques des intermédiaires (motivation à vendre le produit, cohérence d'image avec le produit, capacité à construire un partenariat commercial, compétences logistiques, etc.).
- Enfin, le fabricant doit effectuer un arbitrage entre **coût** et **degré de contrôle** exercé sur les intermédiaires, ces deux variables étant liées. Ainsi, le choix d'un circuit de distribution s'effectue en fonction des ressources financières du fabricant : par exemple, pour une PME proposant des produits alimentaires, le coût d'entrée dans la grande distribution (référencement, participation budgétaire aux opérations commerciales, investissements liés à l'augmentation des capacités de production) peut être rapidement dissuasif.

2. Les stratégies de distribution.

Lorsque le fabricant à intégré les contraintes liées au choix des circuits de distribution, se pose la question de la stratégie de distribution à adopter. On en distingue trois principales.

- La **distribution intensive** consiste à obtenir une très large couverture du marché en vendant en masse le produit par l'intermédiaire de canaux de distribution variés. Cette stratégie nécessite un investissement très important. Par exemple, le consommateur peut acheter une batterie de PC portable Toshiba chez un revendeur de la marque, dans une grande surface spécialisée en informatique (ex. : Surcouf), dans une boutique en ligne (ex. : aboutbatterie.com) ou chez un détaillant (ex. : un des points de vente de la rue Montgallet à Paris) ;
- La **distribution sélective** consiste à ne commercialiser l'offre que dans certains points de vente sélectionnés en fonction de leurs qualités commerciales. C'est le cas des produits de luxe, qui ne sont commercialisés que dans des points de vente compatibles avec leur image de marque (ex. : Kenzo ou Chaumet aux Galeries Lafayette).
- La **distribution exclusive** est construite autour d'un contrat d'exclusivité signé entre un fabricant et un distributeur. Il s'agit d'un contrat de vente exclusif sur un territoire défini (ex. : une concession automobile).

Par ailleurs, il n'est pas rare qu'un fabricant décide d'écouler sa production par l'intermédiaire de différents canaux, afin de toucher des cibles différentes. C'est le cas par exemple de la marque de cosmétique Nickel, qui distribue des gammes différentes dans les magasins Monoprix et dans les grands magasins. Les raisons d'une **stratégie multicanale** sont simples : développer sa clientèle, la fidéliser et offrir davantage de service aux clients.

2. LES RAPPORTS DISTRIBUTEURS/FABRICANTS

a) Du conflit...

Les rapports entre fabricants et distributeurs sont marqués par des divergences d'intérêt, en particulier liées aux marges. D'un côté, les fabricants essaient de maintenir leurs marges et refusent de baisser leurs prix de vente aux distributeurs. De l'autre, les distributeurs cherchent, pour des raisons concurrentielles, à baisser les prix de vente tout en conservant une marge. Pour cela, ces derniers cherchent à obtenir de meilleures conditions d'achat. Il en résulte des conflits récurrents liés à la contradiction des objectifs des fabricants et des distributeurs.

Aujourd'hui, le rapport de force est en faveur des distributeurs, en particulier dans le secteur des biens de grande consommation. En effet, aucun fabricant, si important soit-il, ne représente plus de 1 % des ventes d'une grande enseigne de distribution. À l'opposé, celles-ci représentent plus de 80 % des ventes de produits de grande consommation. Il en résulte que pour un grand distributeur (ex. : Carrefour), se passer d'un fabricant (ex. : Danone) a beaucoup moins d'impact que pour un fabricant de se passer d'une grande enseigne, d'où une pression très forte sur les fabricants.

b) ... à la collaboration

Depuis les années 90, même si les sources de conflit liées aux marges restent d'actualité, distributeurs et fabricants tentent néanmoins de collaborer sur d'autres plans, poursuivant deux objectifs communs : la diminution des coûts et l'augmentation des ventes. La coopération ne va pas de soi puisqu'elle demande aux deux parties d'oublier leurs conflits commerciaux et de s'engager dans une démarche de partage, que cela soit en termes d'informations (échange de données informatisées notamment), de valeurs ou de résultats. Les outils de la collaboration portent en général sur la logistique (informatisation des commandes, rationalisation des approvisionnements), la valorisation des marques et de l'enseigne, la définition des assortiments, le merchandising et les outils promotionnels en magasin. Les deux démarches les plus courantes sont :

- Le ***trade marketing***. Il s'agit d'une relation personnalisée et durable entre un fabricant et un distributeur, dans laquelle le fabricant intègre dans sa stratégie les objectifs de son partenaire distributeur (ex. : partenariat merchandising visant à intégrer au mieux une marque dans un rayon, afin de faire progresser les ventes de la marque et de l'ensemble du rayon).
- Le ***category management***. Il s'agit d'un regroupement des produits (et des structures de gestion des produits, tant chez le fabricant que le distributeur) en catégories qui correspondent à la manière dont les consommateurs prennent leur décision d'achat (ex. : regrouper l'ensemble des produits à destination du bébé au sein d'un univers qui regroupe des produits alimentaires, du textile, des couches, des produits d'hygiène, etc.).

L'Œil du professionnel

Sylvaine Lagogué, responsable marketing et commercial consommables, accessoires et produits d'entretien Hoover

Le lancement d'une nouvelle gamme de produits ne se limite pas à la création d'un produit innovant et apportant un réel bénéfice aux consommateurs. Il faut également favoriser la rencontre entre nos produits et les consommateurs, ce qui n'a rien d'évident même pour une grande entreprise. Prenons un exemple : Hoover a décidé de lancer sous son nom une gamme de produits d'entretien écologiques à destination des particuliers, ce qui implique une présence de ces produits dans la grande distribution. Or, Hoover n'a pas encore de légitimité sur les produits d'entretiens, ni *a fortiori* sur les produits d'entretiens écologiques en hyper. Il est donc nécessaire de convaincre les distributeurs de référencer notre gamme et pour cela, il faut entrer en contact avec les bons interlocuteurs. En effet, Hoover a l'habitude de travailler avec les responsables des achats de produits électroménagers de la grande distribution, mais pas avec ceux des produits d'entretien. Il faut donc susciter l'intérêt de ces derniers afin d'être le plus rapidement possible présent en hyper. Ceci passe par un travail relationnel important, en particulier auprès des acheteurs des produits électroménagers (que nous connaissons bien), qui peuvent relayer l'information sur nos nouveautés auprès des bons interlocuteurs. C'est simplement quand le rendez-vous a lieu que nous avons l'opportunité de convaincre la grande distribution de l'intérêt de notre gamme, en montrant comment elle peut contribuer au développement du CA de l'enseigne visitée, à son image d'innovateur et de protecteur de l'environnement.

27 Le *retailing mix* : politique d'assortiment et de prix chez le distributeur

Point clef

À l'instar des fabricants, les distributeurs définissent une stratégie marketing (marché cible, positionnement) mise en œuvre à travers les différents éléments du mix. Lorsqu'il s'agit d'une enseigne, on utilise le terme *retailing mix* pour désigner cette mise en œuvre de la politique marketing qui possède des caractéristiques propres : la politique de produit consiste à définir l'assortiment que l'enseigne va proposer à ses clients et la politique de prix consiste, au-delà de la fixation du prix, à s'interroger sur la définition de la marge commerciale.

La politique marketing d'un distributeur doit être appréhendée à deux niveaux : celui de l'enseigne et celui du point de vente. Il en résulte deux types de marketing :

- un **marketing d'enseigne**, qui reflète la stratégie de l'enseigne au niveau global. Il est déterminé de façon centralisée ;
- un **marketing du point de vente**, qui consiste à adapter la stratégie de l'enseigne au niveau de chaque magasin, en tenant compte des spécificités de l'environnement local (concurrence, clientèle, accessibilité...).

1. LA POLITIQUE DE PRODUIT DU DISTRIBUTEUR

Pour un distributeur, concevoir un assortiment et gérer la marque de distributeur constituent la base de la politique de produit.

a) L'assortiment

Un assortiment est un ensemble d'articles et/ou de services proposés par une enseigne et dont l'objectif est, d'une part, de correspondre aux attentes des clients et, d'autre part, d'assurer la rentabilité de l'enseigne. Pour répondre à ce double objectif, le distributeur dispose de différents types de marques pour constituer son assortiment (voir tableau 27.1). La taille de cet assortiment varie en fonction de critères liés aux consommateurs et aux catégories de produits d'une part et de critères liés au potentiel des points de vente d'autre part.

Tableau 27.1 – Les différents types de marques

	Caractéristiques	Exemples	Diffusion	Objectif
Marques nationales	Innovation, forts volumes qualité, communication.	Barilla, Tropicana, Mir, Philips.	Nationale.	Création de trafic.
Marques régionales ou spécifiques	Qualité, prix élevés, produit local ou de niche.	Kas (*soft drinks*), John Frieda (capillaires).	Régionale. Nationale.	Différenciation, image.
Marques de distributeurs (MDD)	Rapport qualité/prix ; présence sur marchés à forts volumes.	Reflets de France (Carrefour), Quechua (Décathlon).	Liée à une enseigne.	Marge, différenciation, fidélisation à l'enseigne.
Premiers prix	Prix le plus bas.		Régionale. Nationale.	Riposte au *hard discount*.

Au-delà du choix des marques qui constituent l'assortiment, se pose la question de la **taille de l'assortiment**. D'abord, la taille de l'assortiment doit correspondre à ce qu'attendent les clients. Lorsque le consommateur ressent le besoin de comparer les marques (ex. : dans le cas des bières où la marque joue un rôle important dans le processus de décision d'achat), le distributeur doit lui proposer un assortiment large afin de le satisfaire. Dans le cas inverse (ex. : essuie-tout, sel de table), le rôle du distributeur est de présélectionner un assortiment restreint, avec un choix réduit de marques, pour simplifier l'acte d'achat du consommateur. Dans les cas intermédiaires, les distributeurs ont tendance à proposer un large choix de références et de marques. Ensuite, la taille de l'assortiment varie avec le potentiel des points de vente. D'une part, au sein d'une même enseigne, tous les magasins ne font pas nécessairement la même taille.

D'autre part, les clientèles de magasins de taille identique au sein d'une même enseigne peuvent être très différentes (en termes de pouvoir d'achat, d'habitudes de consommation, de goûts…), ce qui implique que pour une même catégorie de produits, l'assortiment peut varier d'un point de vente à un autre indépendamment de la taille de la surface de vente. Aussi, les enseignes découpent leurs assortiments en plusieurs modules, et chaque point de vente de l'enseigne est rattaché à un module d'assortiment qui correspond à son potentiel, et ce, pour chaque catégorie de produit.

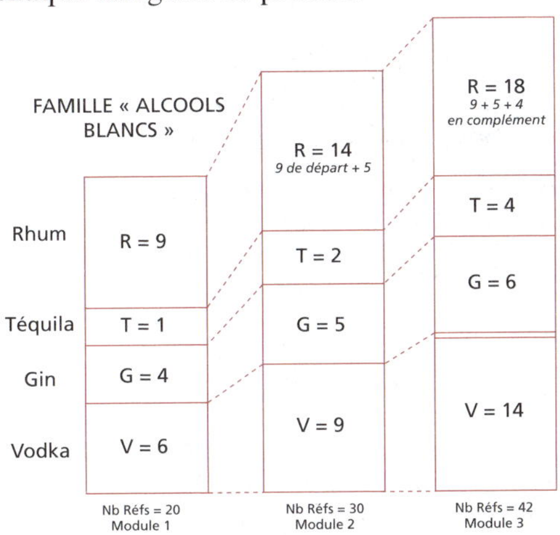

Figure 27.1 – Assortiment « gigogne »

Le figure 27.1 ci-contre montre un exemple de modulation d'**assortiment « gigogne »** (le module d'assortiment supérieur comprend nécessairement les références du module immédiatement inférieur, plus un renfort d'assortiment à tous les niveaux hiérarchiques de l'assortiment).

Enfin, même pour une enseigne dans laquelle les décisions en matière d'assortiment sont très centralisées, il faut laisser la possibilité à chaque point de vente de choisir, au-delà des références communes à tous les magasins (marques nationales, marques de distributeurs, etc.), des références très spécifiques et destinées à répondre à la demande locale (produits locaux, renforts de produits premiers prix, hauts de gamme, etc.). Ainsi, à l'assortiment « commun » à tous les magasins de l'enseigne s'ajoute un assortiment « spécifique » à chaque magasin, choisi librement par ces derniers. Ainsi, un magasin situé en Bretagne peut demander à sa centrale d'achat de référencer, en complément de l'assortiment national, un assortiment spécifique en galettes bretonnes, car la demande locale pour cette catégorie de produits est très élevée et justifie de proposer dans ce magasin des références régionales supplémentaires. Notons enfin que dans certaines structures décentralisées, l'assortiment est défini à un niveau régional (ex. : Leclerc) ou même local (ex. : Intermarché, constitué de magasins indépendants).

b) Les marques de distributeur (MDD)

Depuis leur apparition en 1976, les marques de distributeurs sont devenues incontournables dans l'assortiment des enseignes. Références exclusives à une enseigne, elles se caractérisent par des prix inférieurs aux grandes marques nationales pour une qualité égale et des marges importantes (car les frais de marketing sont réduits). Présentes en particulier sur les marchés à forts volumes et sur les marchés où la sensibilité à la marque est faible, elles sont le plus souvent fabriquées par des PME régionales, mais également parfois par le distributeur lui-même (ex. : Décathlon, Intermarché). Il existe deux grands types de marques de distributeur. Premièrement, les **marques propres**, qui sont des marques exclusives à l'enseigne mais qui ne font pas référence à son nom (ex. : Bout'chou pour Monoprix, Reflets de France pour Carrefour). Deuxièmement, les **marques d'enseigne**, qui sont des marques exclusives aux couleurs de l'enseigne (ex. : Monoprix, Monoprix Bio, Monoprix Gourmet, Monoprix Vert).

La création d'une marque de distributeur répond à deux objectifs principaux : améliorer la marge et se différencier, soit par les prix, en proposant au consommateur un produit *me too* (c'est-à-dire un produit similaire aux produits de marques nationales, mais beaucoup moins cher), soit par le produit, en proposant un produit sans équivalent sur le marché (parfum inédit donc sans concurrence et permettant par conséquent de fixer librement le prix). Dans le cas de la marque d'enseigne, le distributeur poursuit un troisième objectif : la fidélisation à l'enseigne. En apposant au produit le nom de l'enseigne, le distributeur espère que la qualité perçue de la MDD (Carrefour Bio) aura un impact positif sur l'enseigne (Carrefour).

2. LA POLITIQUE DE PRIX DU DISTRIBUTEUR

a) La marge du distributeur

Le distributeur achète les produits référencés à des fabricants à un tarif négocié et le revend en l'état au consommateur en ajoutant une marge, qui dépend d'un arbitrage entre rentabilité et pression concurrentielle. Le tableau 27.2 décompose le calcul de cette marge.

Tableau 27.2 – Le calcul de la marge et du prix de vente chez un distributeur

A	Prix de vente consommateur	= Prix d'achat distributeur + Marge avant + Marge arrière	Calculé hors TVA
B C	– Prix tarif (prix proposé par le fabricant avant négociation avec le distributeur : conditions générales de vente) – Remises sur factures	= Marge avant (A – (B + C))	Marge totale = Marge avant + Marge arrière
D E	– Ristournes différées (souvent conditionnelles) – Coopérations commerciales (prestations de service)	= Marge arrière (D + E)	
F	= Prix d'achat distributeur (« 3 fois net »)	= B – (C + D + E)	Prix payé par le distributeur après négociation

b) La perception du prix par le consommateur (voir fiche n° 22)

Définir le prix auquel va être vendu une référence au consommateur final nécessite de comprendre comment le prix est perçu. Les enseignes ont constaté que les consommateurs n'étaient pas capables de se souvenir avec précision du prix de vente d'un produit (à l'exception de marques incontournables pour lesquelles l'achat est très récurrent), en raison notamment de la largeur et de la profondeur de l'offre ou des changements de prix liés aux promotions. Par ailleurs, le degré de sensibilité aux prix varie selon les catégories de produits : certaines sont très sensibles à la hausse des prix (ex. : café), certaines à la baisse (ex. : produits diététiques). Notons que les consommateurs sont plus attentifs aux prix pour les références chères. Globalement, les consommateurs se forgent une idée de l'image prix de l'enseigne à partir d'indices. Pour avoir une image de prix bas, le distributeur doit donc *1)* faire en sorte que les produits incontournables soient vendus effectivement à bas prix (et donc avec une faible marge avant), *2)* référencer des produits non comparables et des gammes de produits orientées « bas de gamme », *3)* avoir des produits en promotion et *4)* éventuellement proposer des articles avec des petits conditionnements. Par ailleurs, l'emplacement du magasin comme la qualité de son aménagement intérieur jouent sur la perception du prix.

c) Fixation des prix et stratégies des enseignes

Les distributeurs utilisent plusieurs méthodes pour fixer un prix. La méthode la plus connue consiste à utiliser un coefficient multiplicateur qui permet de passer du prix d'achat au prix de vente fixé pour le produit par l'enseigne. Cependant, les distributeurs visent une marge globale et par conséquent peuvent déroger à cette règle en compensant les prix faibles par des prix forts (politique de ***high & low prices***), dans une optique de rentabilité. Une autre méthode se base sur la volonté d'être continuellement le moins cher possible, sans jouer sur la promotion (politique de ***everyday low prices***), dans une optique de développement de la part de marché.

Au sein d'une enseigne, un même article peut avoir un prix différent d'un point de vente à un autre. En effet, la situation étant différente d'un magasin à un autre en termes de concurrence (forte *vs.* faible), de clientèle (aisée *vs.* modeste) ou de contraintes logistiques (livraison d'un point de vente en centre ville *vs.* périphérie), plusieurs niveaux de prix sont souvent déterminés par l'enseigne. Chaque point de vente est ensuite rattaché à un niveau de prix en fonction de son environnement local.

L'Œil du professionnel

Stéphane Amblard, acheteur confiserie

Dans la négociation, l'assortiment et le prix constituent des enjeux majeurs. L'assortiment tout d'abord, car pour l'industriel une gamme large signifie une bonne visibilité dans les rayons, qui se traduit logiquement dans les ventes. Mais pour le distributeur, l'arbitrage est plus difficile : face aux nombreuses nouveautés, chaque référencement d'un produit doit être accompagné par la suppression d'un autre (règle du « un pour un »). Dans ces conditions, les indicateurs de rentabilité du linéaire (résultant des rotations et du taux de marge de chaque référence) sont une précieuse aide à la décision.

Les prix sont également au centre du débat puisqu'ils structurent la rentabilité des acteurs :

- celle du distributeur, bornée par les prix de vente au consommateur (fixés de façon à rester compétitifs par rapport à la concurrence) et les prix d'achat « 3 fois net » issus des accords annuels, où les marges arrières (ristournes et coopération commerciale) jouent un rôle important ;
- celle de l'industriel, régulièrement reconstituée à travers les hausses de tarif, qu'il essaiera d'appliquer à la grande distribution en évitant une trop grande rétrocession lors des négociations.

28 Le *retailing mix* : politique de distribution et de communication chez le distributeur

Point clef

Pour un distributeur, la politique de distribution consiste à choisir l'emplacement des points de vente, leur aménagement et la méthode de vente. La politique de communication consiste à promouvoir l'enseigne de manière globale mais également à assurer la promotion des produits et des marques dans chacun des points de vente.

1. LA POLITIQUE DE DISTRIBUTION DU DISTRIBUTEUR

a) La localisation du point de vente

L'emplacement est le mot clé du commerce de détail : le point de vente doit en effet être accessible à la clientèle visée et posséder une force d'attraction suffisante pour que le consommateur accepte de s'y déplacer.

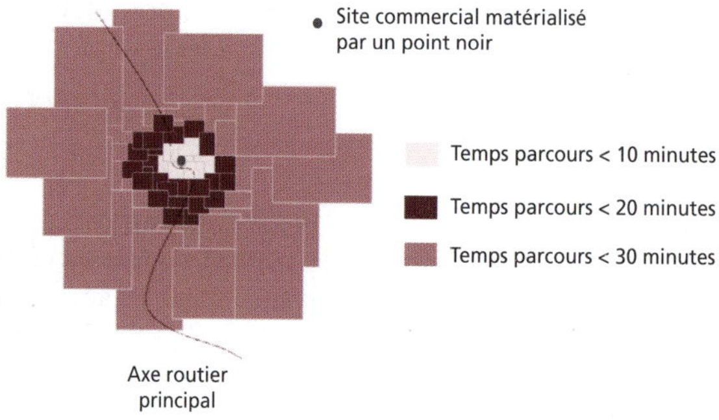

Figure 28.1 – Zone de chalandise (accès en voiture)

La question de la localisation se pose bien sûr différemment selon la catégorie de produits proposée par le distributeur (forte implication *vs.* faible implication) et le type d'environnement (rural *vs.* urbain). Dans le cas des centres commerciaux, la question est de savoir jusqu'à quel temps de parcours le centre commercial est capable d'attirer des consommateurs. Ce temps de parcours est représenté sous forme de courbes isochrones, qui délimitent la **zone de chalandise** (voir figure 28.1 ci-contre).

Pour une entreprise de commerce de détail, le choix de la localisation dépend de multiples facteurs, notamment de l'environnement économique (ex. : coût de l'immobilier, taille et caractéristiques sociodémographiques de la population, etc.) et de l'environnement géographique (ex. : proximité avec des sites touristiques, qualité des infrastructures routières). En ville, les décisions sont également liées à des décisions concurrentielles, qui peuvent amener une entreprise à implanter plusieurs points de vente simultanément dans un même quartier ou une même rue pour asphyxier la concurrence. Le choix de l'emplacement est donc un challenge important, qui pousse les distributeurs à recourir aux conseils de sociétés spécialisées en **géomarketing**, qui analysent la clientèle locale d'un point de vue sociodémographique et intègrent dans leurs modèles d'aide à la décision des paramètres géographiques et liés à la concurrence.

b) Les méthodes de vente

Une fois l'emplacement du point de vente déterminé, le distributeur doit décider de la manière dont les produits vont être vendus à l'intérieur du point de vente. Aujourd'hui, dans de nombreux magasins, la vente se fait en libre-service (LS), ce qui suppose des dispositifs complémentaires d'aide à la vente, comme le **merchandising**.

La vente en libre-service, dont le principal avantage est le coût, n'est pas adaptée à toutes les catégories de produits, ni à toutes les enseignes : certains produits nécessitent du conseil (ex. : micro-informatique), d'autres nécessitent la présence d'ambassadeurs de la marque chargés de représenter ses valeurs (ex. : produits de luxe), d'autres encore requièrent une assistance pour réaliser la transaction (ex. : gros électroménager). On parle alors de vente assistée. La présence de vendeurs/conseillers dans le lieu de vente permet également de créer un lien social avec la clientèle, ce qui peut constituer un élément de différenciation avec la concurrence. Les missions du vendeur dans le cas de la vente assistée sont très variées. Au-delà de son rôle dans la transaction (promotion des produits, vente, encaissement), le vendeur participe à la gestion de la relation client en accueillant et conseillant celui-ci mais également en collectant de l'information client. La méthode de vente choisie par le distributeur traduit donc souvent son positionnement et constitue aujourd'hui un service différentiateur, parfois exclusif (accueil personnalisé du client, voiturier dans certaines boutiques de luxe).

c) Le merchandising

Lorsque le client n'est pas (ou peu) assisté par un vendeur, le distributeur doit l'aider à se repérer dans le point de vente et à choisir facilement le produit recherché dans les rayons. Le merchandising, qui constitue un ensemble de méthodes et de techniques concourant à donner au produit un rôle actif de vente par sa présentation et l'organisation de son environnement visuel, se situe au cœur de cette mission. Le merchandising, outre des objectifs marketing (augmenter l'agrément et la facilité d'achat), poursuit des objectifs financiers (augmenter la rentabilité de la surface de vente).

Le merchandising consiste à déterminer la position des univers de consommation dans l'espace de vente (ex. : où placer le rayon des boissons dans un hypermarché ?) en fonction de l'attractivité de l'univers (les produits d'impulsion comme les chewing-gum seront mis en avant ; les produits dont l'achat est en général programmé par le client, comme les machines à laver le linge) et de contraintes logistiques (liées à l'acheminement des produits des réserves aux rayons ou liées à la préparation des produits ; ex. : boucherie, poissonnerie...). Le merchandising étudie également les flux de clientèles dans le magasin, afin d'éviter les zones d'engorgement, de déterminer l'emplacement des caisses et de calculer la surface optimale à allouer à chacun des rayons. Enfin, et surtout, le merchandising détermine l'emplacement des segments, gammes et marques à l'intérieur d'un rayon donné, afin d'optimiser le chiffre d'affaires et la rentabilité.

Le merchandising s'articule autour de trois axes :

- L'organisation, qui consiste à segmenter le rayon visuellement de manière à rendre l'offre lisible et accessible pour le consommateur.
- La gestion, qui consiste à allouer à chaque segment, gamme ou marque la part de linéaire qui correspond à son potentiel de vente.
- La séduction, qui consiste à rendre le rayon attractif visuellement par des éléments d'information ou de décoration (balisage, choix des matières, de la forme du mobilier, etc.). L'aménagement du point de vente peut être également amélioré en s'appuyant sur le **marketing sensoriel**, qui consiste à utiliser les facteurs d'ambiance du magasin (musique, senteurs, couleurs, sensations tactiles et gustatives) afin de susciter chez le consommateur des réactions favorables à l'acte d'achat.

2. LA POLITIQUE DE COMMUNICATION DU DISTRIBUTEUR

Les enseignes disposent de deux supports de communication distincts. Elles peuvent d'une part communiquer directement à leur clientèle par l'intermédiaire de leurs points de vente ; elles peuvent également communiquer en dehors du point de vente en utilisant les médias ou le hors-média.

a) La communication sur le point de vente

La communication locale du point de vente commence à l'extérieur du magasin sous forme d'affiches qui ont pour objectif d'informer le consommateur de l'existence du point de vente. Dans le magasin, la communication s'appuie sur de nombreux outils et supports (affichage, radio, catalogues, stop-rayons, balisage, bornes interactives…) et poursuit prioritairement des objectifs à court terme : susciter des ventes additionnelles et recruter de nouveaux consommateurs à un niveau local. La promotion (fiche n° 36) s'effectue d'abord par l'intermédiaire des fabricants qui utilisent le packaging de leurs produits comme support de communication (bons de réduction, « plus » produit, échantillons, jeux concours, etc.). La promotion s'effectue ensuite directement par le point de vente, qui signale ces promotions au travers de sa signalétique promotionnelle (appelée PLV) et des informations sur le lieu de vente (appelées ILV). Le personnel du point de vente ou des marques référencées dans le point de vente participe également à la communication en présentant les produits, en les faisant goûter, essayer… Enfin, le merchandising permet de mettre en avant des produits par l'intermédiaire de rayons dédiés à la promotion (têtes de gondoles, îlots, corners…). Il constitue également un vecteur de communication permettant au point de vente d'affirmer son positionnement (voir Encadré 28.1).

Encadré 28.1 – L'affichage dynamique : nouveau support de communication

L'affichage dynamique consiste à diffuser des informations en temps réel dans un point de vente en utilisant supports vidéo (écran plasma, vidéoprojecteur) et des technologies *on line* (Internet ou réseaux intranet d'entreprises). Son principal intérêt réside dans la gestion à distance et en temps réel des messages diffusés (information, démonstration, publicité), ce qui permet de faire évoluer instantanément ceux-ci en fonction d'informations issues des magasins. Par exemple, l'affichage dynamique permet de mettre en avant un produit qui se vend mal ou, au contraire, de retirer rapidement une publicité pour un produit proche de la rupture de stock. En outre, selon l'institut Ipsos, ces outils seraient plus efficaces en termes de mémorisation de l'information par le consommateur.

La communication sur le point de vente s'appuie en particulier sur les nouveautés, les marques (et notamment les MDD, que les enseignes souhaitent mettre en avant), les prix et les promotions. Pour les porteurs de cartes privatives, des opérations de promotion ciblées sont organisées et communiquées à l'ensemble des clients présents dans le point de vente.

b) La communication externe

La communication externe a un objectif à moyen et long terme : faire connaître et faire aimer l'enseigne à un niveau régional ou national. Cette forme de communication au niveau de l'enseigne passe par le hors média (sponsoring notamment) et les médias traditionnels (fiches n° 30 à 37), mais a été longtemps limitée par l'interdiction faite aux distributeurs d'accéder à la publicité télévisée (voir Encadré 28.2).

Encadré 28.2 – Un accès récent et limité à la publicité télévisée

Les distributeurs ont accès depuis le 1er janvier 2007 à la publicité télévisée à un échelon national, ce qui leur permet de communiquer sur leur image et leurs valeurs. En revanche, les communications concernant leurs opérations commerciales et de promotion étant exclues de cette disposition, les enseignes françaises n'ont pas la possibilité de communiquer sur des réductions temporelles de prix (soldes, promotions) ou d'autres avantages limités dans le temps (ouverture exceptionnelle, opérations de promotion par le jeu, avantages momentanés en termes de points fidélité, etc.).

La communication externe des distributeurs s'appuie donc sur des messages liés au positionnement de l'enseigne et aux valeurs qu'ils défendent. D'une part, les enseignes communiquent par l'intermédiaire de leurs slogans (ex. : « Avec Carrefour, je positive » ; « Auchan. La vie. La vraie ») et de thématiques qui tournent souvent autour du prix (anniversaires, foires, quinzaines promotionnelles...) et/ou de la défense du consommateur (ex. : Leclerc). Les enseignes, qui suivent les grandes tendances sociétales, commencent à mettre en avant leur engagement dans le développement durable, à l'image de l'enseigne anglaise Tesco qui a créé une carte de fidélité récompensant les achats de produits respectant l'environnement.

L'Œil du professionnel

François Loubrie, responsable merchandising parfumerie dans une enseigne de supermarché

D'un point de vue opérationnel, le merchandising consiste à communiquer des recommandations d'implantation des rayons à l'ensemble de nos magasins. Ces plans (ex. : plan des produits capillaires) sont des « photographies » d'un rayon de face, qui laissent apparaître la segmentation du rayon (ex. : shampooings, après-shampooings, produits coiffants), les marques (Fructis, Elsève, Ultra-doux, etc.) et chaque référence présente (ex. : Fructis 2-en-1, antipelliculaire). L'important, au-delà de la construction de ces recommandations (qui se font à l'aide de logiciels), est que tous nos magasins les reçoivent sur **chaque** rayon, **régulièrement** pour que celles-ci soient à jour et **adaptées** en fonction du profil du magasin (taille, potentiel, etc.). Pour cela, on utilise l'intranet, qui a pour avantages la **rapidité de diffusion**, la possibilité d'**adapter le contenu** du message au destinataire et la **permanence de l'information**. Chaque point de vente a donc accès à un catalogue de plans merchandising personnalisés. La mise à disposition d'un nouveau plan ou d'une actualisation fait l'objet d'une circulaire d'alerte pour prévenir le point de vente, et lui permettre de réaliser une implantation rapide du rayon.

29 Le commerce électronique

Point clef

Le commerce électronique ou e-commerce est la vente de produits et de services par l'intermédiaire d'un média électronique. En fort développement depuis le début des années 2000, le commerce *via* Internet concerne aujourd'hui de nombreux secteurs d'activité. Ce canal de distribution virtuel possède des caractéristiques propres, qui influencent les stratégies de distribution des enseignes et des fabricants, et encourage l'arrivée de nouveaux acteurs.

1. LE DÉVELOPPEMENT DU E-COMMERCE EN FRANCE

a) Définition

Le commerce électronique est l'utilisation d'un média électronique pour effectuer une transaction commerciale. Le commerce électronique concerne aussi bien la vente par une entreprise de biens et de services aux particuliers (***Business to Consumers***), que les transactions commerciales entre entreprises (***Business to Business***) ou entre consommateurs (***Consumers to Consumers***, à l'image de eBay ou Homelidays).

b) Les raisons du développement

En France, le commerce électronique est né dans les années 80, avec l'apparition de Telemarket, premier supermarché virtuel. La commande se faisait alors par l'intermédiaire du Minitel. S'il a connu une longue phase de démarrage, le commerce en ligne *via* Internet se développe très rapidement depuis le début des années 2000. Trois principaux facteurs expliquent cette expansion.

- La démocratisation de la connexion Internet à haut débit, qui concerne 93 % des installations en 2008. Aujourd'hui, environ 60 % des Français âgés de plus de 11 ans sont connectés à Internet et plus de 12 millions de visiteurs fréquentent le Web chaque jour (*source :* Médiamétrie, 2008).
- Le développement de l'offre et l'agrément des sites, qui allient convivialité, ergonomie et information. Sur de nombreux sites commerciaux, chaque offre est accompagnée par un descriptif, des photos, et parfois des vidéos, des liens avec d'autres sites Internet, des commentaires d'utilisateurs, etc.
- L'amélioration du *back office*, à travers l'optimisation des systèmes de livraisons et la généralisation de systèmes de paiement sécurisés.

On estime qu'aujourd'hui 20 millions de Français achètent en ligne (*source :* Benchmark Group). Le e-commerce permet d'avoir accès à un très large panel de produits et de services, mais le recours à Internet est privilégié pour certaines catégories de produits. En effet, dans les secteurs du voyage, de l'informatique ou de l'électronique grand public, le commerce en ligne représente plus de 10 % des ventes. Aujourd'hui, Internet constitue donc un canal de distribution de masse où il est possible d'aller au supermarché (ex. : houra.fr), de participer à des ventes aux enchères (ex. : ebay.com), de télécharger de la musique (ex. : fnacmusic.com), d'utiliser des services bancaires (ex. : monabanq.com), de prendre des cours de langues à distance (ex. : tellmemore.com), de recourir à un prestataire pour faire ses formalités de Visa à distance (ex. : visa-vietnam.org), de réserver une chambre d'hôtes (ex. : gitesdefrance.com) ou d'assembler en ligne les éléments de sa future bibliothèque (ex. : ikea.fr).

2. LES SPÉCIFICITÉS DU E-COMMERCE

Le commerce en ligne comporte de nombreuses spécificités, liées en particulier au fait que l'environnement de vente est virtuel.

1. D'abord, la relation entre le consommateur et le lieu de vente est modifiée : les contraintes spatiotemporelles présentes lors de l'achat dans un commerce traditionnel tendent à disparaître, comme le montre le tableau 29.1.

Tableau 29.1 – Impact du e-commerce sur la relation consommateur/magasin

	Les plus...	Les moins...
Horaires d'ouverture	Pas d'horaires d'ouverture : le magasin est ouvert 7 jours sur 7, 24 h sur 24.	
Entrée dans le magasin	À partir de l'adresse Internet du site marchand, mais aussi à partir d'une recherche par mot clé ou d'un produit lié au magasin.	Moins d'achats d'impulsion.
Déplacement dans le magasin	Pas d'allées, pas de caddies, pas d'autres clients, pas d'attente aux caisses. Plusieurs formes de déplacement : choix de produits dans une liste de catégories, par mots clés entrés dans un moteur de recherche. De nouveau modes de repérage.	Repérage moins intuitif, dans un univers « sans limite ». Difficulté à trouver son produit dans des listes aux intitulés complexes (ex. : « Bannes et marquises »).
Force de vente	Pas de pression à l'achat. Des compléments d'information informels : avis d'internautes, forums dédiés, communautés virtuelles d'acheteurs, etc.	Pas d'interaction sociale directe, car absence de vendeurs, de conseillers, de caissiers.
Merchandising	Pas de contraintes liées à la taille de l'assortiment : le magasin virtuel peut référencer autant de produits que désiré, les contraintes d'espace et de stockage en rayon étant absentes. Pas de contraintes liées à la visibilité des produits : le même espace est octroyé à chaque produit. Beaucoup plus d'informations sur le produit dans les « rayons », fournies à partir de supports variés (texte, audio, photo, vidéo). Possibilité de proposer un produit dans une multitude de rayons différents, et/ou de créer des univers qui rapprochent des produits de nature différente (ex. : de la farine, des œufs, du beurre, du sucre, des glaces, du rhum et une poêle dans un univers « crêpes »).	On ne peut pas toucher le produit, le tester (ex. : parfumerie), l'essayer (ex. : textile). Difficile de jouer sur l'organisation de l'espace, l'architecture et les éléments d'atmosphère : relative uniformité des sites de e-commerce, quelle que soit leur activité.
Promotions	Possibilité de promotions croisées difficiles à mettre en place en magasin. Promotions pouvant être implantées sur de nombreuses pages du site.	Signalétique, PLV, moins percutantes, pas d'animations, de dégustations, etc.

2. Ensuite, l'achat ne se fait pas de la même manière : le produit n'est pas emporté, mais le plus souvent livré (il peut également être mis à disposition du client dans un point de stockage). La logistique et notamment la gestion des livraisons se situe au cœur des préoccupations des entreprises de commerce en ligne, en particulier lorsqu'il s'agit de livrer des produits encombrants ou d'effectuer des livraisons de longue distance. Autant les produits intangibles (ex. : nuit d'hôtel, service financier...) ou peu volumineux (ex. : livre, billet de train...) ne posent pas de problème d'expédition, autant certains produits encombrants nécessitent d'analyser avec attention les coûts logistiques. Par exemple, les supermarchés en ligne limitent le nombre de packs d'eau livrés par commande, car leur livraison implique des coûts élevés alors que le chiffre d'affaires qu'ils génèrent est faible. Pour des raisons de coûts également, ces supermarchés en ligne limitent leur périmètre de vente aux grandes villes, afin de grouper plus facilement les tournées effectuées par les camions de livraisons et effectuer moins de kilomètres.

3. Par ailleurs, la concurrence s'élargit. Au niveau national, les enseignes traditionnelles (ex. : la Fnac, sur le marché du disque) qui ont diversifié leurs canaux de distribution en proposant un site de vente en ligne se font concurrence entre elles. Elles entrent également en compétition avec de nouveaux acteurs spécialisés dans la vente par Internet (ex. : Amazon) et un certain nombre d'intervenants (fabricants, artisans...) pour lesquels l'accès à la distribution traditionnelle est difficile ou trop coûteuse (ex. : le label indépendant Prikosnovenie) ou qui cherchent à contrôler leur distribution (ex. : le groupe de rock Radiohead). À un niveau international, des enseignes deviennent concurrentes car le commerce en ligne abolit les frontières géographiques et, dans le même temps, des fabricants peuvent accéder à de nouveaux marchés. Cet élargissement de la concurrence tend à faire pression vers le bas sur les prix des produits et services qui se prêtent le plus à ce mode de distribution.

4. Enfin, le commerce en ligne est un outil de fidélisation, puisqu'il permet de collecter des informations sur le profil des consommateurs (recueillies au moment du paiement) mais également sur leurs comportements d'achat (recueillies tout au long de leur parcours sur le site). Une enseigne de e-commerce peut donc modéliser le parcours de chaque client (achats, mais aussi nombre de pages visitées, ordre de visite, informations consultées) et s'en servir pour mieux proposer des offres liées au profil de chaque client. Par exemple, le site Amazon.com suggère des produits à ses clients en fonction de leurs achats et de ceux des autres clients ayant acheté des produits similaires.

3. LES STRATÉGIES DE DISTRIBUTION ET LE E-COMMERCE

Les stratégies des acteurs du commerce en ligne dépendent de leur position initiale sur le marché, mais également de leur nature.

1. La **réorientation** : une entreprise déjà existante peut décider de réorienter une partie de sa distribution, initialement diffusée sur un canal traditionnel, vers Internet. C'est le cas de Redcats Group qui détient La Redoute et chez qui la part d'Internet dans la vente à distance (VAD) est passée de 4 % en 2001 à 48 % en 2008. Cette stratégie implique un report de clientèle vers ce nouveau canal de distribution, mais permet d'élargir sa clientèle.

2. Une entreprise déjà présente sur le marché peut décider de distribuer son offre sur Internet, en complément de la distribution traditionnelle. On parle alors de ***click and mortar*** pour désigner l'alliance de l'Internet (*click*) et des points de vente en dur (*mortar*, qui signifie mortier en français). Les stratégies de *click and mortar* posent des questions en termes :

- D'offre. Le site de commerce en ligne permet de proposer une offre complémentaire, dont il faut définir le contour et les prix.

- De périmètre de marché. Le site de commerce en ligne doit permettre d'accéder à de nouveaux marchés sur le plan géographique ou du profil de clientèle. Cela entraîne des modifications de l'organisation logistique (lieu de stockage, préparation des commandes, livraison, etc.).
- D'interaction *click and mortar*. L'entreprise est-elle capable de susciter une interaction entre le réseau de points de vente et le site de commerce en ligne, par exemple en proposant de commander en ligne et de venir prendre la commande dans un point de vente de proximité, comme le propose Darty ?
- De nom du site de commerce en ligne : doit-on capitaliser sur le nom de l'enseigne initiale (ex. : fnac.com ; galerieslafayette.com) pour bénéficier de sa notoriété et transférer au site les valeurs associées à l'enseigne ou bien choisir une marque spécifique pour le commerce en ligne (ex. : Houra pour Cora ; Cdiscount pour Casino) pour minimiser les répercussions en cas de problème (liés par exemple à la livraison) ?

3. Enfin, une entreprise peut créer un réseau de vente spécifique au canal électronique, sans posséder de point de vente. On parle alors de *pure players*. C'est le cas de amazon.com, qui propose un très vaste assortiment (les risques de ruptures étant limités par l'absence de stocks en points de vente) et possède une très bonne connaissance de ses clients puisque chacune de leurs actions sont enregistrées. Ceci lui permet de personnaliser l'offre et se différencier par le prix (dans la mesure où les économies réalisées sur le coût immobilier liées à l'absence de points de vente sont supérieures aux coûts engendrés par la distribution).

L'Œil du professionnel

Graziella Kaeuffer, responsable du site Internet chez 1.2.3 (groupe Etam)

La vocation première du site 1.2.3 est d'être une vitrine virtuelle visible par les internautes de chez elles. Le site doit toujours respecter le plan d'animation marketing prédéfini en amont : il doit transmettre les valeurs de la marque, être le reflet des magasins et donner envie aux internautes de se rendre en boutique. Le site doit aussi permettre à la cliente de préparer sa visite en magasin grâce à la présentation de silhouettes complètes et à un outil intitulé « Composez votre tenue » qui permet à l'internaute de faire des essais d'assortiments tout en bénéficiant des conseils de la marque. Le site se doit de suivre les changements merchandising des magasins du réseau de façon à être toujours à jour et représentatif de ce qu'on trouve en magasin pour qu'il n'y ait pas de déception lors de la visite. En moyenne, les vitrines des points de vente changent toutes les 3 à 4 semaines. Chaque changement de vitrine correspond à la mise en avant d'un thème de la collection et chaque thème de la collection a une histoire, ses inspirations et son univers. Cela implique que le site Internet se mette aux couleurs des vitrines au même rythme et qu'à chaque changement de thème, le site traduise visuellement ce nouvel univers. Chaque mise à jour du site est accompagnée de l'envoi de la newsletter *1.2.3* et de la parution du webzine de la marque : *Carnet de Mode*. Le *Carnet de mode* est un outil pédagogique qui permet à la cliente d'améliorer sa culture mode grâce à un carnet de tendances et à des conseils sur la façon de porter telle ou telle pièce (ex. : la saharienne).

30 Le plan de communication

Point clef

Le plan de communication nécessite d'abord d'identifier la source et les différents émetteurs du message. On distingue généralement la communication d'entreprise et la communication commerciale. La clarification des objectifs poursuivis et des cibles de communication permet l'élaboration du message et le choix des canaux appropriés pour relayer ce message. On fixe alors un mix de communication composé de la combinaison des canaux sélectionnés et de la répartition budgétaire entre ces canaux.

1. LES MODÈLES DE LA COMMUNICATION

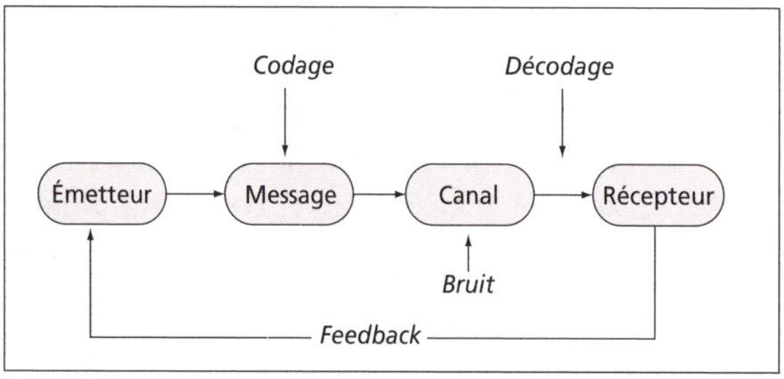

Figure 30.1 – Un modèle simplifié de la communication

Toute forme de communication implique un émetteur, un récepteur, un message et un canal. La transmission d'un message n'est pas exempte de bruits qui viennent altérer tant la qualité de la transmission du message que le décodage qui en est fait par le récepteur. Les modèles traditionnels de la communication (ex. : Shannon et Weaver, 1949) présentent cette séquence sous une forme linéaire. La notion de *feedback* fait référence à l'idée selon laquelle le récepteur du message participe à la construction de celui-ci au travers de ses réactions. Le *feedback* peut être positif et renforcer l'émetteur du message dans son intention. Il peut être négatif et conduire l'émetteur à adapter son message. Il joue donc un rôle de régulation de la communication et c'est la raison pour laquelle, en communication marketing, il est impératif d'adapter le message en fonction du récepteur.

À partir de ce modèle simplifié, on peut proposer une liste de questions permettant d'analyser une communication : Qui ? Dit quoi ? À qui ? Comment ? Ces questions sont très utiles pour établir un plan de communication.

2. QUI COMMUNIQUE ? LA SOURCE ET LES ÉMETTEURS

On distingue la source du message et les différents émetteurs du message.

a) La source : l'organisation ou la marque ?

Lorsque l'organisation (entreprise, collectivité ou association…) est la source du message, on parle de communication d'entreprise. La **communication d'entreprise** vise à promouvoir la mission et les valeurs de l'organisation auprès de ses publics internes et externes.

Lorsque la marque est à l'origine du message, on parle de **communication commerciale**. Celle-ci vise à promouvoir l'ensemble des produits ou services de la marque ou un produit ou service en particulier. Dans le premier cas, on parlera plutôt de **communication de marque**. Dans le second cas, on parlera de **communication produit**.

b) Les émetteurs du message

Même si la source du message est souvent clairement identifiée (organisation *vs.* offre commerciale), la communication de ce message transite par plusieurs émetteurs (le design et le packaging des produits, les marques, le personnel de vente, les employés et leurs dirigeants, les magasins, les différents supports de communication comme les publicités mais aussi les cartes de visite, le site Internet, les rapports d'activité, etc.). Une communication institutionnelle ne sera crédible qu'à condition qu'elle soit relayée par l'ensemble de ces émetteurs. C'est ce qui garantit la cohérence d'un plan de communication. Par exemple, une entreprise qui vante son comportement responsable au travers de campagnes institutionnelles doit s'assurer que l'offre commerciale autant que les comportements des dirigeants de l'entreprise ou de ses vendeurs ne sont pas dissonants avec cette promesse. La distinction entre communication commerciale et communication institutionnelle est utile mais ne doit pas amener à considérer que l'on peut faire l'une sans se préoccuper de l'autre.

3. QUE VEUT-ON DIRE ? LES OBJECTIFS DE COMMUNICATION ET LE MESSAGE

La forme que prend le message dépend des objectifs de communication que se fixe la source.

a) Les objectifs de communication

On distingue en général trois types d'objectifs : cognitifs, affectifs et conatifs.

- Les objectifs **cognitifs** : il s'agit de faire savoir quelque chose à la cible (une performance financière, un avantage-produit, une politique RH...). Dans ce cas, la communication est de nature informative.
- Les objectifs **affectifs** : il s'agit de faire aimer l'organisation et/ou ses marques. Le but est de développer l'image et une attitude favorable à l'achat.
- Les objectifs **conatifs** : il s'agit de faire agir la cible de communication (faire venir en magasin, faire acheter des actions de l'entreprise, faire référencer le produit par les distributeurs...).

b) Le message

Le message est encodé par l'émetteur sous forme de signes. Un signe peut être appréhendé comme la relation entre un signifiant (ex. : un mot ou une image) et un signifié (la perception et la compréhension qui sera faite de ce signe). Par exemple, la représentation d'une colombe (le signifiant) sera dans certaines cultures et pour certaines personnes comprise comme une allégorie de la paix (le signifié). Pour qu'un message soit efficace, il faut s'assurer que le codage (ce qu'a voulu dire l'émetteur du message) et le décodage (l'interprétation qu'en fait le récepteur) sont identiques. Il existe des messages dénotatifs qui ont une signification directe et pour lesquels il n'existe qu'une interprétation possible (ex. : le Code de la route). Certains messages sont au contraire connotatifs, c'est-à-dire que l'interprétation du signe dépend de la subjectivité de chaque individu et du contexte dans lequel le signe est décodé.

4. À QUI VEUT-ON LE DIRE ? LES CIBLES DE COMMUNICATION

L'analyse des cibles de communication est fondamentale car elle conditionne le choix du message et le choix du canal de communication.

a) Les publics de l'organisation

La première étape avant de déterminer les cibles de communication consiste à recenser les différents publics de l'organisation :

- Le public interne composé des employés et des futurs employés de l'organisation.
- Les partenaires de l'organisation (fournisseurs de biens et de services, partenaires financiers et commerciaux).
- Les clients de l'organisation (consommateurs, influenceurs, prescripteurs et distributeurs, qu'ils soient clients actuels ou potentiels ou simplement leaders d'opinion).
- Les pouvoirs publics.

Une fois ces publics identifiés, ils seront divisés en sous-groupes constituant des cibles de communication.

b) Les cibles de communication

Les cibles de communication sont constituées de sous-groupes d'individus homogènes en termes de freins, de motivations, d'attitudes et de comportements à l'égard d'une organisation, d'une marque ou d'un produit/service. L'homogénéité de chaque cible de communication est nécessaire pour que les objectifs de communication soient correctement formulés, que le message puisse être uniformément décodé, que le canal de communication soit le plus adapté possible et que le message produise les effets attendus. Parmi l'ensemble des cibles recensées, on identifie souvent le **cœur de cible** constitué des cibles prioritaires et qui feront l'objet d'une pression plus soutenue.

Chaque cible fait ensuite l'objet d'une description quantitative et qualitative. La description quantitative permet de connaître la taille de la cible, sa structure, éventuellement son pouvoir d'achat, sa répartition géographique, etc. La description qualitative de la cible est indispensable pour connaître l'état d'esprit de ses membres à l'égard de l'organisation ou de la marque ainsi que de ses concurrents. Elle est également nécessaire pour en appréhender la culture et les valeurs et proposer ainsi un message pertinent.

5. COMMENT VEUT-ON LE DIRE ? LE MIX DE COMMUNICATION

a) La stratégie des moyens : le choix des supports de communication

La communication média se fait au travers des médias de masse et représente environ un tiers des dépenses en communication des annonceurs. La communication hors-média ne nécessite pas d'achat d'espace sur les médias de masse. Elle est moins visible, mais représente néanmoins les deux tiers des investissements en communication. Les principaux moyens de communication sont présentés dans le tableau 30.1. Le concept de **communication marketing intégrée** rend compte de la multiplicité des canaux et de la nécessité de construire une stratégie de communication globale et unifiée pour l'ensemble de l'organisation.

Tableau 30.1 – Principaux moyens de communication

Communication sur les médias de masse (hors Internet) – Fiches n° 31 à 33	
Télévision Presse quotidienne (nationale, quotidienne régionale, gratuite) Presse magazine, presse gratuite généraliste, presse professionnelle	Affichage (grand format, mobilier urbain, transport) Radio Cinéma Médias tactiques
Communication sur Internet – Fiche n° 37	
Achat d'espace Liens sponsorisés	Sites institutionnels et commerciaux Vidéos virales
Relations publiques – Fiche n° 34	
Salons et foires Événements, réceptions Relations presse	Parrainage Mécénat Lobbying
Marketing direct – Fiche n° 35	
Mailings, e-mailings, SMS, MMS Éditions publicitaires	Distribution de prospectus Prospection porte-à-porte ou téléphonique
Promotion des ventes – Fiche n° 36	

b) Le choix du budget et sa répartition

La fixation du budget de communication reste un enjeu majeur en l'absence de méthode précise pour évaluer les retours sur investissement des actions de communication (fiche n° 33). Dans l'idéal, le budget de communication et sa répartition entre les différents outils de communication devraient s'établir en fonction des objectifs de communication, de la nature des cibles visées et de la concurrence. Dans la pratique, il n'est pas rare que le budget s'établisse selon d'autres critères. Les budgets de communication sont souvent fixés de façon proportionnelle au chiffre d'affaires. Si cette pratique a du sens car les efforts alloués à la communication doivent être proportionnels à la taille et au volume d'affaires de l'entreprise, elle manque parfois de pertinence en situation de crise. Lorsque le chiffre d'affaires diminue, les budgets de communication se réduisent alors même que la communication permettrait sans doute d'enrayer en partie la baisse des ventes. Il arrive aussi fréquemment que les budgets soient fixés en fonction des investissements des concurrents. Pour cela, l'annonceur estime sa **part de voix** c'est-à-dire le montant de ses investissements en communication rapporté aux investissements totaux du secteur. Pour émerger, un annonceur doit « crier plus fort » (c'est-à-dire avoir une part de voix supérieure à ses concurrents directs de taille équivalente) ou choisir des territoires de communication sur lesquels les concurrents sont faiblement présents. L'annonceur peut alors calculer sa **part de voix relative** (part de voix/part de voix du principal concurrent).

L'Œil du professionnel

Françoise Renaud, directrice marketing et innovation à l'Union des annonceurs (UDA)

La stratégie de communication est l'ensemble des réflexions et des décisions qui visent à définir les objectifs d'un investissement en communication, le budget permettant cet investissement, les canaux qui porteront les messages selon les cibles à toucher, la répartition dans le temps de l'effort de communication par message et par canal. Une bonne stratégie de communication permet de prendre en compte tout à la fois l'ensemble des contraintes (et notamment la contrainte budgétaire), les attentes des cibles, mais aussi l'histoire de la marque et de sa communication pour maximiser le retour sur l'investissement.

Le grand intérêt de la communication marketing intégrée tient à ce qu'elle impose que la réflexion stratégique (le planning stratégique), l'idée créative et la stratégie des moyens soient développées concomitamment car elles dépendent les unes des autres. Une marque n'a pas forcément besoin de communiquer sur des dizaines de points de connexion, elle a besoin que les points de contact qu'elle a choisis soient les plus pertinents au regard des publics auxquels elle s'adresse.

31 La publicité : stratégie et création publicitaire

Point clef

La publicité renvoie généralement aux communications sur les médias de masse. À partir du brief que lui fait parvenir son client annonceur, le commercial de l'agence (ou chef de publicité) élabore une copy-stratégie. La copy-stratégie résume la stratégie publicitaire et sert de base de travail aux créatifs de l'agence qui s'efforcent de la traduire en créations.

1. LA STRATÉGIE PUBLICITAIRE (OU COPY-STRATÉGIE)

Selon les agences, il existe plusieurs méthodes (voir L'Œil du professionnel) mais les éléments présentés ci-dessous sous-tendent presque toutes les réflexions stratégiques.

1. Le **fait principal** rappelle les principaux éléments du contexte produit/marché. Cette rubrique donne aussi des indications sur les attitudes et les comportements des consommateurs à l'égard de la catégorie de produits et de la marque.
2. Les **objectifs publicitaires** :
   - D'ordre cognitif : développer la notoriété de la marque, informer les cibles publicitaires d'une caractéristique (ou d'un changement de caractéristique) de la marque, rappeler à l'esprit l'existence d'une marque mature.
   - D'ordre affectif : développer l'image de marque, améliorer la relation avec les clients.
   - D'ordre comportemental : créer du trafic dans les points de vente, annoncer ou soutenir une campagne promotionnelle.
3. Les **cibles publicitaires** (cœur de cible et cibles élargies) et leur description quantitative et qualitative (valeurs et style de vie).
4. La **promesse** est l'élément central du message. C'est elle qui énonce le bénéfice que tirera le consommateur de l'achat de la marque. On parle souvent d'***insight*** pour évoquer l'axe stratégique de la campagne. L'*insight* est en fait une vision pour la marque qui traduit ses valeurs et son caractère distinctif par rapport aux marques concurrentes. Un bon *insight* doit reposer sur une vérité consommateur (une attente centrale des consommateurs, une préoccupation ou une croyance partagée par le plus grand nombre, un frein à l'utilisation du produit) et doit coller à la réalité du produit ou de la marque.

Tableau 31.1 – Quelques exemples d'*insights*

La vérité consommateur	La vision pour la marque ou le produit	La campagne
La majorité des femmes sur la planète s'accorde pour dénoncer les canons de beauté imposés par les grandes marques de cosmétique. Ces standards ne sont pas réalistes et ne correspondent pas au corps des « vraies » femmes.	Dove, la marque soin et beauté des femmes vraies.	La campagne mondiale Real Beauty milite en faveur d'une beauté naturelle en montrant des femmes rondes, âgées ou d'une façon générale ne rentrant pas dans les canons habituels de la beauté.
Les entreprises de crédit à la consommation prêtent sans discernement et sont responsables du surendettement des ménages.	Cetelem, le crédit responsable.	Le message de la campagne Cetelem est « oui, oui, non, oui, oui, non. Cetelem sait dire non dans 30 % des cas ».

5. Les **preuves** sont les supports de la promesse c'est-à-dire les éléments qui crédibiliseront celle-ci. La preuve peut venir d'une caractéristique innovante du produit ou du service, d'un label, d'une caution (scientifique ou célébrité) mais aussi des éléments d'exécution de la campagne.
6. Le **ton publicitaire** : une fois que l'on sait ce que l'on veut dire, il est naturel de se demander comment on veut le dire. Le ton devra s'adapter au message, à la cible et à la personnalité de la marque.
7. Les **contraintes** peuvent être de nature diverse :

- d'exécution (charte graphique, modalités d'utilisation du logo, existence d'un personnage de marque, format des supports) ;
- financières (budget disponible et répartition du budget entre les différents supports) ;
- temporelles (degré d'urgence et période souhaitée de diffusion de la campagne) ;
- légales.

Le tableau 31.2 reconstitue la copy-stratégie pour la campagne de lancement de la gamme Vivelle Dop Color, un gel coiffant coloré commercialisé par Lascad (L'Oréal).

Tableau 31.2 – Le lancement de Vivelle Dop Color

Fait principal	Vivelle Dop est leader sur le marché des gels coiffants grâce à ses innovations remarquées. La marque lance un nouveau produit : un gel coiffant coloré, dans le but de consolider son leadership et recruter sur un marché à la baisse.
Objectifs publicitaires	La campagne est une campagne de lancement de produit : – elle doit convaincre de l'intérêt d'une nouvelle catégorie de produit (les gels coiffants colorés) ; – elle doit lever les freins (préférence pour les mousses alors qu'il s'agit d'un gel ; craintes quant à l'élimination rapide du produit coloré ; craintes que le produit n'abîme les cheveux) ; – elle doit permettre de faire connaître le nouveau produit Vivelle Dop tout en confortant les valeurs de la marque (modernité, innovation et proximité avec les tribus urbaines de jeunes).
Cibles publicitaires	Le cœur de cible est constitué des jeunes urbains de sexe masculin âgés de 15 à 25 ans. La cible élargie inclut les femmes du même âge. En termes de valeurs et de style de vie, ces jeunes appartiennent à des tribus urbaines branchées, créatives et sensibles à l'art urbain. Ce sont des jeunes qui aiment changer de look en fonction de leurs envies et qui cherchent à se différencier de la masse avec un look décalé.
Promesse	Vivelle Dop est un gel innovant qui vous assure en un seul geste une fixation extra forte et un look branché, urbain, unique et créatif.
Preuves	– Le savoir-faire de la marque Vivelle Dop qui est leader sur le marché du *styling* et qui a su s'imposer avec sa précédente innovation, le gel béton. – Le produit en lui-même : un gel avec fixation extra forte, des couleurs urbaines et avant-gardistes (cuivre pop, argent magnétique, or fusion) et un produit qui s'élimine en un seul shampoing sans laisser de traces.
Ton	Jeune et décalé.
Contraintes	Nécessité de montrer le geste d'application du gel (1 seul geste pour les 2 effets fixant et colorant). Budget : 9 millions d'euros.
La campagne	Publicis Conseil a réalisé une campagne plurimédia : – un spot TV de 30 secondes mettant en scène des jeunes qui s'approprient l'art urbain et qui, par un effet caméléon au fur et à mesure de leur passage, colorent la ville façon monochrome, selon leur humeur, et leur look ; – un partenariat avec les NRJ Music Awards accompagné de spots radios sur NRJ ; – un concours de play-back, la « Color Clip Compet » : les participants choisissent la chanson qu'ils souhaitent interpréter en play-back, se « créent un style » et se filment avant de poster le film sur un site dédié.

8. LA CRÉATION PUBLICITAIRE ET LES LEVIERS DE PERSUASION

À partir de la copy-stratégie, les créatifs devront proposer des pistes créatives parmi lesquelles l'annonceur fera son choix. Une bonne création doit d'abord se faire remarquer par la cible visée et ceci dans un contexte de fort encombrement publicitaire. Une bonne création doit aussi persuader.

a) Les leviers pour se faire remarquer

Voici trois techniques souvent utilisées par les créatifs pour que la campagne soit davantage remarquée.

- Le **teasing** consiste à fractionner la campagne dans le temps. Durant la première phase de teasing, l'annonceur n'est pas révélé ce qui provoque en général la curiosité. Ce n'est que quelques jours plus tard que l'annonceur est révélé dans une phase que l'on appelle la phase de révélation. Par exemple, Lagardère Active a réalisé en 2007 une campagne de teasing pour démontrer la puissance de sa régie. Un jeune homme, Paul, crie partout où il le peut son amour à sa fiancée Emma (tags, couvertures de journaux, affiches, blog...). Après une phase de doute où les gens pensaient que Paul existait vraiment, Lagardère Active se dévoile et démontre ainsi que l'on peut faire parler de soi en utilisant l'espace publicitaire commercialisé par sa régie.
- Le ***shockvertising*** consiste à choquer pour attirer l'attention. Il peut s'agir de l'utilisation de tabous d'ordre sexuel, religieux ou morbide. Sans aller jusqu'au *shockvertising*, les publicitaires utilisent souvent la nudité pour attirer l'attention.
- Le **matraquage** consiste à répéter le message un nombre tellement important de fois, que personne ne peut y échapper. Le matraquage concerne aussi bien le plan média (être présent dans le plus grand nombre de supports possibles), la durée de la campagne (être présent le plus longtemps possible) que la répétition de la marque au sein du message. Ainsi, en 2005 et 2006, il fallait être sur une île déserte pour échapper au matraquage du 118 218, dont nous avons tous la musique en tête !

b) Les leviers pour persuader

Les principaux leviers de persuasion sont présentés ci-dessous.

- La **crédibilité** consiste à démontrer la supériorité technique du produit. On peut pour cela avoir recours aux témoignages d'experts (scientifiques, célébrités). Par exemple, L'Oréal a choisi Andie McDowell comme égérie pour vanter les mérites de ses soins anti-rides. La notoriété internationale, la beauté et l'âge de cette actrice rendent crédibles les avantages produits mis en avant. On peut aussi faire des démonstrations de produit (on parle de **torture test** lorsque ces démonstrations sont faites dans des conditions particulièrement difficiles) ou avoir recours à la **publicité comparative**.
- L'**identification** est une technique publicitaire qui consiste à utiliser des scènes familières pour la cible visée. La familiarité des scènes décrites permettra la projection puis l'identification au message. Par exemple, la marque de vêtements Comptoir des Cotonniers utilise des « vraies » personnes dans ses campagnes. Il ne s'agit pas de mannequins professionnels, mais de mères et de filles issues de la vraie vie. Ainsi, il est plus facile de s'identifier à la publicité et de s'imaginer porter les vêtements de la marque.
- La **sympathie** : le registre de persuasion choisi est émotionnel ou humoristique. On cherche à développer la sympathie pour la marque.

c) Les caractéristiques d'une bonne création publicitaire

Une bonne campagne doit respecter la stratégie de publicité, doit se faire remarquer, être mémorisée, être correctement attribuée à la marque, être comprise, être acceptée par la cible visée, être pertinente par rapport aux attentes et aux préoccupations de cette cible. Une bonne campagne doit aussi pouvoir se décliner sur différents médias, et ceci aussi bien dans le temps que dans l'espace.

L'Œil du professionnel

Marco de la Fuente, vice-président de BDDP & Fils

La disruption comme méthode d'élaboration d'une stratégie publicitaire

La théorie	L'exemple
La disruption est la méthode utilisée par les agences du réseau TBWA, dont BDDP & Fils fait partie. Elle permet de bousculer les certitudes et de s'affranchir des modes de pensée convenus. La méthode consiste à identifier les conventions de pensée d'un secteur, à établir une vision nouvelle et à imaginer des idées en rupture pour établir ces nouveaux points de vue. Née de la publicité, la disruption s'applique également aux stratégies marketing, au design, à la création de produits, aux services et à l'organisation des entreprises.	Pour inciter les Londoniens à se rendre plus fréquemment à Paris pour de courts séjours, BDDP & Fils a conçu pour le compte du Comité régional du tourisme Paris Île-de-France une campagne en rupture avec les toutes les conventions touristiques. Elle a abandonné « l'imagerie carte postale » des monuments pour mettre en avant les événements de Paris. Et elle s'est aussi et surtout attaché à rompre avec la réputation d'arrogance des Parisiens en osant jouer la carte de l'autodérision. Même la signature, « C'est So Paris » leur fait un clin d'œil.
La disruption est à la fois une affaire de fond, de forme et de stratégie des moyens. Pour que le discours d'une marque puisse émerger, il faut que son idée de marque (le fond) soit différente, que l'expression de cette idée (la forme) soit originale mais aussi que son moyen d'expression (le support, le média donc) soit disruptif.	Au-delà des médias classiques, la campagne est allée jusqu'à permettre aux Anglais d'apprendre sur Internet les expressions typiquement françaises et les gestes des Parisiens qui paraissent toujours aussi étranges à nos voisins d'outre-manche. Un site Internet (www.cestsoparis.com) parodie la *parisian attitude*.

32 La publicité : choix des médias

Point clef

Une création publicitaire a beau être excellente, elle ne sert à rien si elle n'atteint pas sa cible. C'est la raison pour laquelle le choix des médias et des supports dans lesquels sera diffusée la campagne est fondamental. Le média-planning est une discipline qui consiste à choisir une combinaison de supports publicitaires permettant une pression publicitaire optimale au regard des objectifs de la campagne et du budget disponible.

1. LA STRATÉGIE MÉDIAS

a) Qu'est-ce que la stratégie médias ?

La stratégie médias consiste à choisir les médias et les supports les mieux adaptés aux objectifs publicitaires et aux habitudes de consommation médias de la cible. Les médias diffèrent selon leur capacité à cibler, à créer de l'image de marque, à développer la notoriété, à montrer les gestes qui accompagnent l'utilisation d'un produit, à argumenter ou encore à créer du trafic en magasin. Ils diffèrent également en fonction du coût de l'espace publicitaire et des délais nécessaires à la diffusion de la campagne.

b) Les caractéristiques des principaux médias de masse

La **télévision** : la télévision reste le média de masse par excellence, même si son hégémonie est aujourd'hui menacée. C'est un média adapté pour développer l'image de marque, mais la télévision est un média relativement coûteux dès lors que l'on souhaite diffuser un spot dans un écran à forte audience.

La **presse magazine** : les Français sont de gros lecteurs de presse magazine. Cela permet aux marques d'utiliser ce média pour développer leur notoriété, notamment grâce aux partenariats entre titres de presse magazine (les couplages). La presse magazine est un média de ciblage qui permet de cibler aussi bien selon des critères sociodémographiques que selon les valeurs, les styles de vie et les centres d'intérêt.

La **presse quotidienne** : on distingue plusieurs types de presse quotidienne. La presse quotidienne nationale (PQN), la presse quotidienne régionale (PQR) et la presse quotidienne urbaine gratuite (PQUG). La presse quotidienne est elle aussi un média de ciblage (géographique, par catégorie socioprofessionnelle ou ciblage selon les convictions politiques). La PQR est un bon média de création de trafic en magasin puisqu'il permet d'annoncer des promotions de court terme et géographiquement localisées.

La **publicité extérieure** : la publicité extérieure comprend principalement l'affichage, la publicité dans les transports et sur le mobilier urbain. L'affichage est, avec la télévision, le média le plus puissant. Cela signifie qu'il génère un très grand nombre de contacts en peu de temps. La publicité extérieure permet un ciblage géographique évident, mais également un bon ciblage sociodémographique grâce aux réseaux qualifiés commercialisés par les entreprises de publicité extérieure. Ainsi, il est possible de louer un réseau (qui comprend un nombre défini de faces) ciblant par exemple les cadres CSP +. Grâce à une connaissance précise des déplacements de cette population, le réseau comprend des panneaux disposés à des emplacements pertinents. Enfin, la publicité extérieure a l'avantage d'être le dernier média auquel les consommateurs sont exposés avant l'acte d'achat. Cela en fait un excellent média promotionnel.

L'**Internet** : selon ce que l'on intègre dans la mesure des parts de marché publicitaires, Internet serait le 3e ou 4e média derrière la presse et la télévision (et la publicité extérieure). En 2008, les deux tiers des Français âgés de plus de 11 ans sont connectés et passent en moyenne une heure par jour devant la toile. C'est peu par rapport aux quatre heures de télévision quotidienne, mais c'est beaucoup lorsqu'on sait que la consommation d'Internet ne cesse d'augmenter et que, chez les jeunes, le temps passé sur Internet dépasse le temps passé devant le poste de télévision. La communication sur Internet est donc amenée à continuer son développement et Internet est devenu un média incontournable. La communication sur Internet revêt des formes multiples qui feront l'objet d'un développement dans la fiche n° 37.

La **radio** : la radio est un média qui permet de cibler selon l'âge, les centres d'intérêts et la zone géographique. Comme l'affichage, c'est un média avec lequel une part non négligeable des consommateurs est en contact dans les moments précédant un achat. La possibilité d'un ciblage géographique et cette proximité avec l'achat en font un média promotionnel plébiscité par les distributeurs. Par ailleurs, la radio est un média dont les délais et les coûts de réservation et de production sont raisonnables.

Le **cinéma** : la publicité dans les salles de cinéma est aujourd'hui devenue anecdotique en termes de part de marché des investissements publicitaires. Les annonceurs y dépensent moins de 1 % de leurs dépenses publicitaires. Néanmoins, c'est un excellent média d'image, puisque le message est visionné dans des conditions optimales. C'est un bon média de complément lorsqu'un spot TV existe et que celui-ci peut-être adapté. Ce média permettra de cibler en priorité des cibles jeunes, urbaines et de catégories socioprofessionnelles supérieures. Il est aussi adapté à la publicité locale.

2. LE MÉDIA-PLANNING

a) Qu'est-ce qu'un plan-média ?

Un plan-média est une combinaison d'insertions dans différents supports, à différents emplacements et à différents moments. Une fois les médias choisis (ex. : la presse magazine), le média-planneur choisit les supports (ex. : *Voici*), puis les formats et les emplacements au sein de ces supports (ex. : une pleine page quadri en 4e de couverture). Il décide également du calendrier d'insertion, et ceci en fonction du budget dont il dispose, de la pression publicitaire totale qu'il souhaite exercer sur la cible, mais aussi de l'étalement ou de la concentration de cette pression publicitaire.

Le média-planneur évalue la valeur d'un support en fonction de critères qualitatifs et quantitatifs.

b) Les critères quantitatifs d'évaluation d'un support

1. L'**audience** d'un support est déterminée par le nombre de personnes qui sont en contact avec le support à un moment t (**audience instantanée**) ou en cumulé sur une période donnée (**audience cumulée**). Selon la taille de son audience, on dit qu'un support est plus ou moins puissant. On parlera d'**audience utile** pour faire référence à la partie de l'audience qui correspond à la cible. La télévision est un média puissant capable de générer une audience de plusieurs millions d'individus, mais parmi ces millions d'individus, certains n'appartiennent pas à la cible visée par l'annonceur et il n'est donc pas utile de leur adresser le message. Les émissions à forte audience à la télévision ont un coût élevé et ne sont donc en général adaptées qu'aux annonceurs qui ont eux-mêmes une cible de masse.

2. Un **contact** est défini comme la rencontre entre un support et un individu. Comme on ne peut pas être certain qu'un lecteur, un auditeur, un téléspectateur ou un internaute ait été réellement exposé à la publicité, on parle d'occasion de contact (occasion de voir **ODV** ou occasion d'entendre **ODE**).

3. La composition de l'audience permet au média-planneur de s'assurer de l'adéquation entre le support et la cible :
- La **pénétration** du support au sein d'une population permet de savoir quel pourcentage de cette population a été en relation au moins une fois avec le support au cours de la période étudiée (ex. : 25 % des femmes entre 15 et 25 ans ont ouvert au moins une fois le magazine *A* au cours de la semaine étudiée).
- La **structure de l'audience** permet de voir comment se compose l'audience (ex. : l'audience du magazine *A* se compose de 70 % de femmes et de 30 % d'hommes).
- L'**affinité** permet de mesurer la proximité entre l'audience d'un support et la cible de l'annonceur. On compare alors le poids de la cible dans l'audience du support (la structure de l'audience) avec le poids de cette cible sur l'ensemble de la population (la structure de la population). Par exemple, supposons que les 15-19 ans représentent 8 % de la population totale des femmes âgées de 15 ans et plus en France. Supposons que l'audience du magazine *A* en France soit constituée de 19,6 % de femmes entre 15 et 19 ans. Alors, on peut dire que la cible des 15-19 ans est sur-représentée dans l'audience du support :

  Affinité (15-19 ans, magazine *A*) = (poids de la cible dans le support/poids de la cible dans la population totale) × 100 = (19,6/8) × 100 = 245

  Un indice d'affinité supérieur à 100 indique que la cible est sur-représentée dans l'audience du support et un indice d'affinité inférieur à 100 indique au contraire que la cible est sous-représentée dans l'audience du support.

4. Le coût de l'espace au sein du support s'évalue en fonction de plusieurs critères. Le ticket d'entrée correspond à la somme qu'il faut débourser pour envisager une campagne dans le support. Le coût du contact (utile) ramène ce coût à la taille de l'audience (utile) et permet donc de comparer les différents supports toutes choses égales par ailleurs. En général, on parle de coût pour mille (CPM) pour évoquer le coût pour mille contacts : CPM = (coût/audience) × 1 000. On préfèrera le CPM utiles qui permet de calculer le coût pour mille contacts de la cible.

c) Les critères qualitatifs d'évaluation d'un support

- Le positionnement du support et son adéquation avec le positionnement de la marque.
- Le contexte d'insertion (contexte rédactionnel, programmation…).
- La capacité du message à émerger au sein du support (encombrement publicitaire, emplacement dans le support, position dans un écran…).
- La qualité de la réception et l'acceptation du message par l'audience (attitudes et opinions de l'audience par rapport à la publicité, activités concomitantes pendant la publicité, état d'esprit lors de la réception du message…).

d) L'évaluation d'un plan-média

Le média-planneur compare les plans médias selon différents indicateurs quantitatifs.

- La **couverture utile** d'un plan média correspond au pourcentage de la cible exposé au moins une fois à une publicité du plan média. La **répétition moyenne** d'un plan média renvoie au nombre d'expositions que reçoit en moyenne un individu touché au moins une fois par la campagne. Pour obtenir la couverture utile et la répétition moyenne, il est nécessaire de connaître les chiffres de **duplication d'audience** entre les différents supports du plan média. La **puissance** d'un plan média s'évalue en général au travers d'un indicateur composite : le **GRP** (*Gross Rating Point*). Le GRP correspond au nombre de contacts délivrés pour 100 individus de la cible. Le GRP peut se calculer de deux façons :

- GRP = couverture exprimée en % × répétition moyenne (ex. : 70 % × 5 = 350)
- GRP = (nombre de contacts sur la cible/nombre d'individus dans la population cible) × 100 (ex. : 180 000/51 428 × 100 = 350).

Le GRP est l'indicateur le plus fréquemment utilisé pour comparer les plans médias entre eux. Plus le nombre de GRP délivrés par le plan média est élevé, plus celui-ci est considéré comme puissant. Pour un même nombre de GRP délivrés, on pourra privilégier soit la couverture, soit la répétition en fonction des objectifs publicitaires.

- Le coût d'un plan média peut s'évaluer de plusieurs manières. Le coût total correspond au montant qu'il faudra débourser pour obtenir l'ensemble des insertions proposées dans le plan média. Le coût du GRP s'obtient en divisant le coût total de la campagne par le nombre de GRP délivrés. Cela permet de comparer le coût des plans médias en tenant compte de leur puissance.

Une fois ces éléments analysés, l'annonceur aidé de son agence choisit un plan média et mandate l'agence média pour que celle-ci, représentée par l'acheteur d'espace, s'occupe de la réservation de l'espace auprès des régies.

L'Œil du professionnel

Zysla Belliat, directeur délégué étude et recherche chez Omnicom Media Group

La stratégie des moyens et le message : vers une redéfinition du rôle des agences

La stratégie des moyens ne se limite pas aux médias de masse. Le périmètre qui a du sens est celui des vecteurs ou des canaux qui portent le message et ces canaux doivent permettre de magnifier le discours de la marque. Ils peuvent même porter intrinsèquement du sens et, comme on dit parfois, « les médias ne sont pas des tuyaux vides de sens ». Penser la stratégie média avec et en même temps que le message relève de ce principe. De plus qui dit « stratégie » en matière de communication, dit « marque ». Comment réfléchir à la marque sans intégrer toutes les composantes susceptibles d'agir sur sa personnalité, son positionnement ? Il est donc normal, au sens de logique, et responsable que les agences média s'intéressent au message. Ce qu'elles ont d'ailleurs toujours fait dans leurs recommandations de moyens. Ce qui est nouveau est leur participation plus active à sa réflexion et à sa construction (opérations spéciales, digital...). Plus globalement encore, les agences média se doivent de tout intégrer jusqu'à l'aval, c'est-à-dire ce qui relève de la mesure et de l'efficacité, pour que les enseignements remontent ensuite vers l'amont en un cercle vertueux.

33 La publicité : efficacité publicitaire

Point clef

On distingue aujourd'hui deux grandes familles de mesures d'efficacité. Les mesures d'impact visent à s'assurer que le message a bien atteint sa cible. Les mesures d'efficacité cherchent à mesurer l'effet direct d'une campagne sur une variable dépendante, qui peut être la notoriété de la marque, la part de marché ou encore le chiffre d'affaires. Ces mesures demandent à être complétées pour répondre de façon plus précise à la question du retour sur investissement.

1. LES ENJEUX DE L'EFFICACITÉ PUBLICITAIRE

a) L'importance de la mesure de l'efficacité publicitaire

La question de l'efficacité publicitaire est devenue aujourd'hui une préoccupation majeure chez les annonceurs. Cette exigence de pouvoir mesurer au mieux les retours sur investissement des dépenses de communication s'explique par plusieurs raisons.

- L'importance des dépenses de communication des annonceurs : les montants dépensés en communication atteignent parfois des centaines de millions d'euros, faisant parfois de ce poste l'un des plus importants postes de dépenses.
- Le développement du marketing direct et de la communication sur Internet : pour ces deux types de communication, il est plus facile de mesurer le retour sur investissement. En marketing direct par exemple, on peut connaître avec précision le coût de traitement d'un prospect et le mettre en relation avec les achats de ce prospect. Cela permet de calculer précisément les ROI (*Return on Investment*) des campagnes : pour 1 € investi, quel CA puis-je espérer ?
- La pauvreté des mesures d'efficacité publicitaire existantes : longtemps, les publicitaires ont négligé la question de l'efficacité publicitaire considérant qu'une campagne n'a pas forcément pour objectif de générer du CA à court terme et que la contribution d'une campagne à la création et la consolidation d'une image de marque ne peut se mesurer. La conséquence de cette posture est que les mesures d'efficacité publicitaire les plus fréquentes restent des mesures liées à la mémorisation de la campagne, à sa compréhension ou encore à l'agrément qu'elle suscite. Ces mesures sont utiles, mais incomplètes.

b) Les principales difficultés de la mesure de l'efficacité publicitaire

Alors qu'aujourd'hui, tous les acteurs sont d'accord pour faire de la question de l'efficacité publicitaire l'un des enjeux majeurs de la communication, certaines difficultés subsistent.

- Il est rare qu'une campagne de publicité ne s'accompagne pas d'une autre variation du marketing mix (ex. : une baisse des prix, une modification du produit, une augmentation de sa disponibilité, etc.). Ainsi, si l'on observe une variation des ventes à la suite d'une campagne, dès lors qu'une autre variable du mix a été modifiée, il est très difficile de savoir quelle part de la variation des ventes attribuer à la seule campagne de publicité.

- De nombreuses campagnes publicitaires n'ont pas pour objectif de développer les ventes à court terme, mais visent à créer de l'image de marque. Dans le cas de ces campagnes d'image, comment en mesurer une efficacité qui n'est pas immédiate mais se construit sur le long terme ?
- La précision de la mesure d'efficacité dépend de la qualité des mesures d'audience sur les médias de masse. La connaissance du nombre de contacts délivrés par une campagne dépend des mesures d'audience faites sur les supports dans lesquels la campagne est diffusée. Ces mesures d'audience reposent pour la plupart sur des enquêtes déclaratives soumises, entre autres, aux biais de mémorisation, de désirabilité sociale et d'échantillonnage.

2. LES PRÉ-TESTS PUBLICITAIRES

Les campagnes font l'objet d'évaluations tout au long de leur processus de développement. Les pré-tests peuvent donc intervenir en amont de l'exécution afin de valider l'idée créative ou choisir entre plusieurs copy-stratégies. Une fois la campagne exécutée, elle est à nouveau pré-testée avant sa diffusion à grande échelle. Les éléments pré-testés sont le plus souvent la compréhension et le décryptage du message, la qualité de l'exécution et parfois la capacité du message à émerger dans un contexte de diffusion encombré.

a) Les enquêtes

Lorsque la campagne n'est pas encore exécutée, les agences privilégient les enquêtes qualitatives comme par exemple les *focus groups* (fiche n° 7). Une discussion autour de la compréhension de la promesse ou de l'imaginaire de marque s'engage.

Une fois que la campagne a été exécutée, réaliser des enquêtes quantitatives auprès d'un échantillon représentatif de la cible devient possible (fiche n° 8). La publicité testée peut être diffusée dans différents contextes plus ou moins réalistes. Le ***folder test*** (l'annonce est insérée dans un faux support de presse) et la **revue d'expérience** (l'annonce est insérée dans une véritable revue) permettent par exemple de pré-tester des annonces presse. À la suite de ces diffusions, les répondants sont interrogés sur leur mémorisation et leur compréhension du message. On leur demande aussi si la publicité a suscité l'envie d'acheter.

b) Les tests en laboratoire

Lorsque les pré-tests sont réalisés en laboratoire, il est possible d'établir des mesures physiologiques perfectionnées. Grâce aux caméras oculaires, il est par exemple possible de suivre le parcours des yeux, les points d'arrêts et les temps de fixation d'un individu exposé à la publicité. Les galvanomètres donnent des indications sur l'état émotionnel grâce à des électrodes mesurant le niveau de sudation de la paume des mains. Le tachytoscope est un appareil de projection qui permet de projeter des séquences très courtes du message pour en déterminer les seuils de perception.

Récemment, les techniques de neurosciences appliquées au marketing (**neuromarketing**) se sont développées. Grâce à l'imagerie cérébrale et à l'électro-encéphalographie, on peut observer les réactions du cerveau lors de l'exposition à un stimulus publicitaire.

3. LES POST-TESTS PUBLICITAIRES

a) Les mesures d'impact

Les mesures d'impact visent à vérifier que le message a correctement atteint sa cible. Dans les mesures d'impact, on teste donc :

- Le plan-média, c'est-à-dire la pertinence du choix des supports au regard de la cible visée.
- La capacité du message à émerger, c'est-à-dire à se faire remarquer, à être mémorisé, compris et apprécié de la cible visée.

Pour obtenir des mesures d'impact, on interroge un échantillon représentatif de la cible quelques jours après la diffusion de la campagne (parfois le lendemain de la première diffusion de la campagne, dans ce cas on parle d'un test *Day after Recall*, DAR).Voici les principaux indicateurs d'impact publicitaire.

- La **mémorisation** : il s'agit du pourcentage de personnes appartenant à la cible qui se souviennent avoir vu la campagne. Il peut s'agir d'indicateurs de reconnaissance (on montre la publicité et on demande si la personne se souvient l'avoir vue) ou de mémorisation assistée (on cite la marque ou une série de marques et on demande à la personne si elle se souvient d'une publicité pour cette ou ces marques).
- L'**attribution** : pourcentage de personnes attribuant correctement la campagne à la marque.
- L'**agrément** : pourcentage de personnes appartenant à la cible déclarant apprécier la campagne.
- La **compréhension** : indicateur (chiffré ou non) permettant d'évaluer la bonne compréhension du message et de la promesse par la cible.
- L'**intention d'achat** : pourcentage de personnes appartenant à la cible et se déclarant incitées à acheter suite à l'exposition à la campagne.

Ces scores étant parfois difficiles à interpréter dans l'absolu, on les compare toujours à des **normes** qu'établissent les instituts d'étude. Ces normes peuvent être sectorielles (quels scores obtiennent en moyenne les annonceurs du même secteur d'activité ?) ou contextuelles (quels scores obtiennent généralement les marques qui partagent les mêmes objectifs publicitaires ?).

b) Les mesures d'efficacité sur des indicateurs clefs

Les mesures d'efficacité à proprement parler visent à tester l'effet du message publicitaire sur une ou plusieurs variables dépendantes, qui peuvent être des indicateurs de notoriété, d'image de marque, de ventes, de parts de marché, etc. Il existe plusieurs méthodes permettant de mesurer l'efficacité d'une campagne.

- La **méthode avant-après** : cette méthode consiste à mesurer la valeur de la variable dépendante avant la campagne et de la comparer avec la même mesure faite après la campagne. On fait alors l'hypothèse que la variation observée sur la variable dépendante peut être en partie attribuée à la campagne. Le problème de cette méthode est qu'elle ne permet pas d'isoler le seul effet de la publicité puisque la variation observée peut être liée à d'autres facteurs qui ne sont pas contrôlés.
- Le ***tracking*** consiste à mesurer de façon continue l'évolution de la variable dépendante (ex. : le volume des ventes) et à mettre cette évolution en relation avec les investissements publicitaires. Là encore, la principale limite de la méthode est qu'elle ne permet pas d'isoler le seul effet de la campagne, même si la mesure en continu permet de lisser les biais liés aux variations non contrôlées de l'environnement.
- Les **méthodes probabilistes** visent à mettre en relation les indicateurs clefs de la campagne avec le degré d'exposition à la campagne. Dans ces tests, on mesure pour un échantillon donné *1)* les habitudes de consommation média afin d'estimer le degré d'exposition à la campagne et *2)* les réponses sur les indicateurs clefs (notoriété, attitudes, achats...). On construit ensuite une **courbe de réponse** qui permet de mettre en relation le nombre d'expositions moyen à la campagne avec le score obtenu sur un indicateur clef. Cette courbe de réponse permet d'avoir une idée du nombre optimal de contacts qu'il est opportun d'avoir pour que l'efficacité de la campagne soit maximale.

Encadré 33.1 – Exemple d'une courbe de réponse

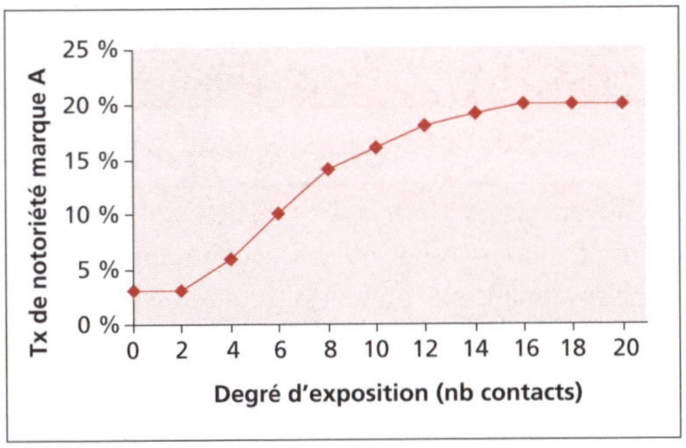

L'indicateur testé est le taux de notoriété assistée de la marque A. L'analyste met en relation ce taux de notoriété avec le degré d'exposition à la campagne.

Il constate que le taux de notoriété de la marque chez les personnes non exposées à la campagne est de 3 %, et que ce taux reste stable en dessous de trois contacts. Un premier enseignement que l'on peut tirer de ce graphe est que pour que le message soit efficace, il faut qu'il soit répété au moins trois fois.

L'analyse montre également que la campagne permet un gain important de notoriété qui atteint 20 % chez les personnes exposées seize fois au message. En revanche, tout investissement publicitaire conduisant à une exposition moyenne au-delà de seize répétitions est inutile. À partir de ce seuil, il ne sert plus à rien de répéter le message.

En conclusion, on peut rappeler l'importance de la mesure de l'efficacité publicitaire et la nécessité qu'il y aura, à terme, de développer des outils plus précis et plus perfectionnés. Le dispositif des marchés tests proposé par Marketing Scan constitue aujourd'hui l'une des méthodes les plus efficaces.

Focus

Les marchés tests de Marketing Scan

Le dispositif des marchés tests proposé par Marketing Scan permet de pré-tester les campagnes dans des conditions réelles. Les marchés-tests permettent aussi de réaliser des post-tests plus précis. Les marchés tests sont constitués de deux agglomérations urbaines de taille équivalente et dont les habitants sont représentatifs de la population française (Angers et Le Mans).

Dans le cadre d'un pré-test, des partenariats avec les principaux médias permettent de diffuser la campagne uniquement à Angers sans qu'elle ne soit diffusée nationalement (et *a fortiori* pas non plus sur l'agglomération du Mans). Les achats des habitants d'Angers et du Mans sont mesurés grâce à des données de panels. Comme les deux zones urbaines sont comparables, les différences de comportements observées peuvent être attribuées à la campagne. On obtient alors une estimation du gain de chiffre d'affaires que l'on peut espérer avoir en organisant une campagne nationale.

Les marchés tests permettent aussi de post-tester une campagne dans des conditions réelles. Des consommateurs panélistes du Mans et d'Angers sont aussi audités sur leurs habitudes de consommation média. Il est possible de mettre en relation directe et pour chaque individu du panel les achats effectifs et le degré d'exposition aux supports de la campagne. Les courbes de réponse calculées sont donc plus précises car les comportements d'achats sont mesurés de façon exacte et ne reposent pas, comme dans les autres méthodes, sur du déclaratif.

34 Les relations publiques

Point clef

Les relations publiques (RP) regroupent l'ensemble des moyens de communication institutionnelle qui visent, pour une organisation, à entretenir une image favorable d'elle-même et de son activité auprès de publics variés (clients, fournisseurs, opinion publique, partenaires financiers et investisseurs, leaders d'opinion, médias et journalistes, pouvoirs publics, enseignants et étudiants, syndicats et public interne...). Les outils des RP diffèrent fortement selon les publics et les objectifs.

1. L'ÉVÉNEMENT

Le marketing événementiel permet de communiquer auprès d'une grande variété de publics (clients, opinion publique, journalistes, associations...). L'événement peut servir à informer. C'est par exemple le cas lorsque Eurostar organise une rencontre avec les parties prenantes du développement durable (Ademe, Afnor, WWF...) pour les informer de ses objectifs en matière de transport vert. L'événement peut aussi servir à renforcer les valeurs d'une marque, à accompagner un lancement ou encore à toucher les influenceurs et les leaders d'opinion. Sofitel organise ainsi des soirées VIP dans ses hôtels pour asseoir sa légitimité dans le secteur de l'hôtellerie de luxe. L'événement, s'il est original, permet aussi de susciter l'intérêt des journalistes et d'obtenir des retombées sous forme de rédactionnel dans les médias de masse. On range dans cette catégorie les opérations dites de **buzz marketing** et de **guérilla marketing** qui prennent la forme d'événements décalés destinés à surprendre et à entraîner du bouche-à-oreille. C'est le cas, par exemple, de la campagne pour la Fondation Abbé Pierre réalisée en 2008 par l'agence BDDP & Fils. Des adhésifs trompe-l'œil géants ont été collés sur les trottoirs de plusieurs lieux stratégiques à Paris (ex. : à proximité de l'Assemblée nationale et du Sénat). Ces adhésifs d'une surface de 7 m^2 montraient l'espace vital restreint de familles contraintes à vivre dans une aussi petite surface. La campagne (dite de guérilla marketing parce que s'appuyant sur un collage sauvage dans Paris) a permis de sensibiliser l'opinion publique et certaines cibles prioritaires comme les sénateurs et les députés. Cette campagne a été accompagnée d'une campagne d'affichage classique.

2. LES RELATIONS PRESSE

Les relations presse ont pour finalité l'obtention de rédactionnel favorable à l'entreprise ou à ses marques. Ce rédactionnel se distingue de la publicité classique en ce sens qu'elle ne nécessite pas d'achat d'espace et que le journaliste reste libre du contenu de son article. Les blogueurs influents sont aujourd'hui considérés par les marques comme des journalistes et bénéficient souvent du même traitement (voir encadré 34.1).

Les principaux outils des relations presse sont le **communiqué de presse** et le **dossier de presse**. Le communiqué de presse se présente sous la forme d'une note synthétique informant les journalistes d'un événement précis concernant l'entreprise ou ses marques. Il arrive que le communiqué de presse soit repris tel quel par les journalistes. Le dossier de presse est plus étoffé. Dans le cas d'un lancement de produit par exemple, les marques envoient aux journalistes un dossier de presse explicitant dans le détail les caractéristiques et les qualités du produit. Il existe d'autres façons de communiquer avec les journalistes, comme par exemple la

conférence de presse ou le **voyage de presse**. Les marques envoient également des exemplaires de produits à tester, sous forme de prêts ou de dons.

Encadré 34.1 – Les blogs

Les blogueurs sont courtisés par les marques comme s'ils étaient de véritables journalistes. Sur certains secteurs (high tech, luxe, cosmétique, mode...), les marques leur prêtent ou leur donnent des produits en espérant en retour un billet favorable à la marque. La pratique du billet sponsorisé se développe : le blogueur perçoit une rémunération allant de 50 à 500 € contre quelques lignes bienveillantes. Le pouvoir d'influence des blogueurs est important car ils sont considérés par les internautes comme des sources d'informations personnelles non commerciales, sources auxquelles ils accordent davantage de crédit. À titre d'exemple, on peut citer l'opération organisée par l'Office luxembourgeois du tourisme. Fort du constat que les Français cherchent leur destination de week-end sur Internet, le Luxembourg a invité des blogueurs influents à venir passer quelques jours au Luxembourg. Au programme, visite des lieux branchés de la ville (musées, restaurants, bars, night clubs) dans le but d'installer le Luxembourg comme une destination de week-end à la mode.

3. LE PARRAINAGE SPORTIF

Dans le cadre des opérations de parrainage sportif, l'entreprise associe son nom ou sa marque à un sportif ou un événement sportif. La décision de s'engager dans des actions de parrainage sportif peut relever d'objectifs variés.

- Le parrainage est utilisé par les marques pour capitaliser sur les valeurs du sport. En s'associant avec un sportif ou un événement sportif, les marques espèrent bénéficier d'un transfert d'image positif. La Transat Jacques Vabre, une course transatlantique qui emprunte la route du café, a ainsi été créée en 1993 pour renforcer les valeurs de la marque (voyage, évasion, qualité, savoir-faire, passion).
- Le parrainage peut être également un moyen de renforcer la notoriété de la marque en bénéficiant d'une **audience directe** (ensemble des personnes présentes sur place lors de l'événement sportif) et d'une **audience indirecte** (ensemble des personnes en contact avec l'événement au travers de sa diffusion dans les médias de masse).
- Le parrainage peut être l'occasion de démontrer les qualités techniques d'un produit. C'est le cas du parrainage d'Alain Bernard par Arena qui s'est engagé à nager avec des maillots de bain de la marque.

Le parrainage est une forme de communication adaptée à tous les types d'annonceurs :

- Les annonceurs de petite taille dont les budgets publicitaires ne permettent pas d'accéder aux médias de masse. La marque PRB, une marque de bâtiment inconnue du grand public, a ainsi développé considérablement sa notoriété en parrainant le bateau de Vincent Riou dans la course du Vendée Globe.
- Les annonceurs dont la clientèle industrielle ne justifie pas l'accès aux médias de masse. C'est le cas du groupe industriel Valéo qui parraine le pilote automobile Luc Alphand en équipant ses véhicules de rallye ainsi que ceux de son équipe d'assistance. Ce parrainage permet à Valéo de démontrer la technicité de ses équipements, mais aussi d'améliorer la relation avec ses clients industriels en les invitant à assister à la Coupe du monde des rallyes.
- Le parrainage est aussi adapté à des annonceurs du domaine non marchand et notamment aux collectivités territoriales. Accueillir le départ du Tour de France entraîne des coûts élevés pour les communautés urbaines, mais celles-ci bénéficient d'une retombée médiatique mondiale compensant largement les coûts engagés. Le départ du Tour de France 2007 à

Strasbourg a coûté 3,2 millions d'euros à la communauté urbaine. Mais l'événement a été diffusé dans plus de 180 pays auprès de plusieurs millions d'individus. Outre le développement de la notoriété de la ville, le Tour de France a permis d'installer la ville comme une ville européenne, transfrontalière et écologique (en mettant en avant ses nombreuses pistes cyclables).

4. LE MÉCÉNAT

Le mécénat est un soutien matériel apporté sans contrepartie directe à une œuvre ou à une personne pour l'exercice d'activités présentant un intérêt général. Les champs d'investissement du mécénat sont le plus souvent la culture et les causes d'intérêt général. Par exemple, Cartier soutient l'art contemporain dans le cadre de sa fondation et Danone s'investit dans la santé en soutenant financièrement l'Institut Pasteur. Le mécénat est un moyen pour une organisation de montrer son implication dans des causes sociales et culturelles et s'inscrit donc plus largement dans une démarche de **responsabilité sociétale des entreprises** (RSE).

5. LE LOBBYING

Le lobbying regroupe l'ensemble des actions visant à informer les pouvoirs publics des enjeux des décisions législatives et réglementaires et ceci dans le but d'améliorer la qualité du débat public. Les actions de lobbying cherchent à convaincre les décideurs publics mais les lobbyistes refusent d'être apparentés à des groupes de pression car la décision finale appartient aux seuls décideurs politiques, garants de l'intérêt général. Des entreprises, des associations professionnelles, des ONG ou encore des collectivités territoriales peuvent être à l'origine d'actions de lobbying et utilisent pour cela des outils variés :

- Notes de synthèse et notes techniques à destination des politiques et de leurs conseillers.
- Dossiers et communiqués de presse comprenant parfois les résultats de sondages et d'études d'opinion.
- Rencontres et organisation de tables rondes ou de voyages d'information.

6. LA COMMUNICATION INTERNE ET DE RECRUTEMENT

La communication auprès des publics internes de l'entreprise permet d'accroître l'implication et le sentiment d'appartenance de ses employés, ce qui contribue à améliorer la productivité et à réduire le turnover. En dehors de cette communication de motivation, la communication interne participe à la construction de la réputation de l'entreprise au travers de ce que peuvent en dire ceux qui la connaissent le mieux pour y travailler.

La communication interne vise plusieurs objectifs selon les contextes :

- Informer les salariés de l'évolution de l'activité de l'organisation et de ses objectifs économiques, financiers, sociaux, éthiques et culturels.
- Rassurer les employés en période de crise. Nexity, un promoteur immobilier dont le cours de bourse a chuté de 76 % en 2008 a organisé un séminaire de deux jours à Deauville pour informer les cadres de l'entreprise de la situation et les rassurer sur la capacité de rebond de Nexity.
- Motiver le personnel, renforcer la cohésion interne des équipes et s'assurer que celles-ci partagent un socle commun de valeurs (la culture d'entreprise).
- Favoriser le dialogue avec les syndicats.

Les outils de la communication interne sont principalement le journal interne, l'intranet, la newsletter et l'événement (séminaire, pot, conférence…). De façon indirecte, certains outils de communication externe peuvent contribuer à accroître la fierté des employés de l'entreprise. Un cas particulier est celui des collectivités locales qui en accueillant un événement (ex. : Jeux olympiques) développent leur notoriété et renforcent la fierté de leurs habitants. Ainsi, communication interne et externe doivent s'envisager conjointement dans une démarche de stratégie globale de communication.

La **communication de recrutement** cible les futurs salariés de l'entreprise, qu'il s'agisse de professionnels ou d'étudiants. On parle parfois de « marque employeur » pour désigner l'attractivité d'une entreprise auprès des candidats, ce qui peut se révéler un véritable facteur clef de succès. Ainsi, sur le marché de l'énergie, les principaux acteurs (EDF, GDF Suez, Total et Areva) se livrent à une concurrence farouche pour recruter les meilleurs ingénieurs nucléaires : visuels presse, sites Internet, salons de recrutement, témoignages de salariés, conférences dans les écoles d'ingénieurs, tout est bon pour attirer de futurs collaborateurs.

L'Œil du professionnel

Stéphane Billiet, CEO Hill and Knowlton et par ailleurs président du Syntec RP

Les relations publiques au service de la réputation de l'entreprise

Chez Hill and Knowlton, nous considérons que la réputation de l'entreprise est un atout majeur. Une entreprise et ses marques interagissent avec une société large constituée de parties prenantes et la réputation est le résultat de tout ce que l'entreprise a accumulé d'expériences positives avec ses parties prenantes. La réputation est un bien paradoxal car, d'un côté, c'est un actif immatériel de l'entreprise, mais de l'autre la réputation ne lui appartient pas. L'entreprise en jouit mais ce n'est pas elle qui la décrète car celle-ci se révèle sous le regard de ses publics. Aujourd'hui, la crédibilité des messages de l'entreprise est constamment remise en question par la multiplicité des points de vue qui s'expriment. C'est pourquoi la connaissance des parties prenantes, la compréhension de leurs intérêts et la maîtrise des canaux de communication est primordiale. Les relations publiques doivent être comprises comme une fonction de gouvernance de l'entreprise qui gère ses interactions avec la société. Les relations publiques placent le relationnel au cœur de la stratégie d'entreprise et se concrétisent au travers des outils les plus adaptés pour gérer cette relation.

35 Le marketing relationnel

Point clef

Le marketing relationnel peut être défini comme un marketing qui vise à créer, développer et entretenir une relation individualisée avec les clients potentiels (les prospects) et les clients acquis. La connaissance client, le marketing direct et la fidélisation sont des concepts clefs au cœur du marketing relationnel.

1. LA RELATION CLIENT ET LA CONNAISSANCE DU CLIENT

Développer une relation de qualité avec ses clients nécessite de bien les connaître. La démarche du marketing relationnel repose généralement sur les étapes présentées ci-dessous.

a) Identification et qualification des clients

Le marketing relationnel repose sur l'existence de bases de données recensant des informations sur des prospects ou des clients. Le nombre de clients étant généralement plus élevé en situation *business to consumer* qu'en situation *business to business*, la tâche y est aussi plus complexe et nécessite la mise en œuvre de processus systématiques et informatisés. On enregistre pour chaque prospect ou client des informations de type signalétiques (nom, prénom, adresse, date, de naissance, etc.), déclaratives (marques préférées, loisirs, consommation des médias, etc.) et comportementales (type de produits achetés, date du dernier achat, montant moyen de l'achat, etc.). On enregistre aussi les sollicitations marketing pour chaque client et les réponses qui y ont été apportées. Ainsi, on peut mesurer précisément l'efficacité des actions de communication et mettre en relation le coût marketing d'un prospect ou d'un client avec le chiffre d'affaires généré par celui-ci. Les procédures mises en œuvre pour améliorer la connaissance des clients portent parfois le nom de ***Customer Relationship Management*** (CRM).

b) Segmentation des clients

Une fois les principales données collectées, celles-ci sont analysées et utilisées pour segmenter les clients selon leur profil ou leurs comportements. La segmentation RFM est une segmentation comportementale qui repose sur trois variables : la **Récence** (date du dernier achat), la **Fréquence** des achats et le **Montant** moyen des achats. Ce type de segmentation permet de distinguer les très bons clients, les bons clients, les clients occasionnels et les clients inactifs et de décider pour chacun des actions marketing les plus pertinentes. D'autres types de segmentation peuvent évidemment être mises en œuvre. Elles visent souvent à établir un ***scoring*** pour chaque contact de la base de données, c'est-à-dire la probabilité pour qu'un événement se produise. Un **score d'appétance** calcule la probabilité pour que l'achat se produise. Un **score de déperdition** (souvent dit ***churn***) calcule au contraire la probabilité qu'un client donné mette un terme à la relation.

c) Ciblage des actions de communication

La démarche de marketing relationnel vise principalement à mieux cibler les actions de communication. On pourra ainsi déterminer la nature de l'avantage à proposer au client et distinguer des avantages d'ordre transactionnel (un avantage-prix ou un service de livraison gratuit) et d'ordre relationnel (une invitation VIP ou un conseil personnalisé). Une bonne connaissance des clients permet aussi d'optimiser l'efficacité des actions marketing, notamment en adaptant le montant investi au potentiel de chaque client. La connaissance client aide aussi à déterminer la fréquence et la date des sollicitations selon deux calendriers : l'agenda personnel du contact (ex. : anniversaire) et l'agenda calendaire (St Valentin, fête des mères...).

2. LE MARKETING DIRECT

Le marketing direct est une forme de communication directe entre une organisation et un client ou prospect qui a pour but de générer un achat ou au moins une prise de contact avec un commercial. Le marketing direct représente aujourd'hui le premier poste d'investissements en communication des annonceurs.

a) Les objectifs des actions de marketing direct

Les actions de marketing direct répondent à trois types d'objectifs.

- Attirer de nouveaux clients, c'est-à-dire convaincre des prospects de s'intéresser au produit ou au service. Dans ce cas, on parle de **campagnes de prospection**.
- Rentabiliser les clients existants : en les orientant vers d'autres produits de la gamme, en général complémentaires au produit ou service déjà acheté (***cross-selling***) ou vers des produits plus chers (***up-selling***).
- Fidéliser les clients existants.

b) Les fichiers et les plans-fichiers

Le contact direct avec le client passe le plus souvent par l'existence de fichiers de clients ou de prospects. Ces fichiers peuvent avoir été développés en interne (ex. : les fichiers clients), mais peuvent aussi être achetés ou loués à des prestataires externes (voir L'Œil du professionnel). Il n'est pas rare qu'un annonceur compile plusieurs fichiers dans le but d'obtenir la base de données la plus importante possible. On parle alors de **plan-fichiers**, c'est-à-dire de la combinaison de fichiers de prospects issus de sources différentes. Par exemple, une campagne de recrutement menée par le Club des créateurs de beauté auprès de la cible des femmes entre 18 et 25 ans repose sur la combinaison d'un fichier cœur de cible étudiante (Ofup), de fichiers clients des VPCistes (3 Suisses et Blanche Porte) et de fichiers d'abonnées à des magazines féminins. Une fois compilés, les fichiers sont **dédupliqués** de sorte à éviter les doublons.

c) Les techniques de marketing direct

- Le publipostage (ou **mailing**) consiste à envoyer des informations commerciales à des prospects ou à des clients par voie postale ou électronique (**e-mailing**). Le mailing peut aussi se faire par l'envoi de SMS sur des téléphones portables. Les mailings adressés sont envoyés de façon nominative et personnalisée. Les mailings non adressés sont le plus souvent des prospectus distribués dans les boites aux lettres qu'on appelle **imprimés sans adresses** (ISA). L'**asilage** consiste à glisser une offre dans un envoi déjà programmé, comme par exemple l'envoi de journaux et magazines aux abonnés.
- La publicité directe dans les médias de masse ayant pour support un média de masse nécessite donc de l'achat d'espace. C'est pourquoi elle est parfois catégorisée dans les dépenses médias des annonceurs et non dans les dépenses hors-médias en marketing direct. Toutefois, la caractéristique de ce type de publicité est d'inciter à un contact direct avec l'entreprise au travers de coupons-réponse pour la presse, d'un numéro de téléphone ou d'un site Web pour la télévision, la radio ou Internet. Le télé-achat est une forme particulière de marketing direct sur le média télévisuel.
- Le télémarketing est une forme de prospection par téléphone. Il repose sur l'existence de centres d'appel. Dans le cas des **appels sortants**, le télémarketing sert à qualifier un fichier ou à faire de la vente. Dans le cas des **appels entrants**, il permet de gérer les réclamations et les demandes d'informations des clients.

- En dehors de ces techniques classiques de marketing direct, des organismes professionnels comme France Pub ou encore l'Union française du marketing direct (UFMD) appellent à considérer l'ensemble des actions sur Internet (e-mailings, achat d'espace, liens sponsorisés, sites commerciaux) comme de la communication directe.

3. LA FIDÉLISATION

La fidélisation mérite d'être traitée à part car elle repose sur des mécanismes spécifiques.

a) Pourquoi fidéliser ?

Fidéliser est important pour des raisons de rentabilité.

- Les efforts de prospection liés à l'acquisition de nouveaux clients sont très coûteux. Il est donc nécessaire, pour amortir ces coûts, de faire durer la relation une fois le nouveau client conquis.
- Au fur et à mesure de la relation, le client développe **confiance** et **attachement** pour la marque, ce qui l'amène à choisir cette marque de façon de plus en plus exclusive et pour des montants de plus en plus élevés. Les clients fidèles sont aussi moins sensibles aux prix, car la relation d'attachement et de confiance est pour eux une source de valeur et le changement de fournisseur induirait un coût non-monétaire parfois important. Enfin, les clients fidèles sont de bons ambassadeurs des marques.
- Un client fidèle est moins coûteux car il a une bonne connaissance de l'entreprise et de ses marques. Il demande donc moins d'information et connaît les modalités de la transaction. En milieu industriel, la fidélité peut même conduire à développer des processus d'achat optimisés qui représentent une véritable source d'économie pour l'acheteur comme pour le vendeur. Dans certaines démarches de *trade marketing*, les fournisseurs peuvent harmoniser leur système d'information sur celui des principaux distributeurs de sorte à maîtriser en temps réel les stocks et à automatiser les commandes.
- Enfin, disposer d'un portefeuille composé de clients fidèles est un facteur de valorisation de l'entreprise. Les clients fidèles génèrent des revenus stables ce qui accroît la valeur d'une entreprise.

b) Les étapes de la fidélisation

La fidélisation fait suite à l'étape de prospection dans le cycle de vie d'un client. Une fois le prospect devenu client, la fidélisation vise à le faire avancer sur l'échelle relationnelle. Les deux principales étapes pour conduire à cette progression sont les suivantes.

- L'**étape transactionnelle** consiste à faire en sorte que les petits clients deviennent des moyens, puis des bons clients. On cherche, d'un côté, à accroître la fréquence et le montant des achats et, de l'autre, à introduire une mécanique fidélisante au travers, par exemple, de l'acquisition de points de fidélité.
- L'**étape relationnelle** vise à construire l'attachement à la marque. Il est très important de passer d'une fidélité transactionnelle reposant essentiellement sur des avantages à une fidélité relationnelle reposant sur un lien d'attachement à la marque. Une fidélité uniquement transactionnelle ne saurait constituer un véritable avantage concurrentiel car les clients seraient vulnérables face aux actions de la concurrence.

c) Les outils de la fidélisation

- Les cartes de fidélité reposent généralement sur des mécanismes de récompense. Il s'agit souvent de l'accumulation de points de fidélité qui permettent ensuite d'obtenir des bons de réduction, des cadeaux ou des services réservés aux meilleurs clients. Les cartes de fidélité permettent de collecter des données précieuses sur les clients encartés, dont principalement des données signalétiques lors de l'ouverture de la carte et des données comportementales lors de chaque passage en caisse.

- Les clubs de consommateurs, les *consumer magazines* et les newsletters par Internet visent plutôt à développer la dimension relationnelle de la fidélité. Dans le cas des clubs de consommateurs, les clients bénéficient d'avantages exclusifs. Par exemple, le Club Nestlé Bébé permet aux mamans qui s'y inscrivent de poser des questions à des experts de la petite enfance, de consulter un carnet de recettes spécialement conçues pour les bébés ou encore de participer à des forums de discussion avec d'autres mamans membres du club. Dans le cas des newsletters et des magazines de marques, le consommateur est informé de la vie de la marque et de ses engagements.
- Enfin, il ne faudrait pas oublier que la meilleure façon de fidéliser un client est de lui proposer un produit et un service de qualité. En tout état de cause, la qualité est un préalable à la fidélité.

L'Œil du professionnel

Yseulys Costes et Dorothée Lacroix, respectivement PDG et Country Manager UK chez 1000mercis

1000mercis est un spécialiste de la publicité et du marketing interactifs présent sur tout le cycle de la relation clients depuis la conquête jusqu'à la fidélisation. 1000mercis a développé une base de données, « Email Attitude », comportant plusieurs millions de contacts et alimentée grâce à la mutualisation des bases de données clients de 46 partenaires (Meetic, Expedia, WeekendDesk...) opérant sur le Web. La base de données est qualifiée sur plus de 300 critères, ce qui permet un ciblage très précis dans le cadre de campagnes de publicités interactives *via* l'e-mail ou le SMS.

1000mercis est également spécialisée dans la collecte de base de données. Par exemple au travers d'une campagne virale *on line* pour EasyJet qui permettait à l'internaute de découvrir les différentes destinations de la compagnie aérienne de manière ludique. Cette opération a permis à EasyJet de collecter des prospects qualifiés et de requalifier ses clients. À la suite de l'opération, 1000mercis a été mandatée pour gérer le programme relationnel e-mail sur la base des prospects qui avaient accepté de recevoir les offres d'EasyJet. Les résultats de cette opération ont été très bénéfiques. Elle a d'abord permis d'humaniser la marque en lui donnant une identité plus « fun ». Elle a ensuite permis de collecter des données prospects et clients mobilisables dans le cadre d'opérations marketing plus ciblées. Enfin, le jeu a permis de générer un chiffre d'affaires additionnel durant l'opération et ensuite grâce au programme relationnel.

36 La promotion des ventes

Point clef

La promotion des ventes permet d'augmenter les ventes à court terme en offrant aux consommateurs, aux distributeurs ou aux vendeurs un avantage temporaire. Les objectifs de la promotion des ventes sont d'augmenter le nombre d'acheteurs et les quantités achetées par acheteur. Quand elle s'adresse au distributeur, la promotion des ventes vise à faciliter le référencement, à augmenter le montant des commandes et à favoriser la mise en avant du produit.

1. LES OBJECTIFS DE LA PROMOTION DES VENTES

a) Les objectifs de la promotion des ventes destinée au consommateur final

Le volume total des ventes d'une marque peut se décomposer en deux facteurs qui sont le nombre d'acheteurs et les quantités achetées par acheteur. Pour augmenter le volume des ventes, on peut recruter de nouveaux acheteurs ou augmenter les quantités achetées par acheteur. Ce sont là les deux principaux objectifs de la promotion des ventes. Pour recruter de nouveaux acheteurs, les techniques promotionnelles vont chercher à favoriser l'essai du produit et le premier achat (augmenter le **taux de pénétration**). Pour augmenter les quantités achetées, les techniques promotionnelles agissent sur la fidélisation, l'accroissement du **taux de nourriture** (la part que représente la marque dans le total des achats de la catégorie de produits) ou de la **consommation totale** de la catégorie de produits.

À ces deux objectifs de marketing opérationnel s'ajoute une contrainte d'image de marque. Il est fondamental d'inscrire les opérations de communication promotionnelle au sein de la stratégie globale de la marque afin qu'elles en respectent les valeurs fondamentales. Les promotions doivent aussi être distinctives, c'est-à-dire que dans leur forme et leur exécution elles doivent être spécifiques à la marque.

Par exemple, la marque Nescafé proposait en 2008 une opération promotionnelle sur le thème du voyage. L'opération se traduisait sur le point de vente par diverses théâtralisations autour du thème « Découvrez le monde du café autrement ». En complément, la marque offrait des bons de réduction et un jeu sur Internet permettait de gagner des voyages.

b) Les objectifs de la promotion des ventes destinée à la force de vente et aux distributeurs

La promotion des ventes destinée aux réseaux de distribution répond à plusieurs objectifs :

- favoriser la première commande (obtenir le référencement du produit) et augmenter les quantités achetées et les stocks ;
- améliorer la visibilité de la marque (présence dans les prospectus, emplacements privilégiés comme têtes de gondole et îlots centraux, animation sur le point de vente) ;
- favoriser l'écoulement du produit en gagnant du conseil et de la prescription de la part des vendeurs (force de vente de l'industriel et vendeurs des réseaux de distribution). Des campagnes d'information et des incitations sont mises en place pour motiver les vendeurs à soutenir la marque ;

- avec le développement du *trade marketing*, les opérations promotionnelles se sont développées et les distributeurs sont de plus en plus exigeants vis-à-vis des industriels. Il faut également noter que le distributeur est lui-même très souvent à l'origine d'opérations promotionnelles auxquelles il invite fortement ses fournisseurs à participer.

2. LES PRINCIPALES TECHNIQUES DE PROMOTION DES VENTES

a) Les réductions de prix

Les réductions de prix sont de très loin le principal outil promotionnel des industriels et des distributeurs en raison de la forte élasticité des consommateurs aux prix. Dans le cas de **réductions de prix immédiates**, la réduction est mentionnée directement sur le packaging et tous les acheteurs de la marque en bénéficient automatiquement. Cela signifie que même les personnes qui auraient acheté la marque à son prix initial bénéficient de la réduction, ce qui représente un manque à gagner pour la marque. Dans le cas des **réductions de prix différées**, la réduction de prix s'obtient sur présentation d'un coupon de réduction. Ce coupon peut s'obtenir lors de l'achat du produit et est dans ce cas utilisé lors du prochain achat. Cela permet de favoriser le réachat et de créer un début de fidélité. Les coupons peuvent aussi être distribués dans les boites aux lettres, insérés dans des magazines, téléchargés sur les téléphones portables, imprimés à partir d'Internet ou de bornes situées dans les points de vente. La réduction de prix différée présente l'avantage de ne s'appliquer qu'aux personnes ayant reçu le coupon et ayant décidé de l'utiliser. En ce sens, elle est moins onéreuse que la réduction de prix immédiate. En revanche, les coûts de distribution des coupons et le traitement des remboursements donnent lieu à des frais supplémentaires.

Les réductions de prix sont une méthode promotionnelle appropriée pour inciter les distributeurs à référencer le produit ou à augmenter le volume des achats. Elles prennent différentes formes comme par exemple des remises qui sont des réductions de prix pratiquées pour les grosses commandes ou encore des escomptes pour paiement comptant. Ces différentes réductions portent parfois le nom de « **marges arrières** ».

b) Les ventes avec primes

Les ventes avec primes consistent à adjoindre une quantité ou un produit supplémentaires à l'offre d'origine. Ces techniques promotionnelles nécessitent l'achat préalable de la marque.

- Dans le cas de l'**offre girafe**, on propose une plus grande quantité de produit pour le même prix. Cette technique permet à la fois d'augmenter la quantité consommée chez les clients actuels et de recruter de nouveaux clients grâce à cette offre plus attractive. L'une des principales difficultés réside dans la nécessaire adaptation du conditionnement à cette plus grande quantité. Cela implique en général des frais, tant au niveau du design du nouveau pack que de la négociation d'un espace plus important dans les linéaires avec le distributeur. À ces frais s'ajoute évidemment la quantité de produit supplémentaire offerte.
- Les primes peuvent aussi prendre la forme de cadeaux à condition que la valeur de ces cadeaux soit faible et que sur le cadeau soit inscrit un logo publicitaire. Dans le cas de la **prime *on pack***, le cadeau se présente à l'extérieur du packaging. Dans le cas de la **prime *in pack***, le cadeau se trouve à l'intérieur et n'est donc pas directement visible en linéaire. C'est le cas de la célèbre marque de lessive Bonux, connue pour le cadeau que l'on allait chercher au fond du baril de lessive après s'être retroussé la manche. Pour moderniser sa marque, Procter & Gamble offre désormais un titre de musique à télécharger gratuitement. Pour conserver son célèbre geste, le code de téléchargement se trouve sur un carton qu'il faut aller chercher au fond du baril de lessive. Dans certains cas, les cadeaux font l'objet d'une collection (magnets, vignettes autocollantes…). Il arrive aussi que la **prime** soit **différée**, c'est-à-dire qu'il soit

nécessaire de cumuler des preuves d'achat pour obtenir le cadeau. Dans ces deux cas, la promotion est efficace pour augmenter les quantités achetées par acheteur car elle favorise la fidélité. Elle conduit aussi à augmenter la consommation de la catégorie de produits de façon à pouvoir bénéficier plus rapidement du cadeau ou de la collection complète. Le principal coût engendré par cette méthode promotionnelle est relatif au coût de production du cadeau.

c) L'essai et les échantillons

Les essais et les échantillons ont pour objectif le recrutement de nouveaux clients. Les techniques de distribution des échantillons sont variées. Ils peuvent être distribués dans les boîtes aux lettres, dans les magazines ou directement dans la rue par des hôtes et hôtesses. Les échantillons peuvent aussi être proposés gratuitement lors de l'achat d'un autre produit de la marque. Dans ce cas, on parle d'**échantillon *in pack***. L'échantillonnage peut être financièrement risqué car la marque assume intégralement le coût de la création et de la distribution de l'échantillon sans garantie que le consommateur n'achète la marque.

d) Jeux et concours

Les jeux et concours sont des formes promotionnelles sans obligation d'achat préalable. Dans le cas des jeux, la participation du consommateur est faible et les gagnants sont déterminés sur la base du hasard. Lorsqu'il s'agit d'un concours, le consommateur est mis à l'épreuve et est évalué sur la base de son effort (intellectuel ou créatif). Les jeux et concours permettent de recruter de nouveaux clients et contribuent à renforcer l'attachement à la marque grâce à l'implication qu'ils nécessitent.

Les concours sont également une forme de promotion adaptée à la motivation de la force de vente. De nombreuses enseignes de distribution organisent des concours visant à récompenser la meilleure équipe de vente du réseau, selon des critères qui peuvent être le chiffre d'affaires du magasin (ou son évolution) mais aussi la qualité de l'accueil et du service. Dans ce cas, l'évaluation s'effectue souvent au travers de **visites mystères**. Les laboratoires pharmaceutiques utilisent aussi cette technique pour stimuler les visiteurs médicaux chargés de convaincre les médecins de prescrire les médicaments commercialisés par le laboratoire. Les équipes de vente récompensées se voient offrir des avantages financiers ou des cadeaux (très souvent des voyages).

3. L'EFFICACITÉ DE LA PROMOTION DES VENTES

La promotion des ventes représentait 16 % des investissements en communication des annonceurs (*source :* IREP, 2007). Le recours à la promotion s'est accru au cours des dernières années du fait de l'intensification de la concurrence sur de nombreux secteurs, de l'attrait des consommateurs pour les marques de distributeurs moins chères et le hard-discount et de la baisse de l'efficacité publicitaire. Par ailleurs, la promotion des ventes génère un impact immédiat sur le chiffre d'affaires, ce qui n'est pas le cas de toutes les formes de communication.

L'efficacité de la promotion des ventes doit malgré tout faire l'objet d'une analyse approfondie. Le chiffre d'affaires additionnel engendré par une promotion doit être mis en relation avec les coûts et les différents risques inhérents aux promotions.

- Les coûts promotionnels comprennent le coût de la promotion en elle-même, la négociation que celle-ci a nécessitée auprès des distributeurs et l'ensemble des coûts de communication autour de cette promotion. À ces coûts directs devra s'ajouter un coût indirect lié aux effets de stockage et d'anticipation. Certains consommateurs anticipent l'arrivée prochaine d'une promotion et réduisent donc leur consommation du produit dans l'attente d'une bonne affaire. C'est l'**effet d'anticipation**. Il arrive aussi fréquemment que les consommateurs achètent en plus grande quantité lors des périodes promotionnelles et stockent de telle sorte que leurs achats ultérieurs diminuent en quantité. C'est l'**effet de stockage**.

- Parmi les risques inhérents aux promotions, on peut citer le fait qu'elles diminuent la fidélité aux marques. À force de courir les bonnes affaires, les consommateurs ne s'attachent plus à leurs marques et y sont donc moins fidèles. Par ailleurs, les promotions trop fréquentes ont pour effet de renforcer la sensibilité aux prix et de modifier les prix de référence sur toute la catégorie de produit. Enfin, la promotion des ventes a tendance à dégrader l'image des marques qui en abusent. C'est le cas dans l'automobile où les promotions répétées peuvent porter atteinte à l'image de marque et affecter ainsi la valeur résiduelle du véhicule en cas de revente de celui-ci. C'est d'ailleurs la raison pour laquelle les constructeurs automobiles affectés par la crise économique ont innové dans leurs techniques promotionnelles en offrant par exemple deux années d'assurance (Skoda) ou en doublant le bonus écologique offert par l'État (Citroën). Enfin, pour les distributeurs, les promotions peuvent cannibaliser leurs propres ventes sur des produits à plus fort taux de marge.

Focus

La publicité sur le lieu de vente (PLV)

Les outils de mise en avant des produits et des promotions sont variés. Ils peuvent prendre la forme d'affiches ou d'affichettes, de drapeaux promotionnels et de stops rayons. Les produits en promotion sont souvent exposés sur des présentoirs (ou meubles promotionnels) en tête de gondole. Il arrive aussi qu'ils bénéficient d'une animation en magasin (un stand avec dégustation, la distribution de coupons par des hôtesses, la diffusion d'une émission radio...). Les outils de PLV se sont modernisés avec la présence d'écrans de télévision, d'écrans tactiles, de bornes wifi ou bluetooth permettant de télécharger des coupons promotionnels sur son téléphone portable. L'opération « Soldes Mobiles » de Celio est un exemple en la matière. Toutes les personnes inscrites dans la base de données clients de Celio reçoivent un SMS leur offrant 10 % de réduction supplémentaire sur les soldes à présenter en caisse. Parallèlement, un flashcode est disposé sur les façades des magasins Célio. Les passants ou clients peuvent flasher ce code avec leur téléphone et se connecter directement au site mobile Célio pour bénéficier de la réduction. Les personnes ne disposant pas d'un téléphone équipé pour surfer sur le Web mobile peuvent envoyer un SMS et recevoir en échange l'offre promotionnelle. Ce dispositif a aussi l'avantage pour Célio de collecter de nouveaux numéros de téléphone.

37 La communication sur Internet

Point clef

33 millions de Français âgés de plus de 11 ans sont connectés à Internet, ce qui représente 63,5 % de la population (*source :* Médiamétrie, décembre 2008). Parallèlement, le temps passé sur Internet augmente pour atteindre près d'une heure quotidienne. Le temps de connexion est largement supérieur chez les moins de 25 ans qui passent plus de temps sur le Web que devant les médias classiques et notamment la télévision.

1. LA COMMUNICATION SUR INTERNET EN FRANCE

La généralisation du haut débit (90 % du parc) et les progrès technologiques ont permis le développement de formes de communication plus élaborées que la simple bannière. On a ainsi vu apparaître les formats dits *rich media* (diffusion de son, vidéo et photo) permettant d'enrichir les publicités en ligne.

Par ailleurs, l'essor du Web 2.0 fait d'Internet un média véritablement interactif dans lequel les internautes ont la possibilité d'apporter et d'échanger du contenu. Les blogs, les forums et les sites communautaires deviennent des espaces au sein desquels les internautes sont libres de recommander ou critiquer une marque. C'est ce qui est arrivé à Orange, lorsque des blogueurs ont accusé la marque d'avoir bridé le débit du nouvel iPhone pour préserver sa bande passante. La marque s'est vue dans l'obligation de confirmer que le débit des iPhones avait été limité pour des raisons techniques mais qu'elle allait tout mettre en œuvre pour améliorer la situation.

Enfin, le phénomène de convergence des médias vers la technologie numérique fait d'Internet, non plus un média comme un autre, mais un diffuseur de médias renforçant ainsi son pouvoir. Les médias traditionnels se sont presque tous déclinés sur le Web et des partenariats avec les *pure players* (les acteurs exclusifs du Web) se développent. Ainsi, Yahoo (et sa rubrique Actualités) devient en réalité un distributeur au sens classique du terme dès lors que chaque actualité redirige l'internaute vers les sites des marques médias (ex. : le site Liberation.fr).

Dans ces conditions, il n'est pas étonnant de constater que les annonceurs augmentent considérablement leurs investissements sur le Web, avec 2 milliards d'euros investis en 2008 et un marché en croissance de 23 % (*source :* étude CapGemini/Observatoire de l'e-pub du Syndicat des régies Internet). Les principales formes de communication sur Internet qui seront exposées dans cette fiche sont les **liens sponsorisés** et l'**affiliation**, le ***display*** et l'**e-mailing**. Il ne faut malgré tout pas oublier les dispositifs de marketing viral, les relations avec les blogueurs et la présence dans les sites communautaires (ex. : Facebook) et les forums.

2. LES LIENS SPONSORISÉS (*SEARCH MARKETING*) ET L'AFFILIATION

Le *search marketing* est la première forme de communication des annonceurs sur Internet. Ce marché est très largement dominé par Google et dans une moindre mesure Yahoo. Le *search* renvoie aux techniques utilisées par les annonceurs pour que leurs sites soient les mieux référencés possible par les moteurs de recherche. Cette recherche de référencement passe essentiellement par l'achat de liens sponsorisés, mais elle nécessite également une expertise dans le choix des mots clefs, du contenu et de l'architecture du site. Le succès des liens sponsorisés s'explique par l'importance de l'offre commerciale sur Internet et la nécessité d'émerger sur la toile. Les liens sponsorisés permettent de toucher directement les internautes qui recherchent le produit ou service commercialisé par l'entreprise et de les renvoyer vers son site internet. Par ailleurs, le référencement sponsorisé permet un ciblage géographique grâce à la connaissance des adresses IP des ordinateurs des internautes effectuant la requête. Enfin, la tarification au clic permet de ne payer que les contacts efficaces et de mettre en relation le coût au clic avec le taux de transformation, c'est-à-dire les achats effectifs suite à la visite du site.

L'affiliation est la promotion d'un site grâce à des liens ou bannières affichés sur des sites partenaires. Ces sites peuvent être de nature très variée comme par exemple des comparateurs de prix, des annuaires ou encore des sites communautaires. Les partenaires affiliés sont payés au clic ou à la commission.

3. LE *DISPLAY*

a) Les caractéristiques du *display*

Le *display* est la forme de communication sur Internet qui s'apparente le plus à la publicité traditionnelle. Des créations sont diffusées sur des sites Internet dans des espaces réservés tels que les bannières, les pavés et autres formats présentés dans le paragraphe ci-dessous. Les principaux avantages de ce type de publicité sont :

- La possibilité de bénéficier d'une audience large sur certains sites, comme par exemple les sites portail et les moteurs de recherche (Yahoo, Google, Orange), les sites communautaires (Youtube, Facebook) ou encore les sites marchands (voyages-sncf.fr).
- Un ciblage contextuel très précis qui peut se faire selon le contexte de la page Web visitée, selon les requêtes effectuées ou encore en s'appuyant sur l'historique de visite d'un internaute. Dans ce cas, des cookies permettent aux principaux moteurs de recherche de mémoriser les pages visitées et d'adapter les publicités au profil de l'internaute. Enfin, le ciblage peut s'appuyer sur des logiciels d'analyse sémantique qui étudient le contenu des mails ou des discussions sur les forums et affichent des publicités en rapport. Par exemple, sur Gmail (Google), si vous envoyez un mail concernant vos prochaines vacances au ski à votre petit(e) ami(e), vous avez toutes les chances de voir apparaître des offres de séjours au ski sur votre écran !
- Des coûts maîtrisés grâce à la tarification au clic et un meilleur calcul du retour sur investissement du fait d'une mesure d'audience plus précise (voir Encadré 37.1).

Encadré 37.1 – La mesure d'audience sur Internet

Comme pour les autres médias, la mesure d'audience sur Internet est à la fois stratégique et complexe. Elle repose sur la notion de visiteurs uniques, c'est-à-dire le nombre total de personnes ayant visité au moins une fois le site au cours de la période étudiée. Un internaute ayant visité plusieurs fois le site n'est donc comptabilisé qu'une fois. On distingue deux grandes méthodes complémentaires :

- Les mesures *site-centrics* analysent les statistiques de fréquentation des sites (nombre de pages vues, parcours sur le site, rubriques les plus lues, etc.). Ces mesures reposent sur des marqueurs, placés sur les pages des sites, qui seront activés à chaque connexion, permettant ainsi une mesure du trafic. Par ailleurs, lors de la première connexion à partir d'un ordinateur (adresse IP), un cookie est placé sur celui-ci afin d'identifier les visiteurs uniques. Grâce aux récents progrès technologiques, cette méthode permet une mesure fiable de l'audience des sites. Son principal inconvénient est qu'elle permet de comptabiliser le nombre d'ordinateurs connectés à un site, mais pas de connaître le profil de l'internaute qui se trouve derrière l'ordinateur. C'est pourquoi ces mesures sont complétées par des données de panels : les mesures *user-centrics*.

– Les mesures *user-centrics* étudient les comportements de navigation d'un échantillon d'internautes représentatifs de la population française et permettent ainsi de qualifier l'audience. Les internautes ayant accepté de figurer dans le panel téléchargent un logiciel sur leur ordinateur qui permet de suivre et d'enregistrer exactement leurs comportements de navigation. Un ordinateur pouvant être utilisé par plusieurs personnes dans le foyer, chaque utilisateur du foyer possède un identifiant.

Les principaux inconvénients de ce type de campagnes sont liés au caractère intrusif de certains formats et à la saturation des internautes qui, quand ils n'en sont pas agacés, ne remarquent parfois même plus les bannières. Les mesures d'audience et d'efficacité doivent encore être améliorées. La tarification au clic ne permet pas de tenir compte des clics involontaires. Le ciblage comportemental repose en partie sur les cookies qu'une proportion non négligeable d'internautes efface régulièrement de son ordinateur. Par ailleurs, la qualification des audiences et la mémorisation des parcours sur Internet se fait aujourd'hui principalement par poste informatique (adresse IP) et non pas par individu.

b) Les formats de la publicité sur Internet

- Les **bannières** sont des formats horizontaux apparaissant en haut de la page. Elles permettent d'intégrer une grande quantité de texte et des animations *rich media*. Les bannières verticales sont appelées ***skyscrapers***. Elles sont graphiquement contraignantes. On les utilise en complément d'autres types de bannières ou pour des campagnes de teasing. Les bannières génèrent des taux de clics allant de 0,1 à 0,3 %.
- Les **pavés** de forme rectangulaire ou carrée sont le format privilégié des annonceurs car ils permettent la diffusion de contenus plus riches comme la vidéo. Dans le cas de diffusion de vidéo on parle de ***billboards***. Les taux de clic varient de 0,2 à 1 %. Ces formats ont l'avantage d'être faiblement intrusifs.
- Les **interstitiels** s'affichent automatiquement au centre de la page d'accueil des sites et restent affichés pendant plusieurs secondes. Les **flashs transparents** relèvent du même principe et ont la particularité de se déplacer sur la page Web. Ces deux formats ont remplacé le traditionnel **pop-up** moins abouti technologiquement. Le principal intérêt de ces formats est d'offrir de la visibilité à la marque mais ils comportent de nombreux inconvénients du fait de leur caractère intrusif. Les taux de clics ne sont pas fiables car de nombreux clics sont obtenus par erreur lorsque l'internaute tente de fermer l'image. Il n'est pas rare qu'un internaute quitte un site agacé par la présence d'un tel format. En revanche, un format interstitiel ou flash utilisé convenablement (ex. : lors d'un temps d'attente de téléchargement) permet d'accroître la notoriété de la marque.
- L'**habillage de site** consiste à habiller la page d'accueil d'un site Internet aux couleurs de la marque. Cette technique est efficace du fait de sa visibilité, à condition qu'elle soit pratiquée sur des sites l'utilisant avec parcimonie.

4. L'E-MAILING

L'envoi d'e-mails promotionnels est fréquent dans le cadre des campagnes de marketing relationnel. L'expéditeur du mail (ex. : cderostand@vente-privee.com pour une certaine Cécile de Rostand...qui n'existe pas mais qui permet de personnifier le mail), le titre du mail et la qualité de son contenu sont autant d'éléments à prendre en compte pour optimiser le taux d'ouverture des mails envoyés. On estime qu'environ un mail sur quatre est ouvert, mais cette proportion varie en fonction de la pertinence du mail par rapport aux prospects et clients ciblés et du secteur d'activité de l'annonceur. Par ailleurs, la qualité de la base de données est essentielle. Les adresses e-mails enregistrées dans la base de données doivent être des adresses *opt-in*, c'est-à-dire que l'internaute aura donné expressément son accord pour recevoir des offres commerciales. De plus, l'annonceur doit s'assurer que la base est utilisée avec modération avec d'éviter les sur-sollicitations qui réduisent l'efficacité des e-mails.

Encadré 37.2 – La campagne d'e-mailing d'Ikea : « Le gang des pyjamas »

Dans le but de développer la base de données de clients business, l'agence La Chose a imaginé pour Ikea une campagne d'e-mailing décalée jouant sur le registre du teasing. Les dirigeants de très petites entreprises (TPE) ont été contactés par mail au nom d'un mystérieux gang, le gang des pyjamas. L'e-mail invite à se rendre sur un mini-site où des malfaiteurs en pyjama cambriolent pour équiper leurs bureaux de mobilier Ikea. Les destinataires de l'e-mail sont invités à prévenir leurs amis du risque encouru en communiquant leur adresse mail dans un formulaire. Cette campagne est un succès. Le taux d'ouverture du mail (21 % pour un standard à 10 à 12 %) et le taux de clics (45 % pour un standard à 6 à 10 %) sont satisfaisants. Grâce à cette campagne, Ikea a augmenté de 10 % sa base business.

Focus
Les campagnes virales sur Internet

Les dispositifs viraux sur Internet sont fréquents. Pour qu'une campagne virale fonctionne, elle doit s'appuyer sur des leaders d'opinion (blogueurs, présidents d'associations étudiantes, webmasters...) qui feront circuler la campagne auprès d'un public plus large. Pour que le bouche-à-oreille soit efficace, il faut que la campagne soit innovante et qu'elle offre un contenu ludique ou utile. Les registres les plus courants sont l'humour, les offres de services et d'avantages (e-cards, économiseurs d'écrans comme la célèbre marque de lingerie Aubade, coupons de réduction) ou les offres de parrainage. La campagne Bescherelle (agences : Chainsaw/Dufresne Corrigan Scarlett) est un cas d'école. Le clip d'une jeune chanteuse romantique et naïve, Marie Myrtille, est diffusé sur des sites tels que MySpace ou YouTube. Les paroles de la chanson sont truffées d'erreurs de français comme « faisez-moi l'amour que je voye l'avenir » ou « si j'aurais su avant, je n'aurais pas vécu un instant ». Le clip est largement diffusé par les internautes eux-mêmes jusqu'à ce que Marie Myrtille soit invitée à la matinale d'NRJ, où elle révèle que son clip est en réalité une campagne pour l'éditeur de conjugaison Bescherelle !

38 Le marketing industriel

Point clef

Le marketing industriel (marketing *B to B*) traite de la définition et de la vente de produits et services destinés à être utilisés par les entreprises et tout type d'organisations. Comparativement au marketing de grande consommation (marketing *B to C*), le marketing industriel se caractérise par : *1)* un nombre de clients restreints, hétérogènes et internationaux, *2)* une demande dérivée, inélastique et fluctuante et *3)* un processus d'achat différent.

1. LA DÉFINITION DU MARKETING INDUSTRIEL ET SON IMPORTANCE

Le marketing industriel est appelé autrement marketing *Business to Business* (marketing *B to B* en abrégé) ou encore marketing d'entreprise à entreprise. Il est le marketing des produits ou services achetés par les entreprises, les collectivités ou les administrations publiques dans le but de les utiliser directement ou indirectement à la production d'autres produits ou services. Le marketing industriel englobe donc l'ensemble des transactions de biens et de services réalisées entre deux organisations et représente un poids économique considérable. Les statistiques européennes indiquent que les échanges inter-entreprises représentent les deux tiers du total des échanges commerciaux des pays de l'Union européenne (*source :* Mercator, 2006).

2. LES TYPES DE PRODUITS INDUSTRIELS

On recense sept principaux types de biens industriels en fonction de leur nature, de leur degré de complexité et de leur niveau dans la chaîne industrielle.

- Les matières premières : elles proviennent des industries agricoles, forestières (bois, produits agricoles, etc.) ou des industries d'extraction (pétrole, sable, minerai) afin d'être utilisées par des industries de transformation pour produire d'autres biens industriels.
- Les matières transformées : il s'agit des matières premières ayant subi des transformations (ciment, cuir, cacao, etc.) qui seront intégrées au produit final.
- Les consommables : ils regroupent tous les biens utilisés par l'entreprise dans son activité depuis les fournitures d'entretien (détergents, peintures), d'exploitation (carburants, lubrifiants) aux fournitures facilitant son activité (photocopieuse, fournitures de bureau).
- Les pièces détachées et les composants : ce sont les éléments d'assemblage ou des sous-ensembles du produit industriel.
- Les machines-outils et la bureautique : elles englobent les biens d'équipement qui contribuent au développement de l'activité en participant au processus d'élaboration des produits industriels (ordinateurs, mobilier de bureau).
- Les grands équipements : ce sont des biens d'équipement lourds destinés très souvent à des clients du secteur public (construction d'aéroports, autoroutes, etc.).
- Les services : ils soutiennent le développement de l'activité (service de conseil juridique, restauration pour les employés, etc.).

3. LES SPÉCIFICITÉS DU MARKETING INDUSTRIEL

Des différences importantes sont à distinguer entre le marketing industriel et le marketing de grande consommation.

a) Une cible restreinte, hétérogène et souvent internationale

Contrairement au marketing de grande consommation (*Business to Consumer*) dont la cible est constituée parfois de millions de consommateurs, le *Business to Business* se caractérise par un nombre d'acheteurs potentiels ou de clients limités. Les conséquences marketing immédiates de ce nombre restreint de clients sont doubles. D'une part, en matière d'étude, il devient inutile de procéder à un échantillonnage : l'ensemble de la cible doit être pris en considération pour traquer ses attentes ou sa satisfaction. D'autre part, en matière de force de vente, il devient plus aisé de dénombrer les clients de la cible et de les prospecter.

Par ailleurs, les clients peuvent être très hétérogènes en termes de taille (de la TPE à la grande multinationale), de mode de fonctionnement (les organisations publiques, les administrations ou encore les entreprises industrielles ou commerciales n'ont pas le même processus d'acquisition de biens et/ou de services qui peut être centralisé, localisé ou encore par appel d'offre) ou leur degré d'internationalisation.

b) Une demande dérivée, souvent inélastique et fluctuante

En marketing industriel, la demande est dérivée, car elle est la conséquence de la demande d'autres biens de consommation. Par exemple, la demande d'emballage pour produits alimentaires est tributaire de la commercialisation du produit alimentaire lui-même auprès du consommateur final. Cela explique la forte interdépendance qui unit le client et le fournisseur. Par exemple, en temps de baisse de la demande de voitures neuves, c'est toute la filière automobile qui est pénalisée : du fournisseur de matières premières au produit final en passant par les producteurs de pneus ou de pièces détachées.

De plus, la demande pour les biens industriels est très souvent inélastique aux variations de prix à court terme et à défaut de pouvoir trouver rapidement d'autres produits de substitution. Par exemple, une compagnie aérienne qui doit réaliser un nombre défini de vols durant l'année ne peut pas augmenter ou diminuer son achat de carburant en fonction des fluctuations du prix du pétrole.

Enfin, contrairement aux biens de consommation, la demande pour les biens industriels est souvent plus volatile. Une faible variation de la demande finale est amplifiée au niveau de la demande de biens industriels : cet effet est nommé **effet d'accélération**. Par exemple, les économistes ont montré qu'une augmentation de la demande finale de 10 % peut provoquer une hausse de près de 200 % de la demande de biens industriels pour la période qui suit. De la même façon, une baisse de la demande finale de 10 % peut ruiner l'activité des biens industriels. La volatilité de la demande des biens d'équipements a d'importantes implications sur le plan de la gestion prévisionnelle. Les entreprises industrielles doivent analyser, non seulement leur demande propre, mais également la demande finale dont elles dépendent en définitive.

c) Un processus d'achat différent

Tout d'abord, l'achat industriel passe par différentes phases depuis la reconnaissance du besoin jusqu'au choix du fournisseur et de son évaluation.

Par ailleurs, l'achat est influencé par de très nombreux intervenants qui forment le **centre achat**.

- Les acheteurs : ils collectent l'information sur les différentes solutions que l'entreprise peut trouver sur le marché compte-tenu de ses contraintes techniques et financières et ils recensent les différents fournisseurs nationaux et/ou internationaux.

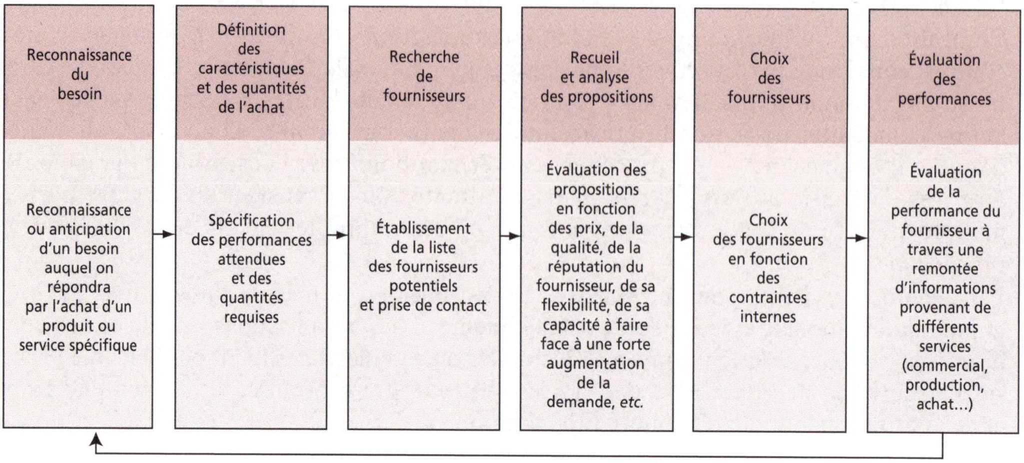

Figure 38.1 – Les étapes de l'achat industriel

- Les utilisateurs : on recense également l'avis des futurs utilisateurs ce qui permet de définir les caractéristiques attendues du produit.
- Les prescripteurs : ce sont l'ensemble des personnes qui influencent favorablement ou défavorablement les autres membres du centre achat. Ces prescripteurs peuvent être internes à l'entreprise (les services Qualité ou de R & D peuvent orienter par exemple les choix finalement opérés) ou externes (les experts professionnels comme les cabinets d'ingénierie ou les bureaux d'études).
- Les décideurs : ils prennent généralement la décision finale même si elle est très souvent collective et prise par le comité de direction.

4. LES SITUATIONS D'ACHAT INDUSTRIEL

L'achat industriel peut prendre trois formes principales.

- Le **rachat à l'identique** : dans ce cas, la formulation du besoin est inchangée, et le responsable du service achat se contente de se réapprovisionner auprès de son fournisseur habituel avec lequel il a su créer une relation privilégiée. Ce type de situation s'apparente à l'achat routinier.
- Le **rachat modifié** : le client souhaite voir modifier des éléments de l'offre comme par exemple certaines spécifications du produit, le prix ou encore les conditions de livraison. Cette situation devient une opportunité pour le fournisseur de proposer une nouvelle offre plus adaptée aux attentes du client ou, le cas échéant, elle pousse le client à rechercher d'autres fournisseurs.
- L'**achat nouveau** : cette situation implique davantage d'intervenants au sein du centre achat comme une collecte d'information plus poussée sur les fournisseurs potentiels référencés ou non encore référencés. Par conséquent la prise de décision est beaucoup plus longue.

L'Œil du professionnel

Marc Diviné, Director of Marketing Communications chez Neopost

Les spécificités du *B to B* se situent à plusieurs niveaux. Au niveau de l'**élaboration du produit**, les différents acteurs chez un même client vont exprimer des besoins spécifiques selon qu'ils soient opérateurs, responsables de la ligne, de la maintenance, directeurs d'usine, des achats, financier, etc. Il devient donc nécessaire d'imaginer un processus qualitatif de définition et de développement des produits en collaboration étroite avec ces parties prenantes. Plus nécessairement qu'en *B to C*, nous cherchons à traduire en **bénéfices** les caractéristiques techniques pour les rendre lisibles. La fixation des prix dépend comme en *B to C* des coûts et des marges souhaitées par l'industriel, des prix pratiqués par les concurrents et du positionnement souhaité. Mais les prix intègrent aussi une évaluation du gain financier obtenu par le client par rapport à son coût total d'acquisition, le ***Total Cost of Ownership*** (TCO). Ce gain est une actualisation des économies qui pourront être réalisées au cours des prochaines années sur les coûts de fabrication grâce à l'achat du nouveau matériel. Un point majeur, c'est la **relation de confiance** entre un fournisseur et son client, destinée à durer et préalable à toute transaction. La *priorit*é est donnée d'abord à l'entreprise (et à sa marque institutionnelle qui agit comme une caution) puis au produit en lui-même. Ainsi, les entreprises industrielles développent une double communication : une **communication produit** d'une part et une **communication *corporate*** d'autre part. Les budgets de communication en *B to B* dépassent rarement 3 % du chiffre d'affaires et sont en général inférieurs à ceux du *B to C*. Cela est dû à la taille restreinte des marchés *B to B* et à l'opportunité qui est donnée à l'industriel de connaître les cibles avec précision. L'accès aux médias de masse souvent coûteux n'est pas nécessaire et le marketing *B to B* favorise la qualité des contacts plutôt que leur quantité (entretiens face à face, supports d'informations techniques, rapports individuels d'activité, messages Web personnalisés...).

39 Le marketing international

Point clef

L'intensification des flux des échanges et la saturation des marchés locaux ont contribué à l'internationalisation des entreprises, pouvant emprunter différentes formes allant de la simple exportation à une implantation multinationale. Dans un tel contexte, la stratégie marketing à l'international pourra s'orienter vers une stratégie : *1)* d'adaptation, *2)* de standardisation ou *3)* de standardisation adaptée aux spécificités locales (ou glocalisation).

1. POURQUOI LES ENTREPRISES S'INTERNATIONALISENT-ELLES ?

Deux raisons principales expliquent l'internationalisation des entreprises.

- Le décloisonnement des marchés et leur ouverture aux flux des échanges ont accéléré la concurrence étrangère qui s'est intensifiée dans de nombreux secteurs. Dans ce contexte, de nombreuses entreprises locales ont dû s'internationaliser au risque d'être devancées par leurs concurrents.
- La saturation des marchés locaux est une seconde explication à l'internationalisation. Pour continuer son développement, une entreprise doit puiser dans les potentiels de croissance offerts par les marchés étrangers si son marché local arrive à maturité. Les ventes dans les pays étrangers permettent également de réaliser des économies d'échelle au niveau mondial tout en amenuisant sa dépendance vis-à-vis du marché local en cas de crise ou de récession nationale. Par ailleurs, certains marchés étrangers sont en pleine croissance avec un développement du pouvoir d'achat de la classe moyenne (ex. : l'Inde, le Brésil). Cette nouvelle demande internationale constitue dès lors une opportunité de marché alléchante et une source de croissance non négligeable pour les acteurs internationaux.

Si l'internationalisation est souvent ressentie comme une nécessité et une perspective de croissance alléchante, les risques d'échec sont importants. Ils proviennent souvent d'une incompréhension des attentes des consommateurs étrangers et de la proposition d'une offre produit en décalage avec les besoins locaux. Par exemple, Sephora (groupe LVMH) a fermé ses sept magasins au Japon en 2001, cet échec étant largement imputé à une inadaptation de l'offre aux spécificités de la consommatrice japonaise. L'offre produit a été axée sur la promotion des parfums alors que la consommatrice japonaise recherchait davantage des produits de soins, malheureusement relégués tout au fond des magasins ou en haut des linéaires.

2. LES FORMES PRISES PAR L'INTERNATIONALISATION

L'internationalisation peut prendre cinq formes principales : l'exportation indirecte, l'exportation directe, la cession de licence (ou franchise), le partenariat (ou *joint-venture*) et l'investissement direct, résumées dans le tableau 39.1.

Tableau 39.1 – Les formes d'internationalisation

Formes	Description	Principaux avantages et limites
Exportation indirecte	Elle consiste à exporter une partie de sa production (fabriquée dans son pays) à l'étranger par l'intermédiaire de sociétés spécialisées en import-export.	Elle nécessite moins d'investissements en l'absence d'une force de vente dédiée sur les marchés internationaux ciblés. De plus, en raison de la sollicitation des services d'une société spécialisée en import-export, l'exportation indirecte devient moins risquée.
Exportation directe	Elle consiste à exporter une partie de sa production (fabriquée dans son pays) à l'étranger sans solliciter l'aide d'intermédiaires. Cela passe le plus souvent par la création d'un service export au sein de l'entreprise ou la création d'une filiale à l'étranger.	Cette forme d'internationalisation permet tout d'abord un gain de coûts lié à l'élimination des rémunérations des intermédiaires. Cependant, elle est difficile, coûteuse et risquée en pratique car la firme peut méconnaître les rentabilités, les modes de consommation, les pratiques commerciales et les règlements locaux. De plus, l'entreprise va devoir entretenir sur place des stocks et un service de distribution coûteux.
Cession de licence	L'entreprise qui souhaite s'internationaliser signe un accord avec un partenaire étranger qui autorise l'exploitation d'un processus de fabrication, d'une marque, d'une image, d'un brevet, etc. Subway, spécialisé dans la restauration rapide, a misé sur le développement de franchises pour appuyer son développement à l'international. On recense aujourd'hui près 102 franchises en France et près de 30 000 au niveau mondial (*source :* Observatoire de la franchise).	La cession de licence permet de s'implanter à l'international sans recourir à d'importants investissements et en réduisant les risques. Néanmoins, l'entreprise a moins de contrôle sur ses licenciés et une fois le contrat arrivé à expiration, les licenciés peuvent devenir de potentiels concurrents de la marque.
Partenariat	Le partenariat consiste à s'associer avec un partenaire local pour créer une affaire dont la propriété et le contrôle sont répartis entre les deux acteurs. Le distributeur Marjane au Maroc est détenu par le groupe ONA (51 %) et Auchan (49 %) ; Avanade spécialisée dans l'intégration de solutions pour l'entreprise est issue d'une *joint-venture* entre Microsoft et Accenture.	Le partenariat présente de nombreux avantages. Il est souvent une condition politique imposée à l'investisseur étranger pour s'implanter localement. Par ailleurs, le partenariat reste une option à envisager dès lors que les moyens financiers, humains et technologiques sont insuffisants pour se lancer seul à la conquête d'un marché étranger.
Investissement direct	L'investissement direct à l'étranger est une activité par laquelle un investisseur résidant dans un pays investit dans une entité située dans un autre pays. Cette opération peut consister à créer une entreprise entièrement nouvelle ou à modifier le statut de propriété des entreprises existantes (par le biais de fusions et d'acquisitions).	Cette forme d'internationalisation présente trois intérêts majeurs : – économie des coûts de main d'œuvre, de matières premières et de transport ; – bonne image dans le pays d'accueil en raison des emplois créés à l'aide des investissements directs ; – meilleur contrôle de la politique de fabrication, de distribution et marketing.

3. LES PRINCIPALES STRATÉGIES DE MARKETING INTERNATIONAL

Quel que soit son mode d'entrée sur les marchés internationaux, une entreprise doit décider si elle souhaite adapter ou non son mix-marketing aux spécificités locales. L'adaptation du mix-marketing peut porter sur l'un ou l'autre des éléments dans des proportions différentes.

a) Le produit

On distingue trois niveaux d'adaptation.

- Absence d'adaptation ou stratégie d'extension : le même produit sur tous les marchés. Ce type de stratégie est possible si l'on considère que le produit répond à un besoin fondamental et universel qui transcende les spécificités locales. C'est le cas de Bic qui commercialise le même stylo à bille quelle que soit la population ciblée.
- Adaptation du produit : étant données les spécificités locales, on prend la décision d'adapter le produit. Par exemple, le groupe Coca-Cola a fait le choix d'adapter le goût du Fanta en fonction des régions ciblées. Le Fanta est plus sucré avec une couleur plus orangée au Maghreb qu'en France. Au-delà du produit lui-même, on peut également adapter le conditionnement, le design, le nom de marque ou encore la structure de la gamme. En Espagne, Auchan s'appelle Al Campo. Les bouteilles de sodas sont plus grandes aux États-Unis (format 2 litres *vs.* 1,5 litres en France) notamment pour s'adapter aux habitudes de consommation.
- Création d'un nouveau produit : on peut faire le choix de développer un produit spécifique pour une population ciblée à l'international. Par exemple, Citroën a créé un modèle de voiture spécifique pour le marché chinois.

b) Le prix

Concernant le prix, deux stratégies sont possibles.

- Standardisation du prix : on applique le même prix partout sans considération des différences de niveau de vie et de pouvoir d'achat. C'cst lc cas dcs produits de luxe qui tentent de maintenir le même prix pour leurs produits et ce quel que soit le pays.
- Prix adapté à la demande et à la structure de coût de chaque marché. Cette stratégie risque cependant de favoriser les importations parallèles. Elle est plus viable pour les produits de consommation courante qui ont une stratégie de pénétration dans le pays d'accueil.

c) La communication

Concernant la communication, différents niveaux d'adaptation sont possibles.

- Standardisation de la communication : on développe la même annonce quelle que soit la culture du pays. C'est le cas d'iPod qui exploite la même campagne publicitaire dans tous les marchés où elle est commercialisée.
- Standardisation de la communication avec des adaptations régionales : le même message est diffusé quelle que soit la population cible, mais certains éléments d'exécution sont adaptés aux spécificités régionales (langue de l'annonce, protagonistes de l'annonce, slogan, musique, etc.). Par exemple, en fonction de la région cible (le monde occidental, le monde arabe ou l'Afrique noire), Bic a adapté le mannequin de l'annonce pour que le consommateur s'identifie plus facilement à ce dernier.
- Création de nouvelles communications ou adaptation totale : il s'agit de créer de nouvelles communications spécifiquement adaptées aux spécificités régionales ou locales.

d) La distribution

Les circuits de distribution varient beaucoup d'une région à l'autre, voire d'un pays à l'autre, en termes de nombre et de taille des points de vente. Dans les pays du Maghreb notamment, on distingue la distribution traditionnelle et le secteur de la grande distribution. La distribution traditionnelle prend différentes formes : le souk, les marchés municipaux, les épiceries et les vendeurs ambulants. Le secteur de la grande distribution est marqué par la présence de grands groupes internationaux tels que Auchan et Metro, mais il représente encore une part minoritaire du marché de détail. Dans le cadre de son internationalisation, une entreprise doit donc opter pour l'une des trois stratégies suivantes : *1)* utiliser le réseau de distribution local et s'y adapter, *2)* emprunter uniquement les réseaux de distribution qui ont une présence mondiale (Tesco, Wal-Mart, Carrefour, Auchan, etc.) ou *3)* combiner les deux. La dernière option a été choisie par Coca-Cola ou encore Procter & Gamble. Dans le secteur des biens industriels, les entreprises ont davantage recours aux distributeurs locaux qui connaissent mieux le marché et qui ont plus de poids.

En définitive, on distingue trois principales stratégies marketing à l'international.

- La **standardisation** : elle consiste à offrir partout le même produit au même prix avec la même communication et dans les mêmes circuits de distribution. Les bénéfices principaux d'une telle stratégie reposent sur les économies d'échelle réalisées, les économies en matière de communication, la facilité de gestion des marques et le développement d'une image cohérente de la marque à l'international.
- L'**adaptation** : elle vise à adapter tous les éléments du mix aux spécificités locales pour mieux s'adapter à leurs attentes.
- La **standardisation adaptée** (ou **glocalisation**) : c'est une position médiane entre l'adaptation systématique et la standardisation globale. Cette stratégie plus flexible offre l'avantage de standardiser ce qui peut l'être tout en tenant compte des besoins et désirs des consommateurs locaux.

L'Œil du professionnel

Un chef de marque dans le secteur de la grande consommation alimentaire

Un des plus grands défis que doivent affronter les équipes de *brand development* est la définition d'un mix marketing unique capable de satisfaire tous les marchés dans lesquels la marque est présente. Cette problématique est d'autant plus complexe dans des catégories intimement liées à la culture locale, telles que l'alimentaire. Il y a autant de pays que de définitions du goût de la vanille, par exemple ! Comment alors développer un yaourt vanille susceptible de plaire à 12 pays différents ? De même, le rapport d'une culture avec l'alimentation varie énormément ce qui a un impact majeur dans le cadre du développement d'une communication. Comme on ne mange pas une glace de la même façon en Italie et en France, lors de la préparation d'une publicité, on devra prêter particulièrement attention à la mise en scène de la consommation de la glace. Le rôle du *brand manager* est d'être toujours sensible à ces différences culturelles et d'essayer de trouver malgré tout un compromis capable de répondre aux attentes de chacun des pays. Souvent, ce compromis passe par le développement d'une gamme composée en majorité de produits internationaux indifférenciés, et de quelques autres adaptés aux marchés locaux pour les parfums incontournables ou uniques dans le marché local. En termes de publicité, on choisira d'avoir une trame commune, avec quelques scènes adaptées aux différentes cultures si nécessaire.

40 Le marketing responsable

Point clef

Le développement durable est défini comme un développement qui répond aux besoins du présent sans compromettre la possibilité pour les générations futures de répondre aux leurs. Il comprend trois volets : écologique, économique et social. Le marketing responsable agit sur ces trois volets tout au long du cycle de production et de commercialisation du produit ou service.

1. LE DÉVELOPPEMENT DURABLE : QU'EST-CE QUE C'EST ?

a) La dimension environnementale du développement durable

Tous les spécialistes s'accordent aujourd'hui pour dire que l'avenir de la planète est menacé. Le réchauffement climatique, les déforestations massives et la sur-exploitation des ressources naturelles et énergétiques de la planète seront à l'origine de la disparition de nombreuses espèces, de catastrophes climatiques ou encore de pénuries de ressources naturelles et énergétiques fondamentales. La liste des conséquences environnementales d'une croissance non contenue est longue et il devient aujourd'hui fondamental pour les citoyens comme pour les industriels d'aménager une consommation et une production responsables.

b) La dimension économique du développement durable

Les déséquilibres nord-sud se sont accentués au cours du temps. Selon le Programme des Nations unies pour le développement (PNUD), 20 % de la population mondiale détient 90 % des richesses. Ce déséquilibre économique entre les pays développés et les pays les plus pauvres de la planète (mais comptant une population très nombreuse) se renforce de lui-même car la grande majorité des populations de ces pays n'a pas accès à l'éducation ; les investissements dans le développement d'infrastructures locales (notamment les transports et les télécommunications) sont très limités et les catastrophes climatiques (sécheresses, tsunami, cyclones…) contribuent à maintenir des zones géographiques entières dans un état de grande pauvreté. Un développement et une gestion des ressources naturelles plus équitables sont souhaitables pour améliorer les conditions de vie des 850 millions de personnes sur la planète qui souffrent aujourd'hui de la faim (*source :* PNUD). Le commerce équitable s'inscrit dans cet objectif. Il permet aux petits producteurs du sud de la planète d'accéder aux marchés des pays développés tout en leur garantissant des relations commerciales transparentes et respectueuses. Le commerce équitable garantit aux producteurs locaux des prix plus élevés et plus stables que les cours mondiaux. La relation commerciale est construite pour pouvoir être durable et favoriser ainsi l'investissement de long terme. Les prix sont fixés de façon à pouvoir assurer un niveau de vie décent au producteur et à sa famille. Les marges sont réinvesties dans des outils de production plus efficaces et plus écologiques, ainsi que dans les infrastructures locales (transports, télécommunications, santé, éducation).

c) La dimension sociale du développement durable

S'il est souhaitable d'améliorer les conditions de vie des habitants du sud de la planète, il l'est aussi pour les habitants défavorisés des pays les plus développés. La dimension sociale du développement durable doit viser à améliorer l'insertion des minorités (femmes, seniors, personnes handicapées…), à garantir une politique de rémunération équitable ainsi que des conditions de travail décentes. Plus d'équité sociale signifie également l'accès pour tous à l'éducation et à la santé.

2. VERS UN MARKETING PLUS DURABLE

« Hommes de marketing réveillez-vous, il y a urgence. L'avenir de la planète est en jeu ». Telle est l'injonction d'Elizabeth Pastore-Reiss, fondatrice d'une agence conseil en marketing responsable et auteure de plusieurs ouvrages sur le sujet. Un marketing plus durable implique qu'une offre responsable rencontre une demande responsable.

a) La production responsable

Un marketing plus responsable nécessite que des efforts soient entrepris à toutes les étapes du cycle de production, de commercialisation et de communication. Les efforts concernent l'entreprise aussi bien que ses partenaires fournisseurs.

Au niveau du produit, le processus de production doit être socialement, économiquement et écologiquement responsable. Cela signifie que l'entreprise s'assure des conditions de travail et de rémunération de ses employés, mais aussi des employés de ses fournisseurs. Le processus de production doit être le plus économe possible en matières premières non renouvelables et en énergie. Les lieux de production étant souvent géographiquement éloignés des lieux de consommation, une entreprise responsable doit veiller à réduire l'impact écologique du transport des marchandises. Un produit responsable ne doit être néfaste ni pour la santé, ni pour l'environnement. Ses composantes doivent être recyclables. Un packaging est une source importante de pollution. À ce titre, il doit être conçu dans des matériaux et avec une encre recyclables. La taille du packaging est également un enjeu tant pour le volume de déchets à traiter et recycler que pour les coûts de transport engendrés par des packagings volumineux.

b) La consommation responsable

Le marketing durable ne peut se développer sans un consommateur responsable prêt, dans certaines circonstances, à payer plus cher pour un produit de meilleure qualité environnementale et conçu dans de meilleures conditions sociales. Le poids de marchés responsables (comme le bio ou le commerce équitable) progresse rapidement, mais reste relativement faible. Cela s'explique par les freins financiers mais aussi par une offre souvent insuffisamment attractive. Au-delà de prix faibles, les consommateurs recherchent de la praticité pas toujours compatible avec l'écologie (comme en témoigne le succès des emballages fractionnés) et du plaisir dans la consommation (du rêve, des marques, des produits esthétiques...). Les marques responsables qui aujourd'hui marchent le mieux, sont celles qui ont su s'appliquer une démarche marketing conciliant protection de l'environnement et plaisir de l'achat et de la consommation. Dans le textile, c'est le cas par exemple d'American Apparel qui applique une démarche responsable (refus de la délocalisation, vêtements en coton biologique) tout en ayant réussi à se positionner comme une marque « tendance ». Dans l'alimentaire, la marque Les 2 Vaches propose un packaging esthétique et ludique, donnant envie d'acheter et de consommer le produit. Dans les cosmétiques, les produits Natura sont beaux et offrent eux aussi leur part d'évasion (la marque est brésilienne) et de rêve.

3. LA COMMUNICATION RESPONSABLE

L'éthique marketing concerne également la communication des marques, qu'il s'agisse de communication média et ou hors-média.

a) L'éthique de la communication publicitaire

Les habitants des zones urbaines sont soumis chaque jour à des centaines de messages publicitaires, le plus souvent en dehors de leur volonté. À ce titre, les campagnes publicitaires véhiculent et renforcent des valeurs dans la société. Il est donc normal que les messages publicitaires aient un contenu éthique qui ne soit pas de nature à choquer, à dénigrer ou à favoriser des comportements répréhensibles. Les publicitaires ont développé une charte de bonne conduite avec l'aide de leurs organismes professionnels (AACC, ARRP et UDA). Cette charte affirme notamment que la publicité ne doit pas réduire la personne humaine, et en particulier la femme, à la fonction d'objet ; que le corps humain (et notamment la nudité) ne doit pas être utilisé comme faire-valoir en publicité pour des produits ou services ne le justifiant pas ; que la publicité ne doit pas choquer ni heurter la sensibilité du public. La publicité ne doit pas mettre en scène la violence morale ou physique, et elle ne doit pas faire de références religieuses susceptibles de ridiculiser ou choquer les adeptes de la religion représentée. La publicité ne doit pas user abusivement d'arguments écologiques. Le rôle de l'ARPP en tant qu'organisme d'autorégulation publicitaire est de faire respecter cette charte. Ainsi, plusieurs annonceurs accusés de *greenwashing* ont été contraints de changer leur signature après une intervention de l'ARPP (« Un plaisir toujours plus responsable » remplace « Le plaisir est une énergie renouvelable » chez BMW ; « Une énergie nouvelle entre nous » remplace « Une énergie durable entre nous » chez GDF ; et chez Total, « Notre énergie est votre énergie » remplace « Pour vous, notre énergie est inépuisable »).

b) L'éthique de la communication directe

Le marketing direct constitue aujourd'hui la principale forme de communication marketing. Les enjeux d'une communication directe plus éthique sont donc considérables. Plusieurs aspects peuvent être mis en cause et, notamment la gestion, la protection et l'utilisation des bases de données et des informations qu'elles contiennent. Les consommateurs sont rarement informés de l'utilisation qui sera faite des données qu'ils sont de plus en plus fréquemment amenés à divulguer (cartes de fidélité, jeux et formulaires en ligne, abonnements, achats en VPC). Les consommateurs sont peu nombreux à savoir que leurs visites sur des sites Internet font l'objet d'un suivi, notamment grâce aux cookies déposés sur les ordinateurs. Sans parler de l'apparition d'outils de plus en plus perfectionnés, comme par exemple les liens contextuels vendus par Google adaptés au contenu des e-mails (Gmail), et qui permettent de présenter une annonce en rapport avec le contenu du mail. De ces pratiques, il résulte que le consommateur est parfois submergé de contacts (téléphoniques, SMS, mails, bannières et pop-ups…), plus ou moins intrusifs, de la part de marques auxquelles il n'a parfois rien demandé.

Un second enjeu des pratiques de marketing direct est de nature écologique. L'envoi de mailings papier et la distribution de prospectus ont un impact important sur l'environnement. Pour réduire l'impact écologique de ces campagnes, on ne peut que recommander l'impression sur papier recyclé et l'amélioration des techniques de ciblage pour n'envoyer les messages qu'aux personnes réellement concernées.

c) Les marques sont partout

Face aux critiques à l'égard de la publicité et dans un contexte de fort encombrement publicitaire, les marques ont développé des techniques de communication plus furtives et se sont mises à exploiter de nouveaux types de médias. De l'***undercover* marketing** (un marketing qui ne doit pas être repéré), au **guérilla marketing** (un marketing qui « envahit » les lieux où on ne l'attend pas, voire où on ne l'autorise pas à aller) en passant par le **buzz marketing** (un marketing tellement décalé que tout le monde en parle) ou le ***wait* marketing** (un marketing qui utilise l'oisiveté des gens qui attendent pour communiquer ses messages), les agences et les annonceurs sont très créatifs pour imposer les marques bien au-delà des médias traditionnels. Les marques ont réussi à s'introduire sur les lieux de travail et les universités en communiquant sur les gobelets des machines à café. Elles sont présentes dans les films et même parfois dans les romans, sans que le spectateur ou le lecteur ne s'en rende compte. Elles envahissent le mobilier urbain, les trottoirs et les murs ou encore les monuments (à l'instar d'une marque de sport qui a réussi à habiller la statue de la liberté à Paris avec un tee-shirt de sa marque). On se demande quel support a bien pu échapper à la publicité ? Des boites de pizza, aux tickets de parking, en passant par les appuis-tête dans les avions, tout est devenu prétexte à communiquer. Ces pratiques devront, elles aussi, faire l'objet d'une réflexion éthique, tant au niveau de la pression publicitaire qu'elles exercent sur les consommateurs qu'au niveau de l'utilisation abusive de l'espace public.

L'Œil du professionnel

Thibault de Saint Simon, responsable de la RSE (responsabilité sociale des entreprises) chez Aviva

L'implication d'une société d'assurance comme Aviva dans une démarche de développement durable est naturelle. Habitués à penser les investissements et les risques sur le long terme, la notion de durabilité est au cœur de notre culture. De façon plus pragmatique, les problématiques environnementales sont pour nous un enjeu financier important du fait des risques associés aux changements climatiques.

Aviva est engagée depuis maintenant 10 ans dans une démarche de RSE et son engagement porte sur les trois volets du développement durable en interne comme en externe :

- notre démarche de RSE doit être créatrice de valeur. Le développement durable ne doit en aucun cas être un frein au **développement économique** de l'entreprise, mais doit au contraire l'accompagner ;
- sur la **dimension sociale**, nos actions en interne visent à promouvoir la diversité et à développer les talents. Nous mettons ainsi en place des démarches de non-discrimination ethnique, d'égalité hommes/femmes ou encore d'intégration des personnes handicapées. Nos actions en externe se traduisent par du mécénat au travers duquel nous finançons des projets en faveur des enfants et des personnes âgées en difficulté ;
- par rapport à **l'environnement**, nous cherchons en interne à réduire l'impact de l'entreprise sur l'environnement. Cela se traduit par des mesures très concrètes (extinction automatique des feux à 20 h 30, tri des déchets, éloignement des postes d'imprimantes...), mais aussi par la sensibilisation de nos collaborateurs. Sur le plan externe, nous essayons d'encourager l'adoption de comportements responsables par nos clients en leur proposant des incitations financières (ex. : une réduction sur l'assurance d'un véhicule moins polluant).

De façon transversale, l'implication d'Aviva concerne aussi sa politique achat et sa politique d'investissement. Aviva fait en sorte que ses fournisseurs répondent à un certain nombre de critères écologiques et sociaux. Au travers de ses fonds d'investissement, Aviva est amenée à financer des activités diverses. Aviva cherche à influencer les politiques des entreprises dans lesquelles elle est un actionnaire de poids pour qu'elles soient encore plus durables.

Glossaire

Affinité (fiche n° 32) : en publicité, proximité entre la structure d'audience d'un support et la structure de la cible de l'annonceur.

Analyse de contenu (fiche n° 7) : description objective et systématique du discours produit par le répondant, avec un objectif de déduction de connaissances allant au-delà de la surface du discours.

Assortiment (fiche n° 27) : ensemble d'articles et/ou de services proposés par une enseigne et dont l'objectif est, d'une part, de correspondre aux attentes des clients et, d'autre part, d'assurer la rentabilité de l'enseigne.

Attitude (fiche n° 4) : prédisposition favorable ou défavorable à l'égard d'un produit, d'un service, d'une entreprise, d'une organisation ou d'une marque.

Audience (fiche n° 32) : nombre de personnes en contact avec le support de communication à un moment donné (audience instantanée) ou en cumulé sur une période donnée (audience cumulée). On parle d'audience utile pour désigner la partie de l'audience qui fait partie de la cible de l'annonceur.

***Brand equity* (fiche n° 16) :** voir capital de marque.

Buzz marketing (fiches n° 34, 37 et 40) : marketing qui a pour objectif de générer du bouche à oreille autour d'une marque, d'une organisation, d'un produit ou d'un service.

Cannibalisation (fiche n° 2) : forme de concurrence interne entre des produits ou services de la même entreprise. Le plus souvent, la cannibalisation est involontaire.

Capital marque, ou *brand equity* (fiche n° 16) : valeur ajoutée qu'une marque apporte à une entreprise, à un produit ou à un service.

***Category management* (fiche n° 26) :** regroupement des structures de gestion des produits (tant chez le fabricant que le distributeur) en catégories qui correspondent à la manière dont les consommateurs prennent leur décision d'achat.

Chaîne de valeur (fiche n° 11) : outil permettant d'identifier les sources de création de valeur au sein d'une organisation et décrivant les différentes étapes ou activités internes qui sont nécessaires à la conception, la fabrication, la commercialisation ou encore la distribution des produits et services de l'entreprise.

Co-branding (fiche n° 17) : association de deux marques n'appartenant pas au même groupe pour la commercialisation d'un produit commun ou l'élaboration d'une communication conjointe.

Commerce indépendant (fiche n° 25) : forme de commerce où les distributeurs n'ont pas recours à une organisation pour coordonner leurs activités d'achat ou de vente, ce qui implique l'existence, d'une part, de grossistes et, d'autre part, de détaillants.

Commerce intégré (fiche n° 25) : forme de commerce où le distributeur réalise à la fois les fonctions de gros et de détail, faisant directement le lien entre le fabricant et le consommateur final.

Communication commerciale (fiche n° 30) : forme de communication qui vise à promouvoir l'offre commerciale de l'entreprise, ses produits (communication-produit) et ses marques (communication de marque).

Communication *corporate* (fiche n° 30) : forme de communication qui vise à promouvoir l'organisation, sa mission et ses valeurs.

Contact (fiche n° 32) : en publicité, rencontre entre un support et un individu. Lorsque l'individu fait partie de la cible visée par l'annonceur, on parle de contact utile.

Copy-stratégie (fiche n° 31) : en publicité, résumé de la stratégie de communication choisie pour l'annonceur. La copy-stratégie prend des formes différentes selon les agences.

Couverture (fiche n° 32) : pourcentage d'une population exposé au moins une fois à une publicité du plan média. On parle de couverture utile pour désigner le pourcentage de la cible exposé au moins une fois à une publicité du plan média.

CRM – *Customer Relationship Management* (fiche n° 35) : ensemble des processus et des outils qui permettent d'optimiser la relation client en apportant des réponses adaptées aux attentes des prospects et des clients et en améliorant la connaissance de ceux-ci.

Distribution exclusive (fiche n° 26) : stratégie de distribution construite autour d'un contrat d'exclusivité signé entre un fabricant et un distributeur, qui se matérialise par un contrat de vente sur un territoire défini.

Distribution intensive (fiche n° 26) : stratégie de distribution consistant à obtenir une très large couverture du marché en vendant en masse le produit par l'intermédiaire de canaux de distribution variés.

Distribution sélective (fiche n° 26) : stratégie de distribution consistant à ne commercialiser l'offre que dans certains points de vente sélectionnés en fonction de leurs qualités commerciales.

Donnée primaire (fiche n° 6) : information construite « sur mesure » par une organisation pour répondre à une problématique marketing spécifique.

Donnée secondaire (fiche n° 6) : information préalablement collectée à des fins autres que celles poursuivies par le responsable marketing, mais qui peut être utile pour répondre à la problématique.

Élasticité-prix (fiche n° 22) : variation de la demande d'un bien qui résulte d'une variation du prix de ce dernier.

Ensemble de considération (fiche n° 4) : ensemble des marques qui viennent à l'esprit du consommateur au moment de l'achat.

Étude marketing (fiche n° 6) : outil de connaissance du marché qui consiste à préparer, recueillir, analyser et exploiter des informations pertinentes relatives à une problématique marketing spécifique.

Étude marketing qualitative (fiche n° 7) : étude qui consiste à interroger en profondeur un petit échantillon d'individus, avec pour objectif la compréhension d'un phénomène.

Étude marketing quantitative (fiche n° 8) : étude qui consiste à interroger un échantillon important d'individus à partir de questions très précises, avec pour objectif la quantification d'un phénomène.

Extension de gamme (fiche n° 17) : adjonction de nouveaux produits au sein d'une gamme existante.

Extension de marque (fiche n° 17) : utilisation d'un nom de marque connu pour signer un nouveau produit/service n'appartenant pas à la catégorie de produits d'origine de la marque.

***Focus group* (fiche n° 7) :** technique d'étude qualitative consistant à rassembler une petite dizaine d'individus (le plus souvent des consommateurs) autour d'un animateur et visant à répondre à une problématique marketing.

Gamme (fiche n° 20) : ensemble homogène de produits commercialisés le plus souvent sous un même nom de marque.

Géomarketing (fiche n° 12) : analyse de la clientèle et de l'environnement concurrentiel à un niveau local, permettant de prendre des décisions marketing plus pertinentes.

Glocalisation (fiche n° 39) : stratégie marketing à l'international consistant à standardiser ce qui peut l'être tout en tenant compte des besoins et désirs des consommateurs locaux.

***Greenwashing* (fiche n° 40) :** mise en avant trompeuse et abusive d'arguments écologiques dans des campagnes de communication marketing.

***Gross Rating Point* – GRP (fiche n° 32) :** indicateur de pression publicitaire qui correspond au nombre de contacts délivrés pour 100 individus de la cible.

Identité de marque (fiche n° 16) : façon dont la marque souhaite être perçue par les consommateurs ; on parle également d'identité voulue par l'entreprise.

Image de marque (fiche n° 16) : ensemble des croyances et des perceptions que le consommateur porte à l'égard de la marque.

***Insight* (fiche n° 31) :** vision pour la marque qui traduit ses valeurs et son caractère distinctif par rapport aux marques concurrentes.

Largeur de gamme (fiche n° 20) : nombre de lignes que comprend une gamme.

Lignes de produits (fiche n° 20) : division de la gamme en ensembles de produits ayant la même fonction mais offrant des options ou services différents.

Mapping de positionnement, ou carte perceptuelle (fiche n° 14) : représentation graphique des perceptions que les consommateurs ont des différentes marques.

Marketing *Business to Business* (fiche n° 38) : voir marketing industriel.

Marketing concentré (fiche n° 13) : stratégie de ciblage reposant sur le choix d'un segment unique auprès duquel tous les efforts marketing vont être déployés dans le but d'obtenir une position solide sur le marché.

Marketing différencié (fiche n° 13) : stratégie de ciblage consistant à s'adresser à plusieurs segments du marché en proposant une offre commerciale spécifique à chacun d'entre eux.

Marketing indifférencié (fiche n° 13) : stratégie de ciblage consistant à cibler l'ensemble du marché sans tenir compte des éventuelles différences entre les segments, c'est-à-dire avec une offre unique.

Marketing industriel, ou marketing *Business to Business* (fiche n° 38) : marketing des produits ou services achetés par les entreprises, les collectivités ou les administrations publiques dans le but de les utiliser directement ou indirectement à la production d'autres produits ou services.

Marketing mix (fiche n° 1) : ensemble des décisions marketing qui traduisent de façon opérationnelle la stratégie marketing. Le marketing mix fait référence aux 4Ps (produit-***Product***, prix-***Price***, communication-***Promotion*** et distribution-***Place***).

Marketing participatif (fiche n° 13) : forme de micromarketing de masse qui permet de répondre encore plus finement aux besoins des clients en les associant au processus de conception ou de communication du produit ou service.

Marketing sensoriel du point de vente (fiche n° 28) : utilisation des facteurs d'ambiance du magasin (musique, senteurs, couleurs, sensations tactiles et gustatives) afin de susciter chez le consommateur des réactions favorables à l'acte d'achat.

Marque (fiches n° 16 et 17) : nom, terme, signe, symbole, dessin ou toute combinaison de ces éléments servant à identifier une offre et à la différencier de ses concurrents.

Marque-gamme (fiche n° 17) : marque qui sert à signer l'ensemble des produits d'une même gamme.

Marque institutionnelle (fiche n° 17) : nom de l'entreprise qui sert aussi à marquer ou cautionner son offre commerciale (ex. : Renault).

Marque-ombrelle (fiche n° 17) : marque qui signe des produits appartenant à différentes catégories de produits.

Marque-produit (fiche n° 17) : marque qui ne signe qu'un seul produit.

Media planning, ou plan média (fiche n° 32) : combinaison d'insertions dans différents supports, à différents emplacements et à différents moments.

Merchandising (fiche n° 28) : ensemble de méthodes et de techniques concourant à donner au produit un rôle actif de vente par sa présentation et l'organisation de son environnement visuel.

Micromarketing (fiche n° 13) : stratégie de ciblage qui consiste à adapter son offre aux besoins spécifiques de chaque client. Il s'agit donc d'une offre sur-mesure qui, pour être rentabilisée, nécessite que les clients représentent un chiffre d'affaires important ou que les coûts de personnalisation du produit ou du service soient négligeables.

Neuromarketing (fiche n° 33) : techniques de neurosciences appliquées au marketing et qui permettent, grâce à l'imagerie cérébrale et à l'électro-encéphalographie, d'observer les réactions du cerveau lors de l'exposition à des stimuli marketing.

Niche (fiche n° 11) : segment de marché dont la clientèle a des besoins très spécifiques et dont la taille est suffisamment réduite pour ne pas attirer d'autres concurrents.

Notoriété spontanée (fiche n° 16 et 31) : indicateur de notoriété d'une marque rendant compte de la citation spontanée de la marque par les consommateurs en l'absence d'aide ou de support (ex. : citez-moi l'ensemble des marques de soda que vous connaissez ?).

Notoriété assistée (fiche n° 16 et 31) : indicateur de notoriété d'une marque rendant compte du pourcentage de consommateurs déclarant connaître la marque suite à la présentation de celle-ci dans une liste de marques (ex. : parmi les marques de soda suivantes, quelles sont celles que vous connaissez ?).

Observation (fiche n° 9) : étude marketing qui consiste à observer les comportements des consommateurs (en temps réel ou *a posteriori*) plutôt qu'à passer par le questionnement.

Occasion de voir – ODV, ou Occasion d'entendre – ODE (fiche n° 32) : en communication publicitaire, contact entre un individu et un support donnant lieu à une occasion de voir ou d'entendre la publicité insérée dans le support.

Panels (fiche n° 9) : échantillon permanent de consommateurs ou de distributeurs interrogés régulièrement.

Part de voix (fiche n° 30) : montant des investissements en communication d'une entreprise rapporté au total des investissements en communication de son secteur d'activité.

Part de voix relative (fiche n° 30) : part de voix d'un annonceur rapporté à la part de voix de son concurrent principal.

Plan média (fiche n° 32) : voir média planning.

Positionnement (fiche n° 14) : le positionnement d'une offre est l'expression d'une valeur supplémentaire offerte par le produit ou la marque à ses clients et qui permet de se différencier des offres concurrentes.

Prospect (fiche n° 35) : client potentiel.

Relations publiques (fiche n° 34) : ensemble des moyens de communication institutionnelle qui visent, pour une organisation, à entretenir une image favorable d'elle-même et de son activité auprès de publics variés (clients, fournisseurs, opinion publique, partenaires financiers, investisseurs, leaders d'opinion, médias, journalistes, pouvoirs publics, enseignants, étudiants, public interne, syndicats, etc.).

Répétition moyenne (fiche n° 32) : en publicité, nombre d'expositions que reçoit en moyenne un individu touché au moins une fois par la campagne.

Retailing mix (fiches n° 27 et 28) : marketing mix d'une enseigne qui consiste à définir et mettre en œuvre, outre les stratégies de prix et de communication, les politiques liées à la définition de l'assortiment d'une part, et les politiques liées à la localisation, l'aménagement et les méthodes de vente d'autre part.

Segmentation (fiche n° 12) : division d'un marché en sous-ensembles. La segmentation donne naissance à des groupes de consommateurs que l'on appelle segments et qui doivent être les plus homogènes possibles en termes d'attentes et de réponses aux actions marketing, et les plus hétérogènes les uns des autres afin que les segments soient bien différenciés.

Standardisation (fiche n° 39) : stratégie marketing à l'international qui consiste à offrir partout le même produit au même prix avec la même communication et dans les mêmes circuits de distribution.

Taux de nourriture (fiche n° 2) : part que représentent les achats de la marque sur le total des achats de la catégorie de produits. Le taux de nourriture est donc la part de marché de la marque chez ses clients.

***Teasing* (fiche n° 31) :** stratégie publicitaire qui consiste à fractionner la campagne dans le temps de façon à créer un effet de suspense (dans une première phase, l'annonceur n'est pas connu).

***Top of mind* (fiches n° 16 et 31) :** première marque venant à l'esprit des gens lors-qu'ils pensent à une catégorie de produits donnée.

***Total Cost of Ownership* – TCO (fiche n° 38) :** évaluation du gain financier obtenu grâce à l'achat d'un outillage industriel par rapport à son coût total d'acquisition.

***Trade* marketing (fiche n° 26) :** relation personnalisée et durable entre un fabricant et un distributeur, dans laquelle le fabricant intègre dans sa stratégie les objectifs de son partenaire distributeur.

***Undercover* marketing (fiche n° 40) :** encore appelé marketing furtif, l'*undercover* marketing renvoie à toutes les formes de communication qui visent à influencer le consommateur sans que celui-ci ne s'en rende compte.

***Yield management* (fiche n° 19) :** technique de gestion qui vise à synchroniser l'offre de service et la demande par une politique flexible de prix.

Zone de chalandise (fiche n° 28) : zone géographique d'attractivité d'un point de vente.

Bibliographie

1. ARTICLES ET OUVRAGES

BESNARD J. (2007), *La côte des prénoms en 2008*, Paris : Michel Lafon.

BOZZO C. (2007), *Le marketing industriel*, Paris : Dunod, Coll. : Les Topos.

CHANGEUR S. et CHANDON J. L. (1995), « Le territoire-produit : études des frontières cognitives de la marque », *Recherche et Applications en Marketing*, 10 (2), 32-51.

CLIQUET G., FADY A. et BASSET G. (2006), *Management de la Distribution*, Paris : Dunod, Coll. : Gestion Sup, 2e éd.

DARPY D. et VOLLE P. (2007), *Comportement du consommateur*, Paris : Dunod, Coll. : Gestion Sup, 2e éd.

DESMET P. (2007), *La promotion des ventes : du 13 à la douzaine de la fidélisation*, Paris : Dunod, Coll. : Gestion Sup, 2e éd.

GOUDEY A. (2008), « Stratégies de communication sonore de la marque : bilan et perspectives de l'utilisation de l'identité musicale de marque », *Décisions Marketing*, 52, 61-65.

JOHNSON G., SCHOLES K., WHITTINGTON R. et FRÉRY F. (2005), *Stratégique*, Paris : Pearson, 7e éd.

JOLIVOT A-G. (2008), *Marketing international*, Paris : Dunod, Coll. : Les Topos.

KAPFERER J.-N. (2007), *Les marques, capital de l'entreprise : créer et développer des marques fortes*, Paris : Eyrolles, Coll. : Les Références, 4e éd.

LENDREVIE J., DE BAYNAST A. et EMPRIN C. (2008), *Publicitor : communication 360° off et on line*, Paris : Dunod, 7e éd.

LENDREVIE J., LÉVY J. et LINDON D. (2006), *Mercator,* Paris : Dunod, 8e éd.

LLOSA S. (1997), « L'analyse de la contribution des éléments du service à la satisfaction : un modèle tétraclasse », *Décisions Marketing*, 10, 81-88.

MALAVAL P. et BÉNAROYA C. (2005), *Marketing business to business : du marketing industriel au marketing d'affaires*, Paris : Pearson Éducation, 3e éd.

MASLOW A. H. (1970), *Motivation and Personality*, New York : Harper & Row, 2e éd.

MICHEL G. (2009), *Au cœur de la marque : créer, gérer, développer et évaluer sa marque*, Paris : Dunod, Coll. : Fonctions de l'entreprise, 2e éd.

PASTORE-REISS E. (2006), *Le marketing durable*, Paris : Eyrolles.

PORTER M. E. (1985) *Competitive Advantage*, New York : Free Press.

RIEUNIER S. (2004), *Le marketing sensoriel du point de vente : créer et gérer l'ambiance des lieux commerciaux*, Paris : Dunod, Coll. : Fonctions de l'entreprise, 3e éd.

ROGERS E. (2005), *Diffusion of innovation*, New York : Free Press, 5e éd.

SHANNON C. E. et WEAVER W. (1949), *A mathematical model of communication*, Urbana, Illinois : University of Illinois Press.

SIMON H., JACQUET F. et BRAULT F. (2005), *La stratégie prix : le* pricing, *nouveau levier pour augmenter votre rentabilité*, Paris : Dunod, Coll. : Fonctions de l'entreprise.

TEDLOW R. S. (1997), *L'audace et le marché : l'invention du marketing aux États-Unis*, Paris : Odile Jacob, Coll. : Histoire, Hommes, Entreprises.

VERNETTE E. (2006), *Techniques d'études de marché*, Paris : Vuibert.

ZOLA E. (1999), *Au Bonheur des Dames*, Paris : Folio Classique.

2. SITES INTERNET

www.aacc.fr
www.arcep.fr
www.arpp-pub.org
www.e-marketing.fr
www.happy.fr
www.lsa.fr
www.marketingscan.fr
www.mediametrie.fr
www.strategies.fr
www.uda.fr
www.undp.org

Index

052298 - (II) - (0,6) - OSB 80° - CP2 - MPN

Achevé d'imprimer sur les presses de
SNEL
Z. I. des Hauts Sarts - Zone 3
Rue Fond des Fourches 21 – B-4041 Vottem (Herstal)
Tél +32 (0)4 344 65 60 - Fax +32 (0)4 286 99 61
Avril 2012 - 57878

Dépôt légal : juillet 2009, suite du tirage : mai 2012

Imprimé en Belgique